U0131211

袁騰飛——著

從前 ⑮

# 歷史是個什麼玩意兒

## 袁騰飛說中國史 I

先秦至宋元

導讀

# 千古是非何處問
## ——聽袁騰飛講歷史說古今

師範大學歷史學系教授／兼系主任　陳登武

據說袁騰飛是個有爭議的人。有爭議，據說是因為他很敢言。反對他的人，說他的歷史課特意譁眾取寵，甚至更像是憤青的言論；支持他的人，捍衛他勇於表達的自由，更擔心他的處境與安危。因為他擅於講課、見解獨到，所以有機會到「百家講堂」講歷史；因為他直率敢言，所以引起廣泛注意；因為電腦科技的無遠弗屆，所以他在課堂上的片段談話，很快地傳送到全球各地，因而「一夕成名」，並且獲得「史上最牛的歷史老師」的稱號。

不管外界怎麼看袁騰飛，都無法改變他作為歷史專業出身的中學歷史教師這個最根本的身份與特質。憑著隻字片語論斷他的人，應該好好讀完他的書；對他充滿好奇的讀者，更應該用心讀他的書；想批判他的歷史學者，或許可以試著從他的書看到他對於推廣歷史教育的用心與努力。

對於外界的看法，袁先生自有其「夫子自道」的說法。「史上最牛的歷史老師」，他肯定是敬謝不敏的！所以他在「序」言說的很明白：「豈能盡如人意，但求無愧我心。我只能是這麼來安慰一下自己，如果有解釋的機會，就儘量去解釋。我想跟大家說我絕對不是史上最牛的歷史老師，希望大家不要誤會。」這個解釋顯然也帶點無奈。或許是無奈於「印象」已經造成，多說無益吧！對於自己的「一夜成名」，袁先生也有一番詮解：

我只是一名普通的中學歷史老師，從小因為喜歡歷史而讀歷史，因為愛歷史而在大學選擇歷史專業，最後順理成章地教歷史。不經意間，我的教學視頻片段被放到網路上，點擊率竟然超過了兩千五百萬。在國外的學生告訴我，說我的視頻出現在優酷首頁、百度視頻首頁，我才知道自己「一夜成名」了，一切都已不可「挽回」。

正是因為透過電腦網路的傳播，使得袁先生「一夕成名」，但他似乎也感受到因此所帶來的壓力。「一切都已不可『挽回』」，讀起來還是無奈，或許就是受到「成名」之累，心情也受到影響。

無論如何，雖是現代科技的威力所帶來的「一夕成名」，但袁先生的講課真正受到矚目，卻是因為確有其真功夫，也確有其特色。以下我試著從兩個面向解讀袁先生的「講歷史說古今」。

一、從講史的歷史傳統來看，袁先生講授歷史，很有說書人的味道，似可從古代「講史」傳統的脈絡理解。

「講史」傳統，在古代中國可說具有漫長的淵源。宋代孟元老《東京夢華錄》寫北宋都城開封景觀。其〈市瓦伎藝〉載：「講史：李慥、楊中立、張十一、徐明、趙世亨、賈九」，明記宋代開封府內已經有若干講史名家。南宋耐得翁《都城紀勝》寫杭州風俗民情與作者見聞，其〈瓦舍衆伎〉提及「說話有四家」，其中一家就是「講史書，講說前代書史文傳、興廢爭戰之事」。南宋吳自牧《夢粱錄》也載：「講史書者，謂講說《通鑑》、漢唐歷代書史文傳，興廢爭戰之事，有戴書生、周進士、張小娘子、宋小娘子、邱機山、徐宣教；又有王六大夫，元系御前供話，為幕士請給講，諸史俱通。」

可見「講史」在宋朝時期已經相當流行，而且名家還不少。但「講史」的傳統肯定還要早於宋朝。即以「説三國」為例，唐代史學家劉知幾《史通》談到某些三國故事，説「得之於行路，傳之於衆口」，可知唐代三國故事已經非常流行。唐人詩歌中提及「三國」故事的也隨處可見，如杜甫、李白、劉禹錫都有不少吟詠三國史事的作品。其中，杜牧〈赤壁〉：

折戟沈沙鐵未銷，自將磨洗認前朝。
東風不與周郎便，銅雀春深鎖二喬。

詩篇本意大致説在赤壁之戰所遺留折斷的鐵戟，沈沒在水底沙中，還沒有被銷蝕掉。而今被人發現，經過一番磨洗，鑑定它確是赤壁戰役的遺物，詩人因而發出懷古幽情；接著他從反面落筆，描寫那場戰爭。假使當時東風不給周郎方便，那麼，勝敗雙方就會易位，歷史形勢將完全改觀，兩個東吳著名美女——孫策婦大喬和周瑜婦小喬，就會被曹操搶去，關在銅雀台上。

銅雀台是建於建安十五年（西元二一〇年），在赤壁之戰後兩年。可知，詩人錯置時間，而這種錯置很可能就是受到小説家言的影響。另一方面，詩文所承載的情節，日後受到小説家繼續發揮。因此，曹操發動赤壁之戰其中一個原因是為了江東兩美女，成為以後《三國志平話》到《三國演義》的一個重要情節。

李商隱的〈驕兒詩〉説：「或謔張飛胡，或笑鄧艾吃。」顯示張飛和鄧艾的人物形像特質，在當時已經相當普遍被認識，因此連孩童都有深刻體認。

到了「講史」風氣相當盛行的宋朝，「説三國」就更受到喜愛。宋仁宗朝的東京開封還出現知名的「説三分」藝人霍四究。《東坡志林》引錄俞文豹《吹劍錄》的話説：

塗巷中小兒薄劣，其家所厭苦，輒與錢，令聚坐聽說古話。至說三國事，聞劉玄德敗，頻蹙眉，有出涕者；聞曹操敗，即喜唱快。以是知君子小人之澤，百世不斬。

意思說：當時許多頑皮的小孩，拿著家長給的錢到市集聽說書人講三國。當他們聽到劉備失敗，就傷心落淚；聽到曹操失敗，就拍手稱快。可知，「三國」故事在宋代不僅婦孺皆知，深入人心，而且貶抑曹操的傾向已相當明顯。

南宋詩人陸游〈小舟遊近村舍舟步歸〉詩寫道：

斜陽古柳趙家莊，負鼓盲翁正作場。
身後是非誰管得，滿村聽說蔡中郎。

蔡中郎就是東漢末年著名學者蔡邕，也是著名才女蔡文姬的父親。蔡氏父女的故事，在《三國演義》中都有描述。因此，「說蔡中郎」應該也就是「說三分」；「滿村聽說」也可見三國故事的流傳，而說書講史的人，取材自「三國」者大概已經蠻普遍了。

其實，不論是講「前代書史文傳、興廢爭戰之事」，或者是「說三國」，這些「講史」家之所以能夠吸引聽眾，誠如南宋吳自牧《夢粱錄》所言：「講得字真不俗，記問淵源甚廣耳。」

袁先生講史，頗得說書人箇中三昧。他善於營造氣氛，運用當代語言，結合若干時事，穿透古今，既能「講得字真不俗」，又顯示他「記問淵源甚廣」，將歷史課說的精彩逗趣，往往妙語如珠，引起他的學生或其他閱聽者的注意，從而達到他的目的：引發人們對歷史的「興趣」。

從「講史」傳統的角度檢視袁先生說史，我想大致具有以下幾個特點：

（一）運用生動的語言

「講史」之所以能打動人心，首要當即在於能運用生動的語言。就這一點而言，袁先生可以說是相當成功的。試舉例說明：如他用「七匹狼輪番登場」形容「戰國七雄」，既標示出「七雄」的野心，也形象地呈現其特點。他用「船來者居上」形容魏晉南北朝「佛道」的角力，並明示佛教略勝一籌。他用「修廟賣皇帝」形容南朝梁武帝的崇佛。他用「騙你到洛陽」，形容北魏孝文帝的遷都洛陽，甚至用「骨灰級粉絲」，進一步說明北魏不惜亡國而施行漢化。類似用語，全書處處可見，充滿生動與趣味。這是他的「講史」能吸引人的主因之一。

（二）善於情境的營造

對於說書人而言，氣氛的營造是另一個功夫所在。袁先生講史也頗能掌握此要訣。例如：漢代用人制度有「察舉」與「徵辟」。「講史」涉及制度最容易讓閱聽者昏昏沈沈，不易理解。袁先生用了朱買臣「覆水難收」的故事，講述一個因努力而受皇帝「徵辟」的事例，並以此當作少數的「反例」，他說：「像朱買臣這樣能交狗屎運的人太少了，皇上都能聽說，你得賢到什麼程度。所以徵辟不是主要途徑，主要靠什麼？察舉，自下而上舉薦人才。」這樣就簡潔扼要的將漢代的用人途徑作了生動地交代。

又如：「禮制」涉及一套複雜的禮法規範與儀式象徵，對中學生而言，其實難度甚高。袁先生講到中國古代禮制，也營造了相當不錯的情境：

中國古代的禮制森嚴，所有的東西都能體現出等級來。天子頭戴的冕旒冠，看著好像腦袋頂一個搓板，垂著算盤珠子。這珠子都有講究，天子要垂十二串珠子，諸侯垂九串。韓國的歷史劇裡面韓王一出來戴的那個就是九串，我特意趴電視上數，韓國這回還真沒吹牛，這個韓劇還比較真實，他們的九串是戴對的，因為他不是天子，中國皇帝才可以戴十二串。再比如故宮的大門上，九九八十一顆銅釘，屋脊上九個走獸。你說我們家屋脊上也弄九個，找死吶！我們家蓋房子也用黃瓦，找死吶！這全都有等級的。……孔子就特別強調要維護這個禮。

透過韓劇國王冕旒冠帽上的串珠，營造一個禮制的情境，又輔以房屋建築與貴賤身分等級的區別，點出禮制的核心價值，很容易讓閱聽大眾迅速掌握，可說是相當成功的講述。

（三）擅長以今證古，穿透古今

不斷地使用當代語言作為證史的手法，是袁先生最擅長的講述方法。例如：他分析匈奴與漢人作戰總是獲勝多，其中一個原因就是「騎兵打步兵」。他說：

> 再一個原因是騎兵打步兵，那不跟德國隊踢中國隊似的吧，我想進幾個球就進幾個球。北京奧運會我給你留點臉，我五分鐘進一個，我不給你留臉半分鐘就進一個，一百八十比零。那可不是，我比球跑得快，你比裁判都跑得慢，你能跟我踢嗎？騎兵打步兵不就是德國隊踢中國隊嘛，想進多少進多少，人家來去如風，快如閃電，你攻不上去也跑不了。

這既是借喻法，也是以今證古。以德國打中國足球隊，比擬騎兵打步兵，不論是否妥當適切，確實可以引起閱聽者的注意，容易在課堂上營造出「笑果」，而達到超乎想像的「效果」。又如：寇準誆著宋真宗御駕親征遼國入侵，宋真宗卻一再膽怯而想退縮，袁先生說：

> 宋真宗也就真的勉勉強強御駕親征，過黃河的時候怕死，他不願意過河，在這個轎子裡磨嘰。我什麼事還沒辦，我鑰匙落家了，ＭＰ４沒帶，我不能走。寇準特生氣，但也沒轍。太尉高俅拿著鞭子抽抬轎子那幫人，瞎了眼趕緊把皇上抬過去。他不敢罵皇上，他抽那個抬轎

子的，就把皇上抬過去了。

這自然也是刻意運用當代人們所熟悉的語言，點出真宗的怯戰。史學家理應不會因而苛責袁先生違背史實，而指責宋代沒有ＭＰ４，豈可胡說?所謂「得意忘言，得魚忘筌」可也。類似這樣的當代語言，在袁先生的講課和著作中隨處可見。我想再一次引述袁先生的話說：「我講歷史，就是培養學生對歷史學科興趣。聽我的課，記住了什麼是次要的，對歷史產生興趣，就是我最大的成功。」

二、從歷史教育的角度說，袁先生講授歷史課，頗能體現歷史教學法的精髓，從而傳遞歷史教育的目標與意義。

歷史教學活動本身是一種藝術的體現，其目標在於使人理解並掌握人類文明發展的軌跡，並從中獲取累積經驗，記取教訓，創造智慧。但史料浩如淵海，史事多如牛毛，如何將歷史講好，讓人容易接受，確實需要一點藝術。

有學者就强調歷史教學活動中，「描述法」是相當重要的教學手法。「描述」是對歷史事件和歷史人物的本質特徵、情景場合、地理環境、外貌形象或行為事蹟進行繪聲繪色、生動細緻講述的一種教學方法。描述猶如電影藝術中的特寫鏡頭，它以生動、形象的語言，或通過語言集中展現某一歷史情景，使學生對歷史事件和人物具有一種「如臨其境」、「如見其人」、「如聞其聲」的真切感受，在大腦中留下具體、逼真的「痕跡」。然後，通過「痕跡的聯結」，引導學生想像，再現過去了的歷史映象，進而展開由表像到概念，由感性到理性的思維活動。描述的最大特點，就在於它的形象性和時代感。[1]

從歷史教學法的角度看，袁先生很擅長於運用「描述」法。例如：關於「班超經營西域」的故事，《後漢書・班超傳》的描述如下：

> 超到鄯善，鄯善王廣奉超禮敬甚備，後忽更疏懈。超謂其官屬曰：「寧覺廣禮意薄乎？此必有北虜使來，狐疑未知所從故也。明者睹未萌，況已著耶？」乃詔侍胡詐之曰：「匈奴使來數日，今安在乎？」侍胡惶恐，具服其狀。超乃閉侍胡，悉會其吏士三十六人，與共飲，酒酣，因激怒之曰：「卿曹與我俱在絕域，欲立大功以求富貴。今虜使到裁數日，而王廣禮敬即廢，如今鄯善收吾屬送匈奴，骸骨長為豺狼食矣。為之奈何！」官屬皆曰：「今在危亡之地，死生從司馬。」超曰：「不入虎穴，不得虎子。當今之計，獨有因夜以火攻虜使，彼不知我多少，必大震怖，可殄盡也。滅此虜則鄯善破膽，功成事立矣。」

這段書寫也正是成語「不入虎穴，焉得虎子」的出典。對於班超得以經營西域的起始，有清楚的交代，文字也相當典雅、簡潔。但對於中學歷史課而言，不論是時間上的壓力，或者考慮學生的古文程度，大概都不可能原文照引，一一解讀。袁先生對於這段歷史的講述是這樣說的：

> （班超）第一站到了鄯善國，國王對他特別好，大漢來使，五星級賓館，美女服務員。過了幾天，五星級賓館改招待所，美女改老媽子了。班超一琢磨，這是匈奴來人了。就揪住服務員問匈奴人住哪兒。服務員不禁嚇，以為漢使什麼都知道了呢，就全吐露了。匈奴人有三百多，駐在何處，全盤托出。班超一聽，那不行，得把匈奴人幹掉。所謂不入虎穴，焉得虎子，不是你死就是我亡，於是趁著月黑風高，一部分人在匈奴駐地放火，另一部分人手持

弓箭，等著沒燒死的跑出來射，三十六漢人殺了三百多匈奴人。鄯善王嚇壞了，這哥們兒真厲害，不聽他話我也得完，我的軍隊你拿去用吧。如此，班超等於用西域各國的軍隊鞏固在西域的統治，拿鄯善的軍隊一國一國打下去，把各國都打服了。

鄯善國王對於班超一行人的待遇，從「禮敬甚備」到「後忽更疏懈」，袁先生用當代語言「五星級賓館改招待所，美女改老媽子」表述，就我所知，這是歷史教師常用的描述法。一方面運用當代語言；一方面能不失準的再現歷史，營造課堂氣氛，牽引出歷史情境，在吸引住閱聽者的注意力之後，再將歷史經過烘托出來。整段描述，因而可以盡可能達到讓人有「如臨其境」、「如見其人」、「如聞其聲」的真切感受。能作到這一點，從歷史教育的角度看，我想就算是成功的教學。

從另一個角度說，袁先生大量運用當代語言，藉以描述歷史事件，事實上也頗能與義大利哲學家克羅齊（Benedetto Croce, 1866-1952）所說「所有的歷史都是當代史」的精神相呼應。每個時代的人們都用他那個時代的語言理解歷史，或者說每個時代的人們總是脫離不了他那個時代的背景、政治、社會環境、學校教育等因素的影響而理解歷史。唐朝人講述「班超經營西域」，不會使用「五星級飯店」的語言，現代人也許會，但這並不影響對該事件的理解。反而因為這些現代語言的運用，使得閱聽者更能透過講述者的引導而穿透古今，掌握情境，連結歷史。

1 參見金相成主編，《歷史教育學》，浙江教育出版社，一九九八年。

袁先生謙稱自己「不是歷史學家，我大學學的是怎麼教歷史，嚴格意義上講並不是歷史本身」。事實上要將「歷史」教好，本身就是一件深具挑戰的工作。

在我看來，袁先生的歷史教學具有顛覆意義、反省意義以及啓發意義。他在網路上流傳最廣的那段批判毛澤東的話，對於中國學生而言，大概就是最具「顛覆性」的語言。所以他說：「有的人說我顛覆了歷史，那麼想請問，你瞭解的那個我顛覆之前的歷史，是不是被顛覆過的？」在中國質疑教科書的，原也不只袁先生一人。廣州中山大學的袁偉時先生之前也曾對教科書中的意識型態深切質疑，甚而引發所謂「冰點事件」。美國歷史學家詹姆斯．洛溫（James W. Loewen）曾出版*Lies My Teacher Told Me:Everything Your American History Textbook Got Wrong*（中文譯本翻成《老師的謊言——美國歷史教科書中的錯誤》），也嚴厲指出美國教科書中的錯誤，都具有深刻反省意義。

當然，袁先生的講述也不是完全沒問題。例如：說到「顛覆」，其實似還有所不足。如講禪讓政治還是遵循儒家式的書寫呈現；對紂王、隋煬帝等「暴君」的描述，難免還是受「成王敗寇」史觀的影響。正因為若干敘述的顛覆不足，也就造成傳統價值判斷難免仍不脫傳統。但這類問題，在同類型著作中以算是最少的。把他視為洪水猛獸，危險思想的人，不妨以更寬廣的心胸閱讀並理解他。借用龍應台的話說：「在我們這裡，叫做『常識』。在北京，竟然是違反『主流意識形態』的入罪之論。」對於袁先生的歷史講述，實在無須誇大或者加以入罪。十八世紀法國思想家伏爾泰寫信給他最要好的朋友說：「你所說的每一句話我都不同意，但我即使冒著生命的危險，也要讓你有說這些話的權利。」我想這就是民主的可貴。袁先生處在一個正在面臨轉型的社會，我相信他也期待他的言論能夠得到一定程度的包容。

「講史」確實是一件難度很高的工程，評價歷史更是不容易的事。所謂「青史憑誰定是非」，甚是！

「青史憑誰定是非」是林則徐的詩句，也是他畢生無限的感慨。

道光廿三年（一八四三），中英鴉片戰爭之後三年，南京條約換約後，朝廷首先釋放和林則徐一起充軍新疆的鄧廷楨。鄧廷楨啓行前，林則徐贈詩說：「白頭到此同休戚，青史憑誰定是非？」說的是，他充軍謫貶是遭到誣陷的往事，但他相信歷史不一定是誰說了算。

「青史憑誰定是非？」評價歷史的確不容易。對於林則徐而言，他感到滿腹委屈，當是出自真情流露。如今他已得到極為崇高的民族英雄的封號，歷史應該給他公道了。但是琦善呢？那個去接他的位子，繼續與英國周旋的官員呢？因為他「主和」以及批評林則徐的態度，早已成為世人唾罵的「漢奸」、「賣國賊」。過去許多教科書命題時，甚至會出現「請敘述琦善賣國之經過」，類似這樣充滿價值判斷的題目。但歷史能這樣用「二分法」就說清楚嗎？

唐末詩人沈彬《題蘇仙山》：「蘇仙宅古煙霞老，義帝墳荒草木愁。千古是非無處問，夕陽西去水東流。」位於今天湖南東部的郴州城外，有當年楚漢相爭之前，項羽等群雄所擁立「義帝」的陵寢。「義帝」雖然只是個象徵性的傀儡，但作為轉型期的政治人物，應該有他一定的地位。沈彬自然是感嘆成王敗寇，「千古是非無處問」，誰還記得他曾經是群雄共主的「義帝」。這個「千古是非無處問」，真可以和林則徐的「青史憑誰定是非」前後呼應。

歷史確實與「千古是非」盤根錯節，有著千絲萬縷的糾葛。要將「千古是非」說清楚，自然也非易事。我相信袁先生的著作就是一個很好的「問處」。

# 自序

呈現在您面前的這本書，是由精華學校網路課程的授課視頻整理而成的。它的出版，首先要感謝磨鐵文化的沈浩波先生和蘇靜先生，是他們在網上看到了我的課程，並決定把我這些貽笑大方的一家之言整理出版，給了我一個謬種流傳的機會。感謝精華教育的李峰學總裁和范開基校長，是他們的包容與開放，使我有一個大放厥詞的場所。還要感謝我的課程策劃劉娟小姐，我每一節課的成功都離不開她的辛勤付出。還有出版社和精華學校無數為我服務的編輯和工作人員們，他們一次次感動著我。當然，最應該感謝的還是成百上千選修我課程的學生們，以及支援、鼓勵，包括批評我的網友們。

我只是一名普通的中學歷史老師，從小因為喜歡歷史而讀歷史，因為愛歷史而在大學選擇歷史專業，最後順理成章地教歷史。不經意間，我的教學視頻片段被放到網路上，點擊率竟然超過了二千五百萬。在國外的學生告訴我，說我的視頻出現在優酷首頁、百度視頻首頁，我才知道自己「一夜成名」了，一切都已不可「挽回」……

我個人認為，中學的課堂應該是相對封閉的，不應該暴露在大庭廣眾之下，不像娛樂圈的明星，需要炒作，需要曝光自己，老師是需要把自己遮蓋起來的，而現在這種「非正常」出名，令我感覺比較尷尬。

豈能盡如人意，但求無愧我心。我只能是這麼來安慰一下自己，如果有解釋的機會，就儘量去解釋。我想跟大家說我絶對不是史上最牛的歷史老師，希望大家不要誤會。

對於我的課，有人說是嘩衆取寵。我感覺對於學生來講，興趣永遠是第一位的，牛不吃草不能强按頭。把學生講笑了，總比把他們講睡了要强些。現在的孩子有多少人喜歡看歷史書？尤其是那種乾巴巴的嚴肅的歷史書？讓他們自己去看書，不見得有效果，所以我喜歡用引人入勝的故事帶出知識點，並加上一些我個人對歷史事件的評價，以成一家之言。

歷史什麼人學了有用？大人物學了有大用，比如國家領導人學有用，吸取歷朝歷代治亂興衰的教訓，定國安邦。而現在的大部分高中生學習歷史目的是很明確的，就是考上一個好大學，畢業之後找一個好工作，奔一個錦繡前程。所以我覺得歷史這個學科應該是普及性質的教育，提高人文素養。我講歷史，就是培養學生對歷史學科興趣。聽我的課，記住了什麼是次要的，對歷史產生興趣，就是我最大的成功。

我們的歷史教育，雖然情況是越來越好了，但是也沒有完全達到無任何界限地研究歷史。國學大師錢穆先生他在《國史大綱》前面有一段話：「一、當信任何一國之國民，尤其是自稱知識在水平線以上之國民，對其本國已往歷史，應該略有所知。二、所謂對其本國已往歷史略有所知者，尤必附隨一種對其本國已往歷史之溫情與敬意。三、所謂對其本國已往歷史有一種溫情與敬意者……至少不會感到現在我們是站在已往歷史最高之頂點。」

比如說研究中國的明清時期，我們自己寫的歷史書把明清時期寫得一塌糊塗的，封建社會到了末世了，衰落了，怎麼都不行了。反過來去看西方歷史書，比如康橋歷史，是高度讚揚中國的明清時期的。中國那時的白銀占世界的一半；中國的農民是當時世界上最富裕的農民。為什麼我們自己這麼妄自菲薄？因為那是封建統治者，所謂的封建地主，我們不能歌頌他。

歷史應該是論從史出，得出的每個結論應該有史實做依託的。不能先拿出一個結論，然後把對我有利的史實拿來，有選擇性地遺忘，這樣是很可怕的。這種東西如果不徹底改變的話，歷史學的研究是很難有大的突破。我在講課的時候，也嘗試著能在這些方面盡自己的一份綿薄之力，至少讓學生不要相信沒有史實根據的事情。有的人說我顛覆了歷史，那麼想請問，你瞭解的那個我顛覆之前的歷史，是不是被顛覆過的？如果是，那我只不過是把顛覆的東西，又顛倒過來了。

我還是踏踏實實想做一名老師，就是普普通通的，本本分分的，混同於芸芸眾生的老師。我不是歷史學家，我大學學的是怎麼教歷史，嚴格意義上講並不是歷史本身，所以才疏學淺，講課難免有謬誤之處，歡迎各位讀者批評指正！

以上是我想說的話，權當本書的序言吧。

袁騰飛

二〇〇九年七月十八日

目錄

先秦至宋元　第一冊

導讀　千古是非何處問　聽袁騰飛講歷史說古今　陳登武　3

自序　袁騰飛　14

第一章　青銅時代的中國人：先秦　25

1——「禪」始不能「禪」終　26
2——換湯不換藥　29
3——一鍋粥喝了二百七十年　33
4——普天之下莫非王土　38
5——五個想當老大的男人　44
6——七匹狼輪番登場　49
7——蠻夷狄戎 VS. 中原王朝　52
8——名正言順地變公為私　56

9——公元前二十一世紀什麼最貴 60

第二章
江山一統不是夢：秦漢 71

1——多米諾骨牌效應 72
2——老子天下第一 75
3——冬天裡的一把火 79
3——劉氏集團上市，穿新鞋走老路 84
4——豺狼虎豹全不怕 92
5——史上最牛的知識分子集團 110

第三章
三足鼎立南北對峙：三國、兩晉、南北朝 121

1——三條腿的凳子最穩定 122
2——皇帝輪流坐，明年到我家 129
3——「士」不可擋 133

4——「漢化」輔導班 136
5——江南經濟特區 142
6——魏晉風流 146
7——和尚PK道士 148

## 第四章 憶昔開元全盛日：隋唐 155

1——隋朝上場熱身 156
2——老子英雄兒混蛋 159
3——站在親戚的肩膀上 166
4——太陽再次升起 169
5——老板很靠譜，員工很得力 180
6——小邑猶藏萬家室 189
7——條條大路通大唐 198
8——先進文化的代表 226

第五章

# 你唱「霸」來我登場：五代、遼宋夏金元 233


1——不和諧的大合唱 234

2——史上代價最大的一頓酒 239

3——黨指揮槍，要文鬥不要武鬥 243

4——多餘的官兵，多餘的開銷 254

5——王安石死磕 256

6——引狼入室，與狼共舞 262

7——金錢外交，花錢買和平 269

8——是金子早晚要發光 275

9——前怕狼，後怕虎 279

10——大丈夫能屈不能伸 285

11——又一匹來自北方的狼 294

12——歲歲年年狼相似，年年歲歲人不同 301

13——漢化未升級版本的下場 309

## 第二冊◎明朝至甲午戰爭


導讀 從就範到解放 黃春木

自序 袁騰飛

第六章 最後的漢王朝：明

1—乞丐身子皇帝命

2—寧可錯殺一千，不可放過一個

3—大臣靠邊站，太監說了算

4—家天下的定時炸彈

5—長江後浪推前浪，一代更比一代浪

6—闖王現身，疑似非典型朱元璋

7—建州女真只玩真的，不忽悠

8—鷸蚌相爭，漁翁得利

第七章 異族終結者：清

1—天朝上國初長成

2—系統兼容性最強的管理軟件

3—清風不識字，何故亂翻書

4—窮得就剩下錢了

5—見光就死的資本主義

6—身纏重病，自我隔離

7—吉祥三寶的作用

8—改土歸流是主流

9—海賊王蠢蠢欲動

10—明清文化淘寶

第八章 落魄挨打奈何天：鴉片戰爭


## 第三冊◎辛亥革命至國共戰爭


導讀 民國歷史的不同解讀 劉維開

自序 袁騰飛

第十章 紫禁城裡無帝王：辛亥革命

1—急需救火員

2—秋風秋雨鬧起義

3—帝國倒塌天注定

4—城頭變換大王旗

5—怒從胸頭起，惡向膽邊生

6—夾縫中也有花開

第十一章 說不盡國共情仇：國共十年

1—盡現些錦繡文章

2—五四乍洩春光

3—一個「主義」

4—談合作不得週詳

5—北上酣戰一場

6—說破裂如此不堪

7—十年後又一條好漢

第十二章 浴血抗倭十四載：抗日戰爭

1—戰 or 不戰，不是個問題

2—鬥爭在最艱苦的地區

3—抗日民族大統一

4—神秘走失的士兵

1——窮玩火，富玩煙
2——大敵進逼，避暑第一
3——太平城裡太平軍
4——潮人看世界

第九章 良辰美景他家田：甲午戰爭

1——只記吃不記打
2——師夷長技不制夷
3——先進階級代言人
4——不敗而敗，不勝而勝
5——甲午一戰驚天人
6——裝瓶變法的酒
7——端了洋教祭大神

5——貼上老本仍不敵
6——背後的殘酷青春
7——今日天晴明日雨

第十三章 兄弟鬩於牆：國共戰爭

1——落魄的民主，失敗的和談
2——烽火，又見烽火
3——攻守易置，山河易主
4——三戰定勝局
5——卻把新桃代舊符

第一章

# 青銅時代的中國人

## 先秦

中國歷史上漢族政權不止一次被少數民族政權侵擾甚至終結，但是每一次都是少數民族政權最後被漢族同化，所以漢族這個民族非常頑強，五千年沒有滅絕。快馬彎刀打仗容易，但征服人心何其困難，而漢民族文化發達是民心所向，所以最後，「就這樣被你征服」，每次都是別人在唱。

# 1 「禪」始不能「禪」終

## 唐堯的「禪」始

咱們中國人一說到古聖賢王，就是堯、舜、禹、湯、文、武這六位。其實那個時候他們也談不上什麼國王，都屬於部落聯盟酋長的級別，只不過特別文明，不穿孔不吃人肉，統治者之間也和平共處，大公無私，採用禪讓制的方式，交接權力。形式上，禪讓是在位領導自願進行的，通過多方綜合考評，誰有能力，就選擇誰帶領全國人民奔小康，現任者和繼任者之間往往沒有血緣關係，堯跟舜沒什麼關係，充其量也就是同事兼上下級的關係。

堯看中的是舜在處理家庭矛盾方面的本事，在暴戾的「頑父」、後媽「嚚母」和用心歹毒的弟弟「傲象」三人聯合起來通過縱火焚屋、掘井填埋這些挖空心思的方法要害死他的環境下，舜第一是屢屢逃脫，證明了他智商突出；第二是既往不咎，彷彿事情沒發生過一樣孝悌兩全，從而證明了他情商超卓。再加上政務功績斐然，名聲大好，堯覺得他是塊好料，就把他給提升了。於是唐堯和虞舜成了禪讓制的第一實踐者。

其後的虞舜跟夏禹也是這樣，當舜年老的時候，就把位置讓位給了治水有功眾望所歸的禹。

## 夏啓的「禪」終

不過這種友好的制度並沒有維持多久，因為當時禹正處在由部落聯盟的首長在向國君過渡的這麼一個階段。

禹本來想繼續禪讓制，把位子傳給舜的兒子伯益。但伯益是個有自知之明的人，沒有金剛鑽別攬瓷器活，伯益主動放棄了，建議禹的兒子啓來繼承。加上啓也是個强勢的人，特別想當老大，禹就借坡下驢，順水推舟把王位傳給了啓。約西元前二○七○年，啓在老爸的基業上建立了夏朝，這是中國歷史上第一個奴隸制王朝，部落聯盟首領也正式升級成了君王。啓上位之後，當領導當上癮了，愛崗敬業，以家為天下，以天下為家，等到他該禪讓王位的時候，他一想我這王位是我爸爸傳給我的，我憑什麼傳給外人，於是就不傳了，禪讓制到了他這一代就沒有繼續下去，從此演變成了王位世襲制。

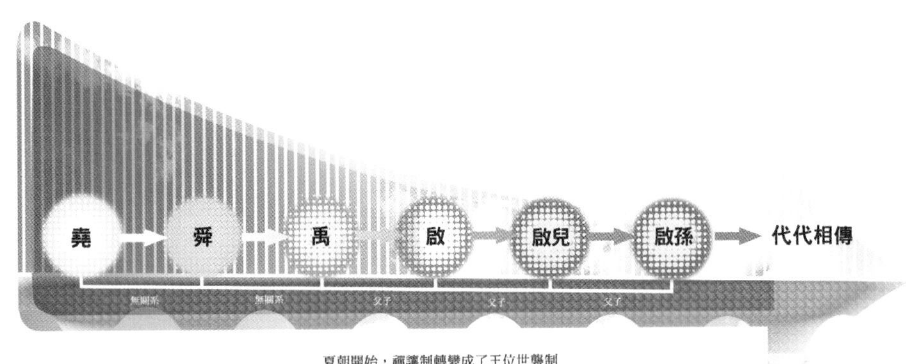


夏朝開始，禪讓制轉變成了王位世襲制

**禪讓制轉變成王位世襲制**

堯傳舜，舜傳禹，都是禪讓制，但也就禪了這麼兩禪，從禹傳給自己兒子啓，啓建立夏朝開始，禪讓制轉變成了王位世襲制。

後來的列祖列宗們的思想覺悟和啓差不多，所以這個制度在中國一直就延續了四千多年，直到一九一二年二月十二日，宣統皇帝下詔退位，王位世襲制才算終結，可見肥水不流外人田的覺悟是有悠久歷史的。

這個王位世襲制的特點，簡單說就是家天下，具體來說就是王位更替的方式採用父死子繼或者兄終弟及的方式，前者比如朝鮮，後者比如古巴，這兩個國家都很明顯地體現出了王位世襲制的特點。

## 傳說的王朝

夏朝建立後，傳說中都城在陽城，就是今天河南的登封少林寺那個地方。它的疆域就是晉南豫西，山西南部、河南西部，其實還是部落，巴掌大的一塊地方。

為什麼叫傳說中呢？因為夏朝這段歷史不是信史，只有以前留下的詩集上有記載，沒有出土文物能夠證實。我們瞭解歷史有兩個途徑：一種是通過文字瞭解，比如歷史典籍。另一種是通過文物，也就是考古發現來印證。相比之下，自然考古發現更有說服力，因為口說無憑。怎麼能證明夏朝存在呢？有沒有出土文物來證明？像商朝，我們挖出了甲骨文，周朝也有不少文物可以鑑定，唯獨夏朝在考古學上至今沒有找到過確鑿證據。所以像港台的歷史書，一般寫中國的歷史從商朝開始寫，不寫夏朝，因為夏朝還沒有最後被確定真正存在，在嚴謹的學術觀點上只能是個傳說，和大西洲亞特蘭蒂斯差不多。

# 2 換湯不換藥

## 習慣性搬家

據記載，夏朝最後的一個王叫桀，是傳說中的著名暴君，荒淫無度，暴虐無道，估計比薩達姆有過之而無不及，老百姓們被折騰得死去活來，於是約西元前一六〇〇年，商湯起兵，就把桀給了結了。傳說中歷時五百年的夏王朝宣告滅亡。

商朝隨後建立，開國君主叫湯，商湯。不知道他名字是怎麼起的，因為商朝國君的名字，一般都是跟天干有關，甲乙丙丁戊己庚辛壬癸，都用這個起名，比如戊丁，中丁之類。所以商朝的這個開國君主，名字起得比較奇怪。（周朝作謚法，其中有一條「除殘去虐曰湯」，看商湯的作為，倒是符合，不知是不是謚號。）

商朝取代夏朝成為新的中原王朝，它以河南北部、河北南部、山東西部為統治中心，起初以亳為都城。商朝中期的時候盤庚把都城遷到了殷，就是今天的河南安陽，因此商朝又叫殷朝。好端端的幹麼要遷都呢？有一種說法是躲避水患。當時黃河經常泛濫，黃河不是咱們的母親河嗎？咱們的母親河脾氣不太好，當時咱們駕馭母親河的能力又很低，所以它老發大小姐脾氣，都城老得避讓遷徙。這種說法現在看來比較牽强。如果母親河老泛濫的話，你為什麼遷到那裡它就不泛

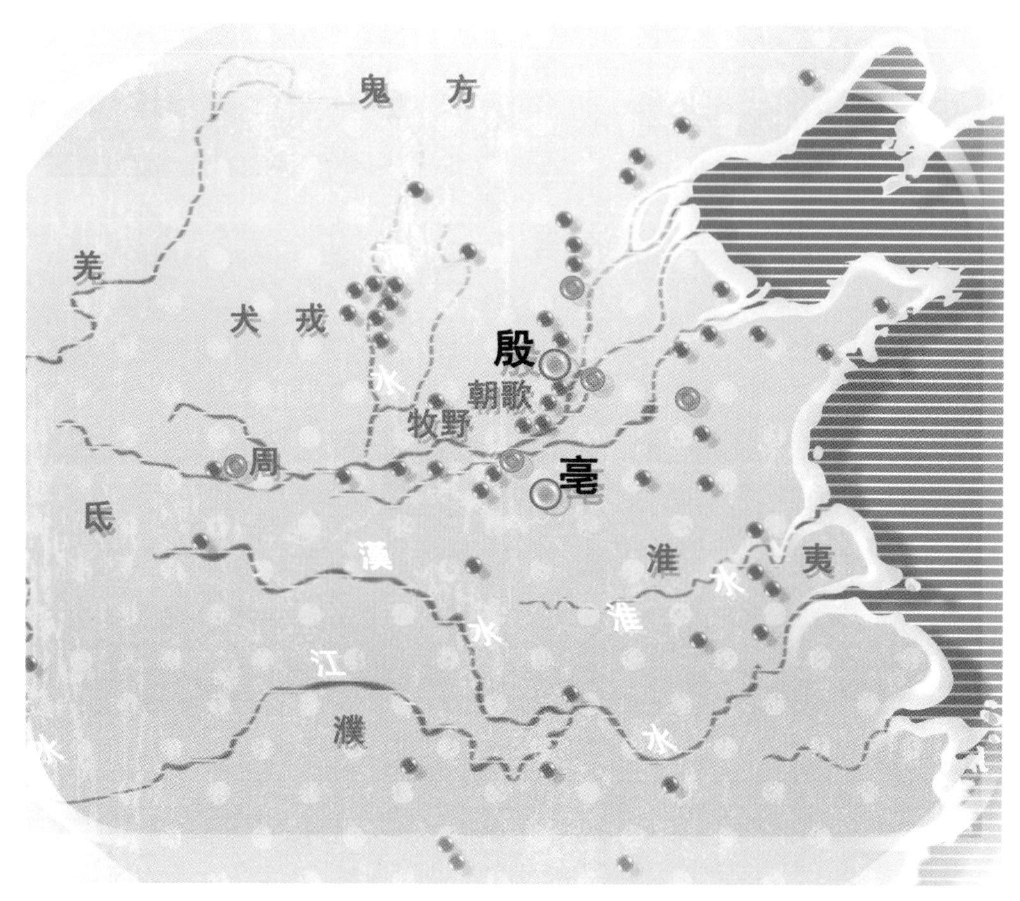


**商朝形勢**

商朝是有史可查的第一個王朝，以亳為都城。商朝前期屢次遷都，中期商王盤庚把都城遷到殷，從此穩定下來，因此商朝又叫殷朝。商朝是當時世界上的大國，周圍還有一些屬國。

濫了，兩百年都沒發過大水？顯然這種往客觀上找原因，避重就輕的說法不是特別可靠。

比較靠譜的一種說法是，遷都的真正原因是因為商朝的王位爭奪比較厲害。這個時候的商朝也是採取王位世襲制的辦法來交接權力，形式上有兩種：一種是父死子繼，另一種是兄終弟及，交給誰都是自己家裡人，但哪種形式更好呢？明顯父死子繼矛盾少，兄終弟及的矛盾多。比如說我掛了，傳給我弟弟，我弟弟掛了傳給他兒子還是我兒子？他肯定想傳給他兒子，那我兒子不幹了，憑什麼，我爸給你的椅子你應該還給我，然後我坐完了再給你兒子坐，你兒子再給我孫子，應該是這麼輪。

誰占著王位不想往下傳了，另一方肯定不能罷手，管它是椅子還是沙發，就開始明爭暗搶。所以王室之間的內鬥就很厲害，造成遷都頻繁，因為這個王把那個王殺了，都城就得換個地方。剛換了地方，他又被別的王幹掉了，都城還得再換個地方，所以頻繁遷都，養成了一個為了搶家具而搬家的好習慣。

據說湯建立商朝之前以部落的形式就遷徙過八次，都城則至少遷了五次，那時候也沒有專業搬家公司，自然是每次都大動干戈，估計也累得夠嗆，所以最後遷到殷就不再遷了。

## 頭號大壞蛋

殷朝歷經幾代發展之後也走向衰落，和夏朝一樣，商朝的最後一任君王紂王，也是出了名的暴君，這個紂王比起夏朝的桀王更有幹壞事的天賦，所以歷朝歷代但凡提及古聖賢王，大家就自然想到堯、舜、禹、湯，一說到暴君混賬，就會想到桀紂。實際上比桀紂壞的帝王有的是，只不過桀紂幹壞事起家起得早，歷史一悠久就成了壞蛋的代名詞了，一塊兒穩坐頭號壞蛋的金交椅。通常評價帝王時候，如果這個帝王無道的話，就可以說他猶如桀紂；要是賢明的話，就說他可比堯舜。如果出填空題，堯舜跟桀紂可以當反義詞用的。

紂王的名字叫帝辛，「紂」是周朝給他上的諡號。當時是周公製造了諡：國君死後，後人用一個字或者兩個字來概括出他一生的功過是非，這個東西就叫諡號。除了秦始皇覺得子議父，臣議君，這種做法不能取，從而廢棄諡法之外，從周朝開始一直到清朝，都在用這個諡號制度。所以幾乎哪個朝代都有文帝、武帝。文，經天緯地曰文；武，克定禍亂曰武、剛強直理曰武。

諡號一共就五十幾個字，帝王的評價不能出了這個圈，就得在這五十個字裡找，所以紂是周朝給他上的諡號：殺戮無辜曰紂。

諡號一般分成這麼三類：表揚型、批評型、同情型。多半都是表揚型，文、武、德、景，這都是表揚型。批評型就像紂、煬，如隋煬帝。同情型的諡號一般就是給那種兩歲繼位，三歲退位，或者三歲繼位，四歲被殺的皇帝，這種情況一般叫殤：短折不成曰殤。或者像晉懷帝那種：慈仁短折曰懷。剛一繼位，還沒有什麼作為，結果他爸爸一缺德，把外族給引進來了，小皇帝身死國滅，這種情況就比較令人同情，但是為數不多。

# 3 一鍋粥喝了二百七十年

## 大國的興起

西元前一〇四六年，周武王伐紂，牧野激戰之後，武王民心所向一路披靡地打到都城朝歌。紂王一看沒戲唱了，連戲台子一起燒了吧，於是在鹿台一把火，自封為中國歷史上第一個自焚的人。他這個不環保的舉動也宣告經過將近六百年發展的商朝徹底滅亡。同年，周朝建立，定都鎬京，歷史上叫做西周。

其實周武王之前還有個周文王，文王在位的時候，為周日後的强大奠定了基礎。但是文王沒有趕上好時光就死了，他兒子武王把商朝推翻得這麼容易，除了商紂自己不要好的內因之外，也受益于文王對武王的悉心栽培。

周朝地域廣袤，一百五十萬平方公里，人口據說上千萬，當時最厲害的歐洲國家大城市雅典能有多大，能有北京大?肯定沒有。那時的歐洲國家叫城邦，一個城就是一個邦，人口沒多少。斯巴達據說有九千戶。大家都知道斯巴達三百勇士，等於是他們國王領著三百個人打仗，這事放在咱們周朝相當於連長幹的事兒，咱們周朝，王宮裡太監也不止三百個。

不過當時歐洲國王能領三百個人打仗，那就不少了，雖然有可能這是國王衛隊，主力軍沒出動。甭管怎麼説，反正他那九千戶，按十口之家算，才九萬人。相比之下，周朝就是西方人無法想像的超級大國，他們想像不出一百五十萬平方公里，上千萬人口是什麼概念，就像吃慣了肉絲炒餅的不知道滿漢全席的概念一樣，而當時的周朝就已經是個滿漢全席。

## 城裡人暴動

西元前九世紀，周厲王的時候，國人暴動。厲王，很明顯是屬於批評型謚號，殺戮無辜曰厲，反正就是不怎麼樣的一個謚號。內城叫城，外城叫郭。文天祥《過金陵驛》：「山河風景原無異，城郭人民半已非。」説明城郭是一回事。在郭裡面有一個最大的就是首都。古時候首都叫做中國，除了首都就都不是中國了，後來才泛指中原地區、中華文明。古文裡面講中國，跟我們今天中國的概念絕對不一樣。中國作為中華民族的代指，那是民國以後的事兒了。所以住在城裡的人就是國人，國人暴動就是鎬京城裡人暴動了，是首都市民暴動，不是全國人民都暴動。

厲王世界觀有毛病，覺得天下的東西都是他的，這倒算了，關鍵是他不讓百姓摘採捕獵，説山裡的浣熊、河裡的魚蝦你們都不能動，都是「孤」的。更荒唐的是誰敢私下議論他説他壞話，一旦被舉報就處死，導致城裡人有怨聲而不敢載道，只能道路以目。最後城裡人就暴動把國王給趕走了，導致周厲王死在「外國」了。沒國王之後周公、召公兩位大臣聯合執政，周召共和，就是西元前八四一年的共和元年。兩個大臣執政了若干年，周厲王的太子繼位，就是宣王，他是條好漢。

## 犬戎滅西周

周宣王在位的時候，國家一度富強，所以這是周朝歷史上有名的宣王中興，可惜宣王一死，兒子幽王繼位，完蛋了。幽王，你聽這名就鬱悶，動祭亂常曰幽，幽王一繼位西周就滅亡。這個幽王是個「頗喜歡看戲」的人，寵愛美女。美女有心理障礙不會樂，幽王為了取悅她，就說一起看戲吧，來個烽火戲諸侯，給國家造點難。

寵倖美女還罷了，關鍵是他想立美女生的那個孩子為王，也不怕心理障礙的遺傳問題，把原太子給廢了，太子姥爺一急，來個好吧你初一我十五，就把犬戎給領來了。犬戎是野人。太野蠻了這幫人。我們中原這個民族叫華夏，名字特別好聽，華是美麗的意思，夏就是大的意思，是個又大又美麗的民族。第一個又大又美麗的國家就叫夏朝，周圍是蠻夷戎狄。蠻夷戎狄已經是不怎麼樣的詞兒，已經讓你說得夠慘的了，還不夠慘？犬戎！

結果就這幫很慘很慘的犬戎把周朝給滅了，這是第一個被少數民族滅掉的華夏政權。後面當然還有，北宋、南宋都是，但第一個起表率作用的就是西周，誰也不能和它搶。西元前七七一年，犬戎攻破西周的都城鎬京，在今天陝西西安附近。鎬京淪陷，周幽王身死國滅，西周滅亡。平王遷都洛邑，史稱東周。那也就是說，周朝的起止時間，西元前一〇四六年到西元前七七一年，前後歷經二七五年，終告結束。

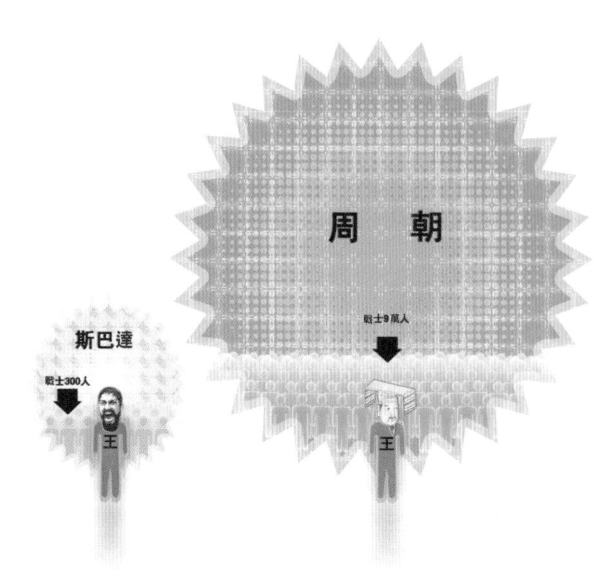


**周朝軍隊和斯巴達軍隊戰士對比**
咱們可是一百五十萬平方公里，上千萬人口，西方人根本無法想像，在遙遠的東方有這麼大一個國家。一百五十萬平方公里什麼概念？就好比人家說一光年有多遠，咱們也想像不出來一樣。

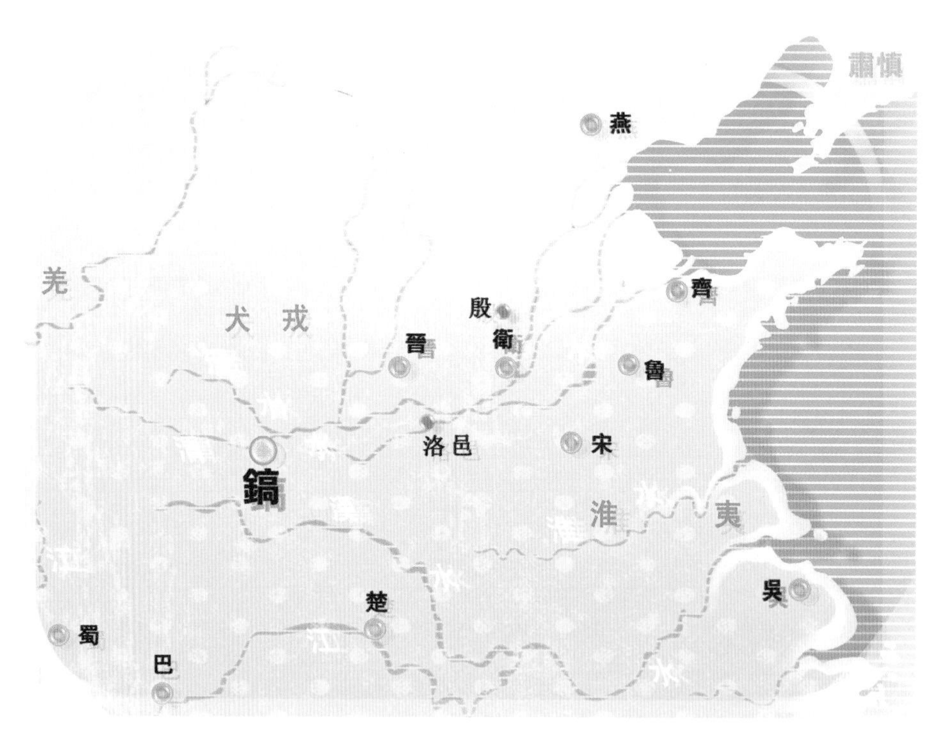


**西周王朝和週邊民族形勢圖**
周朝就已經是人口衆多，幅員遼闊的一個大國，比當時的歐洲國家要大得多。

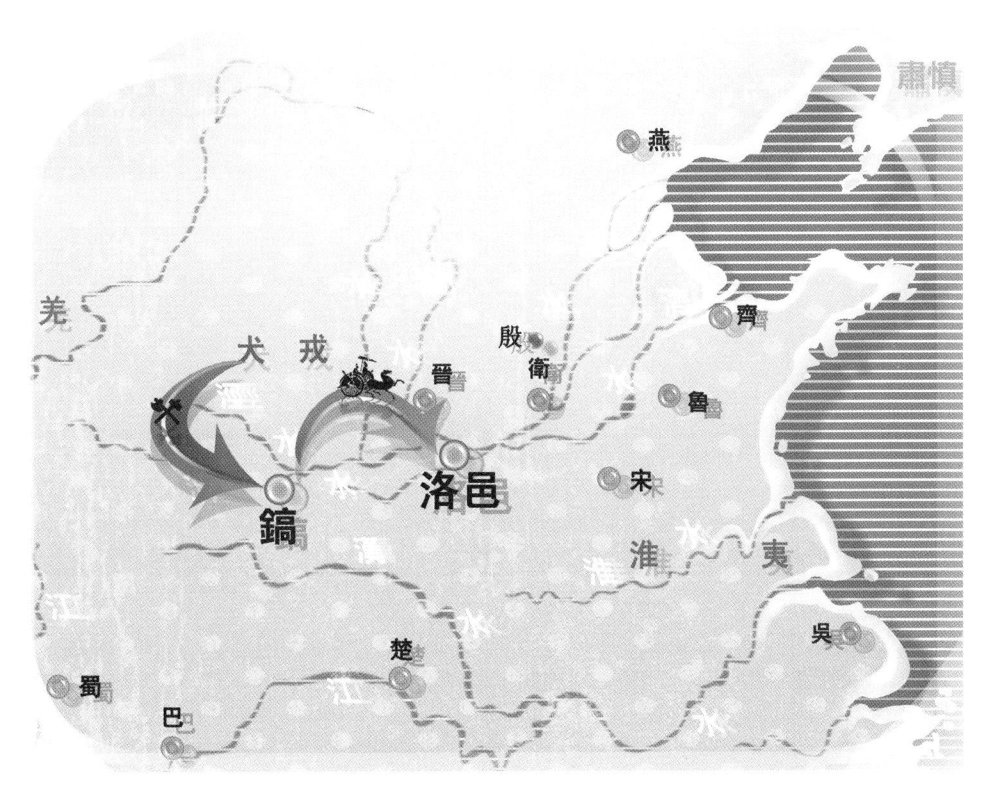


**犬戎滅西周**

西周幽王寵幸美女，他想立美女生的那個孩子為王，把原來太子給廢了，太子姥爺一急，把犬戎給領來了。犬戎是野人，來自中原周圍，是蠻夷狄戎。結果這幫犬戎把周朝給滅了，這是第一個被少數民族滅掉的華夏政權。

# 4 普天之下莫非王土

## 各掃門前雪

周朝時候流行兩句話叫「普天之下，莫非王土；率土之濱，莫非王臣」，流行的程度跟今天我們的一些房地產口號類似，這兩句易學好記的流行語，毫無疑問是自上而下流落民間，因為它强調國家的土地歸屬問題，普天之下，土地都是周天子的，個人無權擁有，有錢想買也沒有（這個是真沒有）。除非是天子分封給你，獲得分封之後，世代享用（這個可以有），但是不能轉讓買賣。

另外這個分封得來的土地，咱們拿的還是小產權，只有使用權，沒有所有權。而且還不能白拿，得有一幫人給你種地，交納供賦，這種制度叫做井田制。

跟井田制相適應的是分封制。周王把土地和人民授予王族、功臣和先代貴族。據荀子講，周武王分封了七十一個諸侯國，其中姬姓諸侯五十三國，也有人考證是四十國，姬姓就是與天子同姓，天子的兄弟、叔伯、子侄被分封，封完親戚再封功臣，這個順序是不能亂的。

建立周朝功勞最大者當推姜子牙，所以姜子牙的後代被封為齊國國君。再往後是先代貴族，比如說商紂王的叔叔，微子。這個哥們兒很識時務，歸順了周朝，所以微子被封為宋國的國君。

而且微子的地位非常高，微子是公爵，姜子牙才不過是侯爵。先代的貴族包括堯舜禹後代，也不知道是真的假的都被封為國君，封了這麼多國。

當然土地分給你之後你要服從命令，貢獻財物，隨從作戰。周朝搞分封歸根到底是要跟它的生產力水平相適應。那時候如果從鎬京（西安）走到咱們這，估計得走上一年，因為它生產力水平低，交通不發達，距離遠又沒有路。從鎬京駕著馬車，走一百里，遇到一片沼澤，得抽幹了沼澤再過去，要是遇到原始森林，得砍光了樹再往前去，一沒有路了就得砍樹，結果樹砍完了，車也散了。所以當時歐洲都是小城邦，也是為了適應生產力水平低的事實。

周朝普天之下一百五十萬平方公里這麼遼闊的面積都是王土，但是王管不過來這些個王土，要是不靠分封制管理，單槍匹馬一個人去幹倆月就得累死。結果王決定只管「中國」，就是首都周圍的那些地方，其他土地就分封給諸侯，你們只要自掃門前雪，管好自己的土地。

## 木頭棒子秀

不過你還得記得土地所有權是王的，不是你的，所以你要聽命令，要貢獻財物，天子打仗就派兵跟著打，這是義務。最關鍵的義務當然是服從命令，需要經常到鎬京來給天子請安、朝覲。該你來，你不來，這個事兒就大了：一不朝，削其爵，公侯伯子男五等爵位次第往下降，公爵降侯爵，侯爵降伯爵。二不朝，奪其地，又該你來，你還不來，一般人也沒這麼幹的，膽兒肥的六百里封地給你砍三百里。三不朝，六師移職，第三次不來，你就別混了，天子就派兵來打你了。

周朝的制度是：天子的部隊有十四個師，宗周八師，成周六師。宗周就是鎬京，一個師二千五百人，總共是兩萬人。洛邑六個師，一個師二千五百人，總數是一萬五千人。天子一共有三萬五千名士兵。然後大國三師、中國兩師、下國一師。就是大國你可以養三個師的部隊，七千五百人，才養那麼點兒兵。那會兒能養得起這麼多兵的國家太少了。估計這七千五百人平時也不能脫離生產，主要任務還是種田。然後打起仗來臨時湊，跟民兵差不多，揮著木頭棒子就上去了。

我們中國古代的五種兵器，排第一位叫「殳」，很好聽的名字，其實就是木頭棒子，比棒球棍做工還差點。還有另一些美詞來形容它：「梃」。什麼叫「梃」？木頭棒子。還有「杵」，武王伐紂，血流漂杵，還是血河裡漂木頭棒子，金屬就漂不起來了。一直到春秋的時候，軍隊的主要裝備依然是木頭棒子，一開戰就是一幫子老百姓拿著大木頭棒子衝上去了。那個時候一說起武裝力量，誇耀自己的時候，總拿兵車千乘來說事，兵車千乘就是一輛車上三個人，每輛車後面跟著七十二個拿木頭棒子的人，外加二十五個後勤人員，這一百人算一乘。千乘就是三千甲士，外加九萬七千拿棒子的和後勤的哥們兒，當時是這麼計算的。

其實打仗的時候沒那麼多人，這個十萬是算上全國人口，能打的不能打的全算，沒錢的拿普通棒子，有錢的在棒子上釘個釘子，更有錢的鍍個金，不論貴賤都來湊數，才能到十萬。不能按照今天的人口來算，所以周天子三萬多人的部隊在當時已經很了不得，況且估計都是鍍金棒子。

分封制、井田制的存在，使得每個諸侯國所擁有的人數、武裝力量和木頭棒子跟它的生產力水平相適應，相當程度上鞏固了周王朝的統治。

**西周時期的井田制與分封制**

周朝搞分封歸根到底是要跟它的生產力水平相適應。那麼大的地方，國王想管也管不過來，只要能顧得上首都周圍的那些地方，其他地方封給功臣們，讓他們去管。

## 拜玉的國家

夏商周的時候，咱們中國人種地就懂得用水利技術，耕地使用的農具以木、石、骨、蚌為主，青銅器是不能做農具的，因為它太珍貴，主要是用來做禮器和武器，祭祀和打仗的時候用。青銅是銅、錫、鉛三種金屬按比例煉成的合金，這種合金澆鑄的工藝水平要求相當高，因為這三種東西的熔點不一樣。錫很容易就化了，鉛、銅熔點也都不一樣。這一點很不好把握，而且出土的青銅器，沒有任何兩件是一模一樣的，因為它是做一件用一個模子，完全手工製造，不可能機器生產，不像今天外面賣的假貨，全是批量製造的複製品。青銅器的顏色真正做出來的時候是非常漂亮的，應該是那種黃金般的土黃色，埋在土裡一生銹才變成綠色，所以嚴謹的電視劇裡面，那個青銅器、銅瓦，都是金黃色的。粗製濫造拍的電視劇，都是綠色的或者是上鏽了的，把上鏽了的東西給國王用，國王很生氣，後果很嚴重。

除了青銅之外，中國人還很喜歡陶瓷，而喜歡陶瓷的原因是因為崇拜玉。中國是世界上最崇拜玉的國家。英國馬戛爾尼公爵訪華，乾隆皇帝賞賜給他很多玉如意。但馬戛爾尼不識貨，以為是幾塊破石頭。他在日記裡寫道，中國皇上真吝嗇，我們給皇上的禮物價值一點六萬英鎊，結果皇帝給我一堆破石頭，把我給打發了。由此可見，洋人不懂玉，不知道玉的價值。咱們中國人講究君子玉不下身，小人連佩戴資格都沒有。

但是玉不是任何人都玩得起的，化土為玉，這就是瓷。所以最早的瓷器是青瓷、白瓷。好的瓷器肯定得具備這麼幾個品質：光如鏡、薄如紙、溫如玉、聲如磬。光如鏡就是說平滑度得跟鏡子似的，可以用來化妝。薄如紙就是薄得跟紙似的，跟今天的手機一個道理，越薄越貴。溫如玉，玉的溫度得是恆溫，無論什麼情況下，不管是擱雪裡刨出來，還是擱冰箱裡拿出來都是溫的。即使把玉擱火裡燒完了之後，你夾出來拿手攥沒事兒，擱微波爐裡轉一圈再拿出來也不能燙手。如果手燙掉皮了，那燒的肯定是玻璃。聲如磬，就是說真正像玉的瓷，你用手敲擊它，能聽到類似金屬的聲音，鐺鐺響的瓷，不是噗噗響的塑膠。

因為對玉的崇拜，導致對瓷的偏愛，也使中國成為世界上用漆歷史最悠久的國家，史前時代就出土過用漆製造的碗。商周漆器已達到較高的水平。周朝漆工藝大量用於車的製造，車身、車篷都用漆來裝飾，這個還是很厲害的。

# 5 五個想當老大的男人

## 管夷吾相齊

周王室東遷之後，勢力一落千丈，諸侯不再聽從天子的命令，不再朝覲和納貢。到了周平王的孫子周桓王繼位的時候，鄭國的鄭莊公不服，不去朝覲，於是周桓王帶領周軍及陳國、蔡國、虢國、衛國四國部隊討伐鄭國，結果鄭國部隊力挫聯軍，周桓王戰敗，最慘的是他還被鄭國大將一箭射中肩膀。小弟造反不能懲治，反而被修理了一頓，老大的威信自然一落千丈。從此周天子只是名義上的天下共主，各諸侯不再把他當回事了。稍後，各路諸侯紛紛崛起，為了奪得更多的土地和人口，拉開了春秋爭霸的序幕。

第一個起來稱霸的是齊桓公。西元七世紀前期，齊桓公任用管仲為相，進行改革。管仲又名夷吾，這個傢伙從小品德不太好，打仗的時候人家都是往前衝，只有他往後跑，他總是以家有老母自己又是獨生子為藉口，對自己的逃兵行為進行解釋，就連跟朋友一起做買賣，他也老算計人家。這個人是一個特別務實的人，為了達成自己的目的，沒有什麼思想包袱可以限制他。

管仲尤其反感漫無邊際的高談闊論，他在相齊的時候，有一句特別精彩的論斷：「倉廩實而知禮節，衣食足而知榮辱。」這段話對於今天的中國很有現實意義。用我們的話講，你得先抓物質文明，然後再抓精神文明。窮山惡水，潑婦刁民，必然是相輔相成的。相反的，物質越富裕的地方，精神文明程度也就越高。齊國秉承著管仲的務實精神，加上地理位置良好，背靠大海，盡享漁鹽之利，齊國很快就做大，成為諸侯各國中實力最强的國家。

齊桓公甚至建立起一支多達三萬人的常備軍，按照以前的規定，諸侯國的軍隊規模不能超過七千五百人，而周天子自己的部隊規模也不過才有三萬五千人。所以可想而知，其他國家哪裡是齊國的對手，但是齊國要想對外擴張，也不能師出無名，所以就提出了一個口號：「尊王攘夷」。

當時中原各國處在混戰狀況，覬覦中原已久的少數民族政權蠻、夷、狄、戎勾結起來，對華夏文明構成嚴重威脅。史書記載當時是「蠻夷與戎狄交，中國不絕若線」，華夏文明，命懸一線！當時的華夏文明應該說是比較先進的，漢族的定居方式已經確立下來，農耕文明達到一定水平，同時我們還有自己的文字語言，這些都是蠻、夷、狄、戎所不具備的，如果這個時候華夏文明遭到滅絕，那麼對於整個人類文明來說都是不可估量的損失。所以這個時候誰能夠站出來保衛華夏文明，誰就是保衛了先進生產力的發展要求，保衛了先進文化的前進方向，保衛了當時中原最廣大人民的根本利益。

## 民族的髮型

管仲高舉尊王攘夷的大旗，使得齊國一下子占據了道義上的制高點，齊桓公出動大軍先是打退了山戎對邢、衛兩國的侵擾，救邢存衛，在諸侯中威望大增。其後，面對楚國南蠻的北向擴張，齊國再度出兵會合中原國家的軍隊共同伐楚，解除了少數民族政權對中原地區的威脅。西元前六五一年，齊桓公葵丘會盟，周天子都派人來參加這個會盟，承認他的地位，使他成為春秋時期諸侯各國公認的第一個霸主，齊國也正式成為第一個稱霸的國家。

後來的孔子孔聖人，充滿深情地講：「管子相齊，九合諸侯，一匡天下，民至於今受其賜。微管仲，吾其被髮左衽矣。」意思是我們老百姓到今天都受到管仲的恩賜，如果沒有管仲的話，我們就要被少數民族、遊牧民族同化了。披髮左衽是少數民族的服飾髮式特點，披髮就是披著頭髮，重環垂耳；左衽就是他們穿的衣服是左邊壓右邊，中原漢族人穿衣服是右邊壓左邊。其實哪邊壓哪邊都無所謂，但在中國古代，這個服裝髮型要一變，就意味禮制的崩壞，意味著國家要滅亡，道統要滅絕。這就是頭可斷，髮型不能亂的原因。

比如明末滿人入關之後，發了一道剃髮令，讓漢族人改學滿族人髮型，一律削髮留辮子，很多人不願意，於是就遭到清兵的強迫鎮壓。留頭不留髮，留髮不留頭，蝦和熊掌不能兼得。即使這樣，江陰城為了抵制剃髮令，為了留髮，抵抗了八十多天，全城被清軍殺得屍橫遍野。有對聯為證：「八十日帶髮效忠，表太祖十七朝人物；六萬人同聲赴死，存大明三百里江山。」今天看來這件事有點過於荒誕，六萬人同聲赴死，就為了這個髮型。

以前的中國人一向把這個事看得特別重要，身體髮膚，受之父母，輕易不能亂動。年紀小的時候還可以剃頭，冠禮成年之後頭髮就不能剃了，要蓄髮蓄鬚，直到臨終。所以崇禎皇帝在煤山殉國的時候，無顏見列祖列宗於九泉之下，以髮覆面，頭髮散開才能拖到腰部那麼長。

如果沒有管仲尊王攘夷，力保中原的話，當時的中原就被少數民族給同化了，髮型一換，就輪不到後面這些事了。

## 周昭王餵魚

繼齊桓公稱霸之後，晉文公和楚莊王陸續崛起。齊桓、晉文稱公，因為齊國和晉國都是侯爵國，這個公不是它的封爵，而是尊稱。楚莊稱王是因為楚國乃子爵國，是南蠻少數民族政權，西周中期才被天子冊封的。楚國國君嫌地位低，所以乾脆自稱為王，跟天子平起平坐。當時的天子周昭王不高興了，親自去楚國討個説法。楚國人聽説天子要來，準備了一艘船迎接他，周昭王特別高興，以為楚國人害怕了，知道自己做錯了。誰想到是因為楚國蠻人嫌周人擾民，設計用膠水黏的船身，昭王一上船才開了沒多久就散架了，周天子一衆人全部落水葬身魚腹。可見這個楚國的南蠻是一個比較有個性的民族。

周天子的南征失敗導致整個東周的神話破滅，王朝由盛轉衰。到了春秋晚期的時候，吳王闔閭和越王勾踐競相稱霸。吳越兩國在長江流域，吳國的都城，就是今天的蘇州，越國的都城就在今天的紹興。那個時候，江南就已經開始得到了初步的開發。

陸續稱霸的齊桓公、晉文公、楚莊王、吳王闔閭和越王勾踐在歷史上被統稱為春秋五霸，個個牛叉。

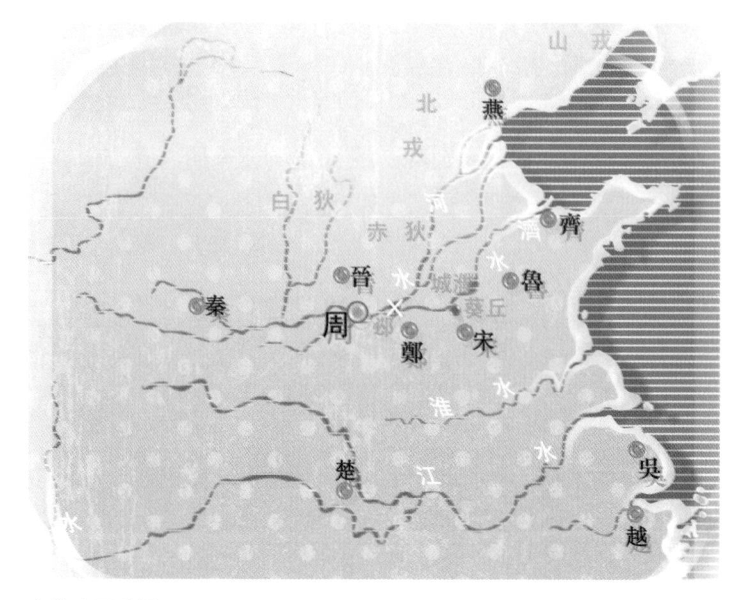


**春秋大國爭霸**

春秋的主要矛盾體現為南北矛盾，具體就是楚晉兩國的矛盾，晉在北邊，楚在南邊。

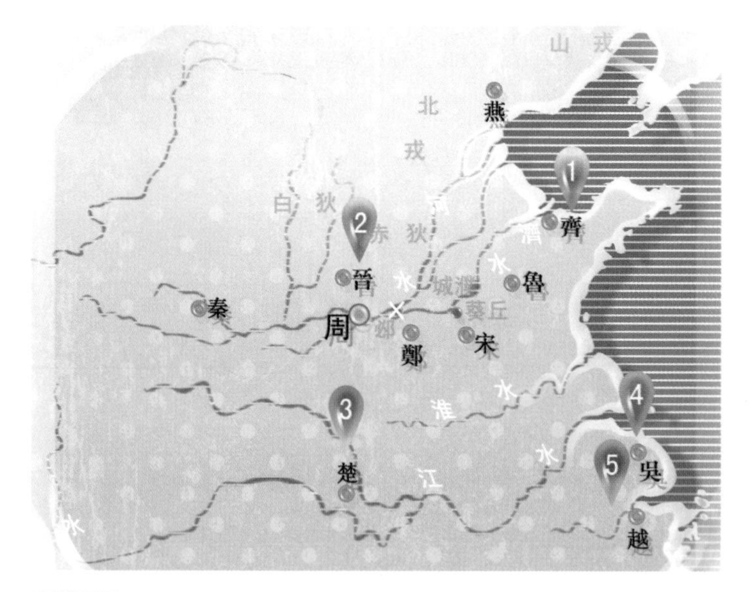


**春秋五霸**

從公元前七七〇年到前四七六年，歷史上稱為春秋時代。陸續稱霸的齊桓公、晉文公、楚莊王、吳王闔閭和越王勾踐組成了俗稱的春秋五霸。

# 6 七匹狼輪番登場

## 三晉亂周禮

據《資治通鑑》記載，西元前四〇三年，即周威烈王二三年這個時候發生了一件大事，周威烈王冊封晉國大夫韓虔、趙籍、魏斯為韓侯、趙侯、魏侯，俗稱三家分晉。無獨有偶，齊國的大夫田氏，與此同時也廢掉了姜氏取而代之成為諸侯，三家分晉和田氏代齊，使得中原地區逐漸形成了戰國七雄爭霸的格局。

從這一變局中可以看出，這其中分封制起到了很大作用。周王朝實施分封制的方法是：天子把土地分封給諸侯，諸侯分封給大夫，大夫分封給卿，卿分封給士，它的每一層都是往下分封的。所以天子後來能夠被諸侯架空，諸侯就能夠被自己國內的大夫給架空。因為這是由它的生產力水平決定的，基本上，上一級只管都城周圍，底下全給分封出去，隨著地方勢力的逐漸龐大，等於就是中央集權走向衰落。所以以晉國為例，晉國當時有六家大夫具有相當的權力，除了韓、趙、魏三家外，還有智氏、中行氏和範氏，中行氏和範氏很快就覆滅了，韓、趙、魏聯合起來又把智氏給滅了，最後這三家，索性把晉國的國君給廢了，自己做了諸侯。周天子一看好傢伙太無法無天了，不過我也沒辦法，被迫承認冊封這三家為諸侯吧，晉國於是一分為三，韓國、趙國、魏國橫空出世。

小時候拿板兒磚砸缸的司馬光說：「天子之職莫大於禮，禮莫大於分，分莫大於名。」周封三晉這個窩囊事兒讓天子之職徹底崩壞，禮制是國家賴以存續的綱紀，三晉居然威脅周天子封他們為諸侯，周天子還不得不承認，這紀綱大亂，就標示著周朝末日已經臨近。

## 戰國七匹狼

齊國原來的國君應該姓姜，例如齊桓公，名字叫姜小白，那會兒起名還不太講究。結果大夫田氏强大起來把薑氏廢掉之後，自己當了諸侯，齊國改姓田了。所以三家分晉，加上田氏代齊，形成了戰國七雄的局面。

這個戰國七雄一開始還不是就這七個國家，當時一共二十多個國家都覬覦霸主地位，歷經戰火洗禮，這前二十强大浪淘沙的一番海選PK之後，基本上就剩下燕、齊、楚、秦、趙、魏、韓，七位選手繼續死磕了。

從春秋五霸升級演化到戰國七雄，可以看出春秋的時候，中原的主要矛盾是南北矛盾，體現在晉楚兩國的爭霸當中，晉在北邊，楚在南邊，一直是南北對峙。到了戰國的時候，主要矛盾就是東西矛盾了，具體表現就是秦國跟關東六國的矛盾。因為關東六國位居崤山函谷關以東，對秦國形成一定威脅。尤其到了戰國末期，秦朝想統一六國，進一步激化了他們之間的矛盾。

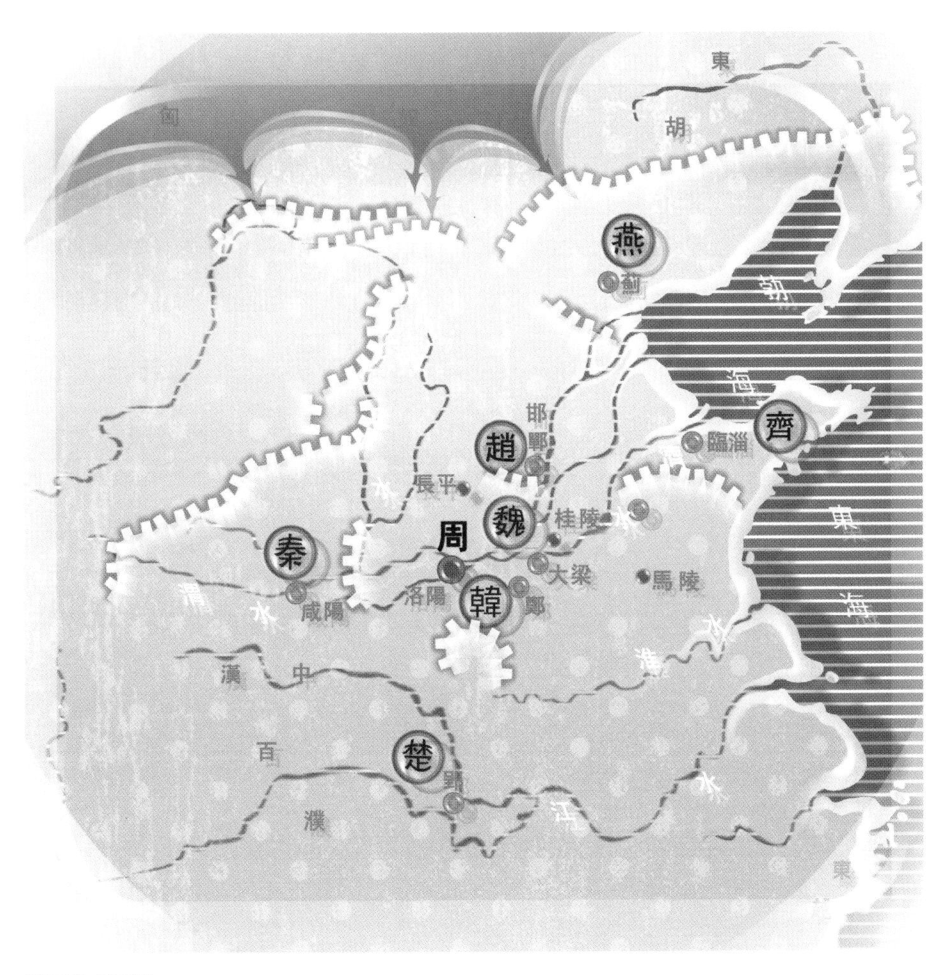


**戰國兼併形勢**

到了戰國，諸侯之間的兼併戰爭更為頻繁，政治格局變化無常。主要是東西矛盾，秦國跟山東六國，或者叫關東六國的矛盾。

# 7 蠻夷狄戎VS.中原王朝

## 瘦身款服飾

春秋戰國時期，神州大地中原地區除了華夏兒女之外，四方還有諸多強敵如豺狼虎豹般環伺，例如匈奴、戎、越等這些彪悍的少數民族政權。有道是不打不相識，打架也是算一種主動的交流方式，總比誰都不理誰强，夫妻天天吵架沒准還越吵越恩愛。於是通過頻繁的戰爭和經濟文化交流，迎來了中國歷史上的第一次民族融合的高潮。

中國人先秦時代是這麼認為的：「諸侯用夷禮則夷之，夷狄而進於中國則中國之。」你是天子冊封的諸侯，你用夷禮，學習少數民族，大家就把你看成蠻夷。比如趙武靈王胡服騎射，當時就被看成蠻夷之人。但是客觀上來說，以前漢人的服裝是最笨拙的，寬袍大袖，那個大袖子能鑽進一個人去，穿上那個衣服一上街，勤勞的清潔工都得下崗。上衣下裳，成年男女也是穿開襠褲的。褲，脛衣也，護腿的，相當於長筒襪。這種服裝設計既不便於生產，又不便於戰鬥。人家少數民族窄衣小袖，死襠褲，生產戰鬥能力都是漢族人所不能及的。

最後漢族人還是把自己的傳統服裝放棄了，從唐朝開始，皇帝的服飾已不再是漢代皇帝冕服

漢代皇帝服飾

漢族服飾

少數名族服飾

唐代皇帝服飾

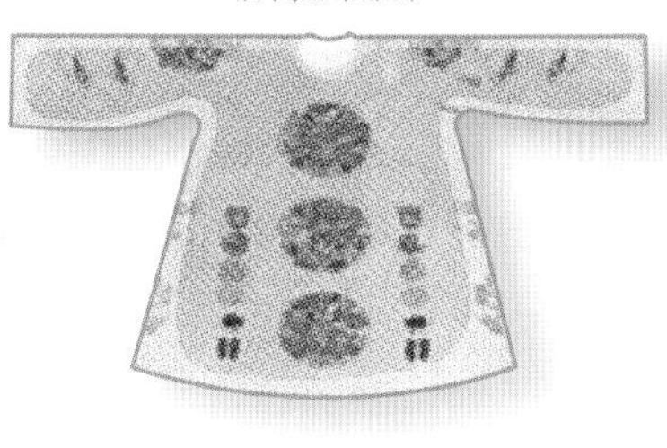

明代皇帝服飾

**漢族和少數民族服飾對比：**

**漢代皇帝及唐代、明代皇帝服飾比較**

生產關係需要適應生產裡的發展，穿衣打扮也是一樣，不方便工作的，咱就換，可見放棄也是一種進步。

的樣式，皇帝上朝已經不再頭戴沈重的冕冠，而是改戴烏紗，領子也變成了圓領，腰部繫一條腰帶，袖口也由寬變窄，相當時尚。

## 同化不見血

除了穿著之外，飲食方面，中原人的口味也一直在向少數民族方向調整，就像大盤雞、拉條子這些新疆維族美食如今已成為某些人的最愛一樣。行為方式方面，以前中原地區的人們進門以後習慣席地而坐，像韓國、日本至今保持這樣的習慣。後來中原採用西北少數民族那種高桌大椅，據說中國人比日韓兩國人民身高占優勢，這是最主要原因。由此而見，中原人民其實一直在向少數民族學習，但是當時的漢族人認為，中原文明才是正統，誰要是學習少數民族，就把誰當做蠻夷對待，而少數民族學習中原文明，就把它當成中國的一部分對待。

那也就是說，當時的漢族人看待這種民族融合現象，主要看重的是文化認同，而不是血緣聯繫。在中國古代，朝鮮、日本和越南，從來不被當成外國看待，因為那時候它們跟中國完全一樣，用漢字，遵漢禮。甚至至今，韓國和日本的祭孔日都比中國要隆重，中國的儒生也從來都把它們當做中國的兩個省，只不過不太聽話而已。

但是歐洲國家對待民族融合現象的看法就和我們不一樣。他們是看重血緣而不是看重文化認同，比如一個中國人跟德國人住一輩子，德語說得比德國人還流利，都休想加入德國國籍，除非一七五〇年的時候，你的祖先是德國人，這樣的話你一句德語不會說，都可以入籍德國。

中國歷史上漢族政權不止一次被少數民族政權侵擾甚至終結，但是每一次都是少數民族政權最後被漢族同化，所以漢族這個民族非常頑强，五千年沒有滅絕。快馬彎刀打仗容易，但征服人心何其困難，而漢民族文化發達是民心所向，所以最後，「就這樣被你征服」，每次都是別人在唱。

# 8 名正言順地變公為私

## 鋤頭向外刨

春秋戰國時期，鐵器牛耕得到推廣，生產力水平往前進一步發展，荒地開墾的數量前所未有地增多，與井田制產生了一定程度的衝突。井田制規定土地是國有土地，耕種的土地是分封來的。而且由於生產力水平低下，分封的土地尚且耕種不過來，無暇顧及其他荒地。但是隨著鐵器牛耕的普及，人們生產效率大幅度提高，幹完份內的這塊土地之後，看著其他富饒的荒地，生了一個大膽的想法：不種白不種，種了不白種。這些荒地可不是天子分封的，不歸國家所有，我自己種了就是我自己的地，還不用交稅。於是乎，大夥兒揮起鋤頭，多快好省地幹起私活來。

這樣一來，私田開墾越來越多，國家分封的土地就逐漸荒蕪了，結果大家都這麼幹就影響到了國家的收入。所謂道高一尺，魔高一丈，國家一想既然大家都這樣的話，索性無論公田、私田，一概按照規定交稅，等於就是變相地承認了土地的私有狀態。

土地所有制就這樣由國有制向私有制進行了轉變。同時為了適應這樣的轉變，各國相繼變法，如春秋時期，齊國管仲的相地而衰徵，魯國的初稅畝。然後到了戰國時期，李悝在魏國，吳起在楚國，商鞅在秦國，三家相繼變法，新的制度確立。但是，李悝在魏國的變法和吳起在楚國的變法均告失敗，尤其是吳起在楚國的變法失敗得最慘。支援吳起變法的楚王一死，當時的守舊派貴族們就要幹掉吳起。最後逼得吳起趴在楚王的屍體上，以楚王的屍體做掩護，威脅貴族們，誰要是刺殺他的話就必然會犯下冒犯王屍的大忌。但是這幫貴族太恨吳起了，以至於視威脅為無物，不由分說就把吳起給射死了，楚王的屍體也給射成了刺蝟。這對於楚國而言，失去了一次走向强大的機會。

## 木頭推新法

三個改革家裡唯一成功的是商鞅，正是他的改革措施最終促使秦國走向了强盛。有個成語叫「徙木立信」，說的就是商鞅變法成功的原因之一。當時商鞅為了讓百姓信服聽從自己的新法，在城南門立了一根木頭，貼告示說誰把木頭扛到北門就賞五十金。還真有人出來扛了，輕輕鬆鬆拿到了五十金。商鞅並不是拿五十金來教導各位天上可以掉餡餅，而是為了建立自己在百姓心中的信譽。於是秦孝公時，商鞅變法順利實施。

具體措施如下：

第一，令民為什伍，實行連坐法：把老百姓給組織了起來。十家一什，五家一伍，一家犯罪，五家十家都受到牽連，這就叫做連坐。比如隔壁家的小三吸毒，你知情不報，被發現後一樣辦了你，可見當時對老百姓控制得有多嚴厲。

第二，重農抑商，獎勵耕織：中國古代人分四等，士農工商，商居四民之末。當時重農抑商，獎勵耕織的關鍵原因還是生產力水平太低了。有道是「一夫不耕，或受之饑；一女不織，或受之寒。」農者，天下之大本也，黃金珠玉，饑不可食，寒不可衣。不像我們今天中國多少夫不耕，多少女不織，也不會有人受饑受寒，當時可沒有袁隆平＊這些人，如果老百姓棄農經商的話，國家就完了。所以一開始搞重農抑商是跟當時生產力水平相適應的，政策上必須得重農。另一個原因就是當時的商品主要是奢侈品，與百姓的生活無關，要來也沒用，搜羅一打翡翠瑪瑙都不一定能換幾串麻辣燙。直到中唐以後，民生用品才逐漸多起來，但再往後，比如到了清朝，隨著國家經濟水平的發展，還採取重農抑商的政策，那就阻礙經濟的發展了。

第三，獎勵軍功，按功受爵：高官授爵在此之前是世襲世祿制，生下來就有俸祿，從商鞅變法開始改變了這種情況，獎勵軍功，按功受爵。秦國把爵分了二十等，其中最高的關內侯是第二十級，第一級到第八級是民爵。這一級別的晉升就靠戰場上立功。砍敵人腦袋一個，爵位上升一級，所以敵人的腦袋就叫首級。秦國的這種激勵制度使得秦軍在戰場上非常的驍勇善戰，割頭不倦，一般被人稱做虎狼之師就是這個原因。

第四，燔詩書而明法令：這就是後來的焚書坑儒，可見商鞅是典型的法家代表，強調法制，要求大家服從命令聽指揮。

第五，統一度量衡：度是長度，量是容積，衡是重量，度量衡不一樣的話，會給各地的交流帶來很多麻煩。比如美國人開車去加拿大絕對是會超速的，因為美國是用英制單位，汽車里程表上顯示的是英里，一英里等於一點六五公里。如果加拿大的交通指示牌上顯示限速八十，美國人一腳油門下去，准超速！再比如，咱們大陸一斤等於五百克，台灣是六百克。如果台灣遊客來大陸買水果，就會覺得大陸人殺豬了。

第六，廢分封，行縣制：以前的分封制留下太多隱患，嚴重削弱了中央集權的力量。造成天子和諸侯的脱節。商鞅為了解決這個問題，全國設三十一個縣，由國君委任縣令。後來縣上又設郡，郡守和縣令都由國家來任命，從根本上加强了中央集權的作用。

第七，為田開阡陌封疆，廢井田：商鞅以法律形式確立了土地私有。改變了之前大家心照不宣，國家變相默認土地私有的狀態。商鞅的一系列措施，促進了秦國政治、經濟、軍事的發展，使秦國成為戰國七雄中實力最强的國家，為統一六國創造了條件。

* 袁隆平，江西德安人，致力於提高糧食生產，被譽爲世界雜交水稻之父，其名言「我畢身的追求就是讓所有人遠離飢餓」，於二○○四年獲世界糧食獎。

# 9 西元前二十一世紀什麼最貴

## 無為無不為

春秋戰國時期，是中國歷史上第一個文化高峰時期，正在經歷社會大變革的各諸侯國，各階層都對社會變革提出自己的看法和主張，一時間形成了百家爭鳴的文化現象。

春秋時期，兩位著名的代表人物是老子和孔子。首先看老子，道家創始人，這個道家跟道教不一樣，道教是中國古代神仙方術、原始巫術的集合體，吸收了道家思想之後，形成了道教。道教形成之後，神話老子，把它捧為太上老君，就是在爐子裡煉孫悟空的那個白鬍子老頭。實際上歷史確有其人，但是生平事蹟不詳，只知道他是道家的創始人，有人說他叫老聃，也有人說叫李耳。

他的學說有兩個特點，第一，樸素辯證法。第二，無為。政治上主張無為。無為好不好？老子為什麼主張無為？有為什麼樣？誰有為？齊桓公、宋襄公、晉文公、秦穆王、楚莊王，春秋五霸這些人有為，戰國七雄、商鞅變法這幫人有為，有為的結果是生靈塗炭，烽火連年。所以老子看到這種情況，提出咱們應該無為。小國寡民，雞犬之聲相聞，民至老死不相往來。這樣的狀態最佳，人與人之間就沒有戰爭了。老子希望退回到原始社會，他認識不到未來有共產主義社會，所以他只能認識到我們怎麼樣才能夠避免這種悲劇戰爭，所以就提倡無為，同時他認為人一定要順應自然，自然就是天道。老子的《道德經》，上來第一句就是「道可道，非常道」，我說不清到底是什麼東西，我只能强名之曰道，按我們的道理講，道就是自然。「道生一，一生二，二生三，三生萬物」，强調的就是天人合一。他認為國家有四大：道大、天大、地大、王亦大，而道最大。道才有天，天才有王，王是萬人之主，還遠不如道，那麼普通百姓更加要順應自然規律。

順其自然的衍生狀態叫以柔克剛，最簡單的道理是水滴石穿。天下之至柔，馳騁天下之至堅。比如你嘴裡最硬的是牙，最軟的是舌頭，你老了，掉牙不掉舌頭；大樹比小草高大强硬吧！七級風一來，大樹連根拔，沒見過草滿天飛的。

杯滿則溢，只有空杯才能倒進水，所以無可以生有，有就不能再生了。中國現代哲學家馮友蘭先生，把人分成四種境界：天地境界、道德境界、功利境界和自然境界。咱們是在功利境界，殺人犯、强姦犯這都是自然境界。道德境界就是聖人們，他認為中國古代人達到天地境界的只有一個人，就是老子，孔子都只在道德境界。

一般我們在功利境界的人，是貴有不貴無，我們有什麼比什麼，比有錢，比有房子，比有車，比我爸爸比你爸爸官大。而老子是貴無，看破放下，四大皆空，六根清淨，你才能成就，無為才能無不為就是這個意思。

處在道德境界的孔子跟老子見解主張就出現了分歧。孔聖人提倡有為，所以孔子這一生很辛苦。

孔子是儒家學派創始人，思想家、教育家。他在中國古代尤其元朝以後，被稱為大成至聖先師。集萬般禮法道統學術之大成的萬世師表，老師的祖師爺，所以台灣把九月二十八日孔聖人的誕辰，訂為他們的教師節。好多政協委員建議我們的九月十日也改到九月二十八日去，孔聖人誕辰做教師節，這個多好。

## 有愛有禮貌

「君為臣綱」、「父為子綱」、「夫為妻綱」的三綱和「仁、義、禮、智、信」的五常，這些觀念一開始都是源自孔子的思想，其後才被董仲舒等人整理出來的。

孔子的中心思想是個仁，仁者愛人，己所不欲，勿施於人。這個歌都有人唱過。《大學》的第一句話「大學之道，在明明德，在親民，在止於至善」，就讓我們要親民，也就是孔子仁者愛人的意思。人指的是別人，愛跟你不相干的人，統治者愛被統治者，被統治者要愛統治者，讓世界充滿愛，這不就是和諧社會嘛！這種仁愛比耶穌的觀點早了五百多年，所以中國的耶誕節應該和教師節同一天，也改成九月二十八日。

孔子還強調禮，強調貴賤有序，尊卑有位，恪守本分。他認為春秋戰國的時候下面人不把周王室放在眼裡，屬於禮崩樂壞，對此很不滿。他認為讓世界充滿愛的最好辦法就是每個人都遵守自己的本分，心裡別存非分之想，是哪個階層的人就要對自己的生活知足。諸侯老老實實做諸侯，大夫老老實實做大夫，別大夫想做諸侯，諸侯想做天子，那就亂套了。為了國家穩定社會和諧，勢必要克己復禮。

但是孔夫子這個主張是非常天真的，中國古代的禮制森嚴，所有的東西都能體現出等級來。

天子頭戴的冕旒冠，看著好像腦袋頂一個搓板，垂著算盤珠子。這珠子都有講究，天子要垂十二串珠子，諸侯垂九串。韓國的歷史劇裡面韓王一出來戴的那個就是九串，我特意趴電視上數，韓國這回還真沒吹牛，這個韓劇還比較真實，他們的九串是戴對的，因為他不是天子，中國皇帝才可以戴十二串。再比如故宮的大門上，九九八十一顆銅釘，屋脊上九個走獸。你說我們家屋脊上也弄九個，找死吶！我們家蓋房子也用黃瓦，找死吶！這全都有等級的，皇宮九九八十一，王府八八六十四，七七四十九，你不能隨便來。皇宮的大門可以開幾間，王府開幾間，也是有規定的。孔子就特別强調要維護這個禮。

大家知道孔子有一句特有名的話，叫「是可忍，孰不可忍」。什麼事兒把老爺子給氣成這樣了？魯國大夫季氏開宴會跳舞，天子跳舞可以動用六十四個人，諸侯四十八個人，大夫三十二個人，結果季氏居然動用了六十四個人，孔子氣壞了，你大夫怎麼能擺出天子的架勢來呢，這如果都可以忍受的話，還有啥不能忍的。我們今天有些人可能會覺得孔夫子有病，人家有錢，願意用一百二十八個人你管得著嗎？但是那個時候禮制森嚴，不但管得著，而且必須管。所以他的思想核心，一個仁，一個禮。

## 推素質教育

除了思想外，孔子在教育上也功績斐然，打破了學在官府的情況，使平民有受教育的機會。咱們現在講素質教育，沒有教不會的學生，只有不會教的老師，你不能用一種方法教學，不能千篇一律。最早孔聖人就是這種主張，孔子一生三千弟子，七十二賢人，它這個三千弟子裡面，年齡最大的跟他差個五六歲，最小的比他孫子都小。他從爺爺教到孫子，不能用一種方法，所以當然是因材施教。那會兒沒有應試，孔聖人絶對是搞素質教育的。好多教育思想對今天都很有借鑒意義，咱們現在一寫教育論文，動輒蘇霍姆林斯基說，或者杜威說，其實孔聖人說就已經足夠了。

為了推廣素質教育，孔子編訂整理了《詩》《書》《禮》《易》《春秋》，這就是後來儒家的五經，本來還有一個《樂》，隋朝的時候還有六經，後來《樂》這部經失傳了。孔子他的標準像就是兩手這麼一搭，佩劍。然後一般的情況下，這幅畫上邊有一個題款，寫的是大成至聖先師，或者萬世師表，兩邊是一副對聯：「德配天地道冠古今，刪述六經垂憲萬世。」這個對聯說明了孔子述而不作，《論語》雖是他說的，但不是他寫的，是他弟子整理的。看來大人物都是這樣，釋迦牟尼只講，也不會自己寫，穆罕默德也是這樣，述而不作。

老子和孔子是春秋時期的兩位著名的思想家。尤其孔子的儒家思想成為後來歷朝歷代的指導思想。

## 展百家歌喉

戰國時候，儒墨道法百家爭鳴。

首先看墨家，墨子提倡兼愛、非攻、尚賢。兼愛就是愛一切人，這個有點兒跟仁者愛人相似。非攻就是不要戰爭，不要打仗，保家衛國還可以。尚賢，任用賢人，進行選舉，最好國君都選舉產生。這個不太現實，那是美國總統的選舉方法，萬一選出的國君是個犬戎，肯定不讓上。

所以墨家思想在中國古代是最不受重視的，就因為統治者不接受。

這個時候儒家代表是孟子，主張仁政，民貴君輕，政在得民。給農民土地，不侵犯勞動時間，寬刑薄稅。國之根本是百姓，孟子的思想就是民本，是最閃耀人文主義光輝的。他在儒家當中被尊為亞聖，僅次於孔子。

儒家的另一位代表是荀子。主張制天命而用之。就是說古代畏天，因為當時自然科學知識有限。人們把山崩、海嘯、地震、日食、月食都看做是上天的懲罰，所以荀子那會兒就提出來，制天命而用之，你可以利用自然來改造自然。後來有人把這種思想發展到極致，叫人定勝天。這個是不可能的，你勝不了天，地震它就得地震，地震完了這個地方就廢了，得遷走。你說你能戰勝自然，還在那蓋個城市，還震，服了吧。千萬少說人定勝天，要不然霸王也不會別姬，但可以利用自然規律來為人民服務。

今天更不應該強調人定勝天的思想，因為這個是非常可怕的，你如果過度開發，就會遭到自然的懲罰。舉一個最簡單的例子，長城是中國農牧業的天然分界線，我們老祖宗很明智的，長城以北的地是不能耕種的，只能放牧，風吹草低見牛羊，現在呢，風不吹都能看見黃鼠狼。哪還有草原，就因為耕地，我就不信我就種，種的結果是糧食不長，草也不長，變成荒漠了。北京幹麼老刮沙塵暴，就是長城那邊變成荒漠了。孟子說過，不以規矩，不能成方圓。人都要有規矩，何況自然。

戰國時期莊子繼承了老子的道家學說。他有一句非常有名的話：「巧者勞，智者憂，無能者，無所求。蔬食者遨遊，泛若不繫之舟。」能者多勞，智者多憂，蔬食者就是平頭百姓，當官的是肉食者。古詩說：「鐵甲將軍夜渡關，朝臣待漏五更寒。山寺日高僧未起，算來名利不如閒。」大概跟莊子的話是一個意思吧。

## 嚇唬老百姓

戰國時期，法家的集大成者是韓非子。法家咱們講過，商鞅就是法家，法家跟儒家的區別有三點：

第一，法家認為歷史向前發展，當代勝過古代，要進行改革，不能以先王之道，治當今之世，就是說別拿前年的記憶體條來跑今年的新遊戲。從統治思想上看，儒家强調的是法先王，幹什麼事兒得學古代。所以中國古代最牛的帝王是堯、舜、禹、湯、文、武，沒有一個皇帝，敢說我比這哥六個還牛。你唐太宗也好，康熙大帝也好，他絕對不敢說，我比堯、舜、禹、湯、文、武還牛，敢這麼說的，那就是瘋了。當然現在無所謂了，「唐宗宋祖，稍遜風騷，數風流人物，還看今朝」，那是現在。所以儒家是法先王，法家則是法後王的典型，它認為以後比現在要强，所以咱要經常不斷地進行改革。可是中國古代改革總是困難重重，凡是進行改革的人最後一般都是幾近「奸臣」，商鞅還被五馬分屍，五馬分屍然後才一統六國呢，就是因為法家違背了主流儒家思想。得尊重祖宗，尊重祖宗的法度，所以天壇齋宮，很多地方皇帝寶座後面一塊大匾，四個大字——「敬天法祖」。我們前面還提過一個提倡改革的人，管仲。管仲也是法家，法家一般不是很看重道德的作用，所以管仲說的話特別好：「倉廩實而知禮節，衣食足而知榮辱。」別在那唱高調，吃飽了什麼都明白，以此看來法家的源起可以追溯到管仲那個時候。

第二，主張以法為本。人類近代資產階級提倡法治是制度的「制」，强調制度的完善和不可觸犯。法家强調的法治則是以法治國，治國的老百姓，國君不受。那法律本來就是皇帝制定的，比如說明太祖頒佈聖旨：「朕有天下，明禮以導民，定律以繩頑。」我擁有天下之後，讓老百姓都遵守禮法，光有禮法不行，他不聽話就定律以繩頑。冥頑不靈的，繩之以法。皇帝冥頑不靈沒關係，因為皇帝不會不聽自己的話。貴族呢，貴族有免死金牌，憑什麼有金牌呢（奧運會上你又沒拿第一），因為我祖先有功啊！像清朝的法律裡面，貴族犯罪有八議，你如果是貴族，你犯罪，你跟八議沾邊的，就可以往下減刑。比如說議功，我們家祖先有功，所以應該死刑改無期了，議功、議貴、議親……八議議完，走好吧您，無罪釋放。這個在今天看來很荒唐，法律面前人人平等，你爸爸有功關你什麼事兒？比如我爸爸志願軍烈士，我犯死罪了，該槍斃照樣槍斃，不能因為我爸爸是烈士，我殺人就白殺。所以法律面前人人平等跟韓非子的法治還不一樣，那時候的法治就是用來治老百姓的。法家和儒家最大的區別就體現出來了，法家强調的是怎麼治理老百姓怎麼治國，法治。儒家强調德治，為政以德，强調仁政。法家强調輕罪重刑，不殺不刑無以樹威，為了嚇唬老百姓，讓平民不敢作亂。

第三，法家還有個觀點是要加强中央集權。韓非子主張建立君主專制中央集權的封建國家。他主張「事在四方，要在中央；聖人執要，四方來效」，明顯加强了中央集權。法家思想能夠被秦王嬴政接受，能成為指導思想，就因為這幾點：法後王主張變革，不拘泥於古代；主張法治；主張加强中央集權。統治者當然喜歡它了，它這個東西好，對統治者有用，秦朝當然待見它。

## 要堅持研究

還有些厲害的事需要說一下。

第一個，《春秋》記載，魯文公十四年（西元前六一三年）：「秋七月，有星孛（彗星）入於北斗。」世界上首次關於哈雷彗星的確切記錄，比西方早六七〇多年，這是一個世界之最。但是你最早記載了哈雷彗星，它為啥叫哈雷彗星，不叫魯國彗星，顯然就是你記載之後，你沒有研究。

第二個，十九年七閏，比西方早那麼多年，這又是一個世界之最。十九年七閏。世界各國的曆法分為三種，陰曆、陽歷和陰陽曆，咱中國傳統農曆屬於陰陽曆，不是陰曆，阿拉伯曆法是陰曆，也即是回曆。回曆以西元六二二年穆罕默德創教為元年，這麼算來回曆的今年應該是十三××年才對，但他都到十四××年了，過得那麼快是因為回曆一年三五四天，它以月亮繞地球一圈為一個月，大月三十天，小月二十九天，叫做陰曆。陽曆就是地球繞太陽一圈為一年，然後一年十二個月，每個月理論上應該是三十一天或三十天，但是沒譜。比如七月大，八月應該小，結果奧古斯都皇帝過生日，加一天，八月就大了。那這一天從二月拿吧，因為那個月殺人，快點過去，所以二月就少一天了，很隨意的。中國古代為了指導農業生產，就儘量都照顧到，按照月亮繞一圈是一個月，地球繞一圈是一年，這樣的話，我們一年也是三五四天，但是我們又要照顧到地球公轉的周期，十九年裡增加七個閏年，平均就是每兩年多一點就要插一個閏年，閏年有十三個月，所謂的閏二月，就是這一閏年有兩個二月，閏七月，就有兩個七月。因為咱們現在都用西曆，你不會在乎這個，要用農曆的話，就經常會提到閏月。咱們中國曆法屬於陰陽曆，不是純粹的陰曆，這個原則的確立是很早的。另外，就是世界上最早的天文著作《甘石星經》，甘德、石申這兩個人寫的，五大行星都有記載。如果從那時候堅持研究，說不定今天已經可以住火星了。

物理學方面，就是《墨經》，光學八條。墨子是勞動人民出身，所以他比較注意自然科學、生產經驗這些東西。這個直到牛頓發現光譜的時候，中間已經過去了兩千多年，如果從那時候堅持研究，說不定時光機器已經出來了。

古代醫學首推扁鵲。名醫扁鵲，脈學之宗；望聞問切，建立了中醫傳統診病法。現在中醫爭論得挺激烈的，民國時就有人主張廢除中醫。有人講其實「中醫」這個詞兒不準確，應該叫傳統醫學，與西醫現代醫學相區分。中國古代沒有西醫，老百姓看病找中醫，傳統醫學能一直延續到現在，自然有它合理的生存空間。

第二章

# 江山一統不是夢

## 秦漢

兩漢對百姓的管理實行編戶，然後這個被編入戶籍的百姓，稱為編戶齊民，具有獨立身份，依據財產承擔國家的賦稅、徭役和兵役。咱中國是最不適合搞恐怖襲擊的國家，因為中國對戶籍的管理嚴格。你在小區裡一轉悠，一幫老太太追上了，你找誰啊你！你這家伙鬼頭鬼腦的，想進我們小區，門也沒有！你想安炸藥，能讓你安嗎？所以想恐怖襲擊中國不太可能。

# 1 多米諾骨牌效應

## 秦王掃六合

秦的統一，第一個條件，生產力提高，聯繫加強；第二個條件，人民渴望。台灣什麼人最願意跟大陸好？台商。聯繫加强，我跟你這掙錢，打仗我錢掙不著了，就是這個意思。第三個條件，秦國實力强，國富兵强；第四個條件，秦王嬴政的戰略策略。秦始皇本人雄才大略，遠交近攻。離他近的先滅掉，遠的交好。

滅六國是這麼一個順序：韓、趙、魏、楚、燕、齊。先滅掉韓國，韓國國小力弱，一下就滅，就像拿杯水潑蠟燭似的。然後是趙國，再是魏國。楚國雖然龐大，但事先已經被打過一回了，首都都給攻克了，屈原都投河了，很虛弱的，所以也拿下。燕太遠，多活了幾年，不過也是望風披靡的。最後滅齊，因為齊最遠，實力又很强。所以他跟齊王田建說，我滅那幾國你別管，你看著，等滅完了之後，咱倆平分天下，我是西帝，你是東帝。田建很高興，後果很淒慘。各國求援他都不救，就等著做東帝，結果那五國一完，他就成了最後一塊多米諾骨牌。沒什麼東帝，關山洞掃地去！最後餓死了。山東六國十年的工夫就被挨個兒滅了，秦國的國力確實是超强，人口五百萬，軍隊一百萬，趕上匈奴了，打一次仗動用六十萬大軍，傾國而出的感覺。

**秦王掃六合**

公元前二二一年秦國滅掉了六國，就像推倒多米諾骨牌，離他近的就先滅了，韓國國小力弱，先滅掉韓國，然後是趙國、魏國。楚國強，但事先已經被打過一回了，首都都給攻克了，屈原都投河了，楚國已經很虛弱了，所以簡單就滅了楚國。燕太軟。最後滅了最遠的齊，齊實力很強。秦始皇採取騙人戰術，騙齊王田建讓他做東帝，田建非常高興，各國求援他都不救，結果那五國一完，秦國就把他給滅了。

## 一起來砌牆

西元前二二一年滅掉了六國，統一越族地區，擊退匈奴，取得河套。河套就是黃河大拐彎的那個地方，水草豐美的鄂爾多斯草原。所謂黃河九曲，唯富一套，說的就是這個地方。河南叫內套，河北叫外套。奪之，修長城。

為什麼修長城？不是把匈奴打敗了嗎？乾脆一口氣把它滅了。可是滅得了嗎？人家是騎兵，一下子跑沒影了。咱們漢族跟少數民族打仗，花錢太多，一場仗下來，糧食供應都跟不上，國力基本上就耗盡了。少數民族沒有這個負擔，所以漢族跟他們打仗打不起。於是就修一個長城把你攔住，我不過去，你也別來，況且我也沒理由過去，那邊的地不能種，要擱那建一個城，從內地給運糧食，運物資，費用太大了，所以修個長城就完了。唐朝人說：「但使將軍能百戰，不須天子築長城。」可是將軍百戰也沒用，因為「將軍百戰死」，所以還得靠長城，世界八大奇蹟就是這麼來的。

統一越族地區，擊退匈奴，取得河套，修築長城。這些都做完後，秦朝的疆域已經北起長城（今天的內蒙、遼寧），東至大海，南達南海，西到隴西（今天的甘肅），據說達到四百萬平方公里，二千一百萬人口，相當於四百年後極盛時期的羅馬帝國，人口比羅馬帝國還多一百萬。

秦統一六國的意義：第一，結束了春秋戰國以來，諸侯割據稱雄的局面，成為一個統一的多民族國家。辦公室亂了很久，終於打掃好了。第二，社會經濟恢復與發展，結束長期戰亂，人民生活安定，經濟向前發展。房間理好了，終於可以工作了。

# 2 老子天下第一

## 老子說了算

西元前二二一年，秦王嬴政，也就是後來的秦始皇，以咸陽為都城，建立起中國歷史上第一個統一的專制主義中央集權的封建國家。他採取了一系列類似「360安全衛士*」的措施來鞏固自己的國家系統。

政治方面：

第一，他建立了皇帝制度。皇權至高無上。夏商周三代統治者，天子稱什麼？稱王，文王，武王。王是最古老的一個漢字，甲骨文裡就這麼寫。三橫一豎，用於溝通天地人的天子。等秦王嬴政完成統一之後，他說三代統治者都稱王，我要還稱王，無以稱成功傳後世，所以你們給我琢磨琢磨，我應該叫什麼？大臣一想，您德兼三皇，功過五帝，就從「三皇五帝」裡取兩個字吧。三五顯然很二，更像是鬧鐘或者香煙的品牌，所以就叫皇帝，三皇五帝都沾邊。

從此，秦朝開始有了大權獨攬，擁有至高無上皇權的皇帝。自稱曰「朕」，詔旨稱制，或者

* 360安全衛士，一款由中國網路公司推出的防毒軟體。

稱詔。值得一提的是，在秦朝統一以前，誰都可以稱朕，屈原就老稱朕。秦統一後，你要朕，那就把你給震了，只能皇帝可以朕。其實這個制度實在不怎麼樣，因為皇帝大權獨攬的結果就是你這個國家的治亂興衰就完全看皇上一人了。如果是名君聖主，國家就能夠強盛，但是名君聖主是比較少的，中國歷史上名君比較集中的朝代就是清朝，除了同治皇帝差點兒，都還可以。像明朝一個賽著一個混蛋，皇帝開國的都不錯，到二世沒准還能湊合點兒，守成還行，到三世這幫人，生於深宮之內，長於婦人之手，整天與閹豎為伍，你想想他除了「下面沒有了」的笑話還能瞭解什麼東西。一代不如一代，王朝總是逃不脱興衰的怪圈，所以大權獨攬的皇帝制度是有缺陷的。

秦始皇一開始還是很勤政的，他每天早起洗臉刷牙之後看六百斤奏章。別怕，當時奏章是寫在竹簡上，要是看紙的，六百斤能看死他。他讓在寢宮裡擱一個秤，每天秤約六百斤，不看完不休息，累得手都翻不動竹簡了，拿綢布條掛到脖子上吊著翻，太累了！這種體力活遠大於腦力活的工作，讓他後來終於膩味，於是開始追求長生不老，轉向煉丹了。

## 工資都是米

第二，他建立了一整套從中央到地方的官制。這套制度可以概括成為三公諸卿郡縣制度。皇帝至高無上，其下設立三公，太尉主管軍事，大概相當於中央軍委，但是在秦朝太尉一般不設，是個虛銜兒。然後是丞相，相當於國務院，主管行政，總領百官。史籍上解釋這個丞相的記載是「掌丞天子，助理萬機」，國家大事基本上都歸丞相處理。然後是御史大夫，御史大夫相當於副丞相管監察，同時負責監察百官，還要掌管百官的奏章，相當於今天的副總理兼反貪局兼檢察院兼人民來訪辦公室主任，就類似這麼一個職務。這三位稱為三公。三公相當於中央一級的大官。三公之下是諸卿，相當於各部部長。諸卿在史書上叫九卿，但是一般可能不止九個。其中一些常見的比如郎中令，相當於宮廷警衛；典客，相當於外交部禮賓司；宗正，掌管皇族內部事務；少府，處理山河湖海稅收和手工業製造；廷尉，是管司法的。諸卿之下，地方設立郡，再往下是縣，再往下是鄉，鄉下面是里。鄉、里的領頭人，不是朝廷任命的，而是當地自己選出來的，就是村民自治委員會，跟居委會的性質差不多。這種制度就叫中央集權。從皇帝往下，一直到縣，一杆子插到底。這個讓後來的班主任、班長、課代表、小組長都受益，從學生會到包工隊一直在效仿。

秦漢時期還沒有品級，要區別一個官的大小主要看他的工資。太尉和丞相是萬石，就是一年的工資是一萬石糧食（好像是小米），一石是一百五十斤，一年給一百五十萬斤糧食，你愛幹麼幹麼去，什麼東西都可以拿糧食換。那個時候貨幣不是很發達，所以萬石糧食很多是拿來當錢用，買機票啊什麼的都用米買。所以網上說，你MP3買來多少米就是花了多少錢的意思，比Money首字母的說法更有依據。

此外區別官員大小的方法是看官服上佩戴的綬帶，繫在腰間一直垂到下面的大綬帶。還有就看你佩戴的官印，那會兒因為官印都很小，是可以佩戴在身上的。萬石的丞相和太尉是金印紫綬，印是金的，綬帶是紫的；五千石的御史大夫是銀印青綬（以至於到後來明清時期的很多朝代，官員加銜叫什麼金紫光祿大夫、銀青光祿大夫，出處就在這裡。不過那時候已經有品級了，官印太大個兒，除了想鍛煉身體的也不會繫身上，更不會戴綬帶），再往下兩千石的諸卿和郡守是銅印黃綬，千石的萬戶縣令（不到萬戶的是縣長）是木印黑綬。下面就沒有了，它的等級制度森嚴，層層管理，比以前分封制的封邦建國有更大的積極意義。

第三，秦律，特點就是輕罪重刑。你隨地吐痰，吊起來打。

## 車書成一家

再來看經濟：第一，承認土地私有；第二，統一度量衡；第三，統一貨幣（一律是那種圓形方孔錢，孔方兄）；第四統一車軌修馳道。車軌是車輪之間的距離，輪間距。馳道就相當於今天的國道，為什麼要統一這個呢？比如說現在修的馳道是並行幾輛車，你這個輪間距得一致啊！要不然寬窄遠近各不同，你得買保險。

文化方面：書同文。一律採用小篆和隸書。這個書同文和前面的車同軌是被後世史家津津樂道的秦始皇的兩大功績，還用文軌車書代表國家的統一，古文獻、古詩詞當中就經常看到這兩個字。北魏孝文帝，遷都洛陽，頒佈聖旨：「國家興自北土，徙居平城，雖富有四海，然文軌未一。」唐朝詩人温庭筠《送渤海王子歸國》：「疆理雖重海，車書本一家。」金朝海陵王完顏亮伐宋，作詩云：「萬里車書一混同，江南豈有別疆封。」車書一家、文軌未一、萬里車書一混同，都是這個意思，象徵國家的統一。

# 3 冬天裡的一把火

## 給米不給權

但他接下來幹的事兒就缺德了：焚書坑儒。

秦始皇在統一了國家之後，讓大傢伙商量商量，議一議，我大秦採取什麼統治方式？丞相王綰就站出來了，諸侯初破，燕齊荊地遠，荊就是楚，那地方太遠，「不為置王，毋以填之，請立諸子，惟上幸許」，這個王綰主張搞分封。分封秦始皇的諸子。您把您的兒子分到那些地方做王，因為那地兒太遠，燕齊荊您遠不能制，所以封你兒子去治。「始皇下其議於群臣，群臣皆以為便」，大臣們都認為高啊！結果李斯這老哥不幹了，他怒了。李斯當時是廷尉，是司法部長，還不是丞相。李斯就曰了：「周文武所封子弟同姓甚眾，然後屬疏遠，相攻擊如仇讎，諸侯更相誅伐，周天子弗能禁止。」就是說，你分封同姓？文王、武王當時海內七十一國，姬姓諸侯五十三國，全是同姓啊！結果怎麼樣？照打啊！你跟你叔叔的孩子很親，等到了你的孩子跟他的孩子的時候關係就疏遠了，再下一代就更遠了，再下一代就根本不認識了。

李斯接著曰：「今海內賴陛下神靈一統，皆為郡縣（拍皇上馬屁！），諸子功臣以公賦稅重賞賜之，甚足易制，天下無異意，則安寧之術也，置諸侯不便。」就是說您的兒子和您的功臣

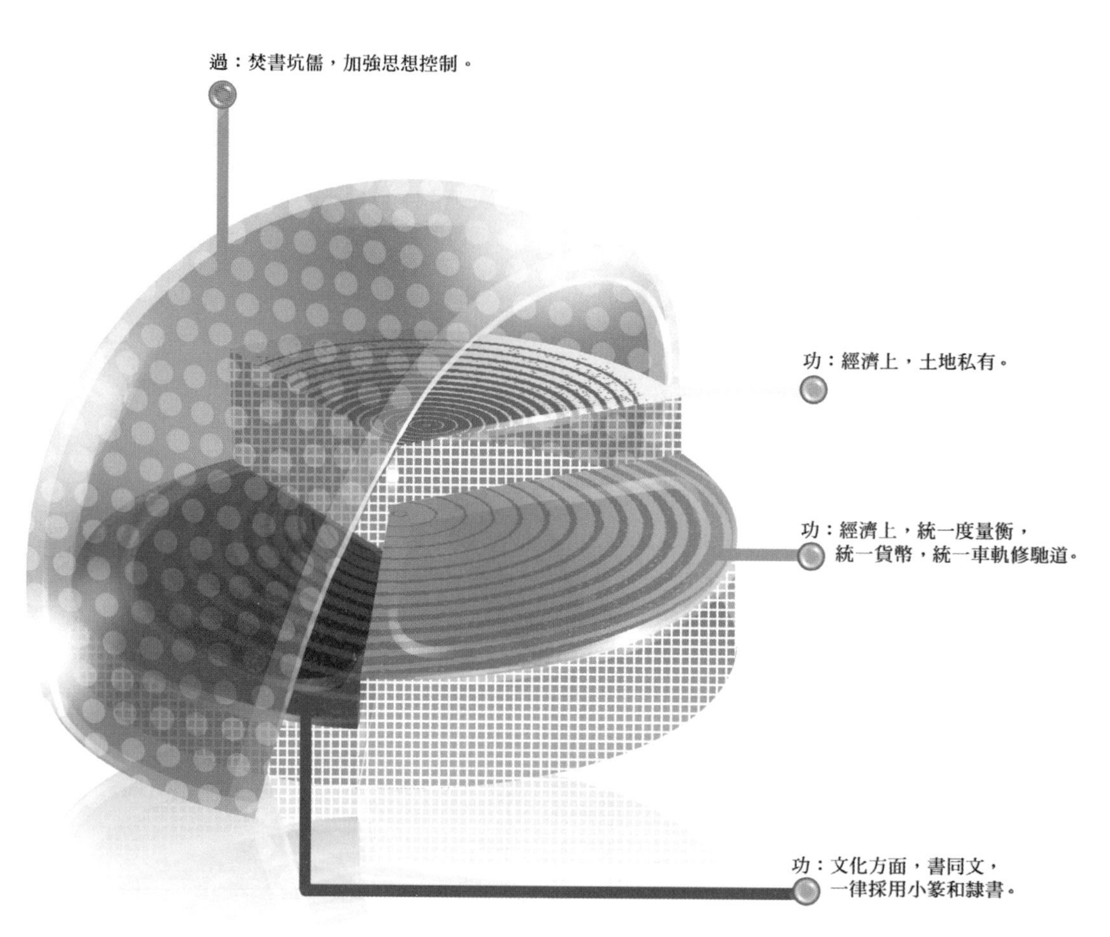
過：焚書坑儒，加強思想控制。
功：經濟上，土地私有。
功：經濟上，統一度量衡，
統一貨幣，統一車軌修馳道。
功：文化方面，書同文，
一律採用小篆和隸書。

秦始皇功過比拼

們，用公家的賦稅賞他就完了，別讓他掌權，別封什麼同姓諸侯。所以自秦以來相當一段時間是封而不建，皇上封你為齊王，但你不可能在齊國建立自己的統治。你可以享受齊地的賦稅，但行政、民政、軍事這些東西不歸你管，你的工作就是多掙點兒米。總之李斯曰了半天，意思是明確反對分封，主張搞郡縣。

始皇就接茬曰：「天下共苦戰鬥不休（打了半天架了），以有侯王（就是因為有這些侯王）。賴宗廟（靠祖宗保佑），天下初定，又復立國，是樹兵也，而求其寧息，豈不難哉，廷尉議是。」就是說我好不容易把六國都滅了，一統天下，馬上又去封疆立國，不是吃飽了撐的自己培養敵人嘛，所以秦始皇同意李斯的觀點，咱不搞分封，搞郡縣。

## 就差水木金

後來西元前二一三年的一次宮廷派對上，博士淳於越（這個博士跟今天的博士不一樣，是一種官職，當時負責教授五經），這老兄可能喝高了，他就跟秦始皇講，你不搞分封，搞郡縣是什麼意思呢？是使「陛下有海內，而子弟為匹夫（你擁有天下，你的兒子親戚都是平頭百姓）。卒有田常、六卿之臣，無輔拂，何以相救哉？」萬一有那種三家分晉，田氏代齊的臣子怎麼辦？你的子弟沒有兵，他怎麼救你，他怎麼幫你打田常、六卿，他怎麼幫你幹這個？

淳於越說這話，當然是為了皇上，本來是好事，屬於學術爭論。但他多說了一句話：「事不師古而能久者，未嘗聞也。」就是說辦事兒不學古代你能幹好？沒聽說過。淳於越是典型法先王的儒家，一句話把法家的李斯惹火了。李斯說，你小子什麼意思？我幹的事兒就是古代沒有。郡縣制古代哪兒有，你惡毒攻擊郡縣制度，你不跟中央保持一致，你不反革命嗎？所以李斯建議，這些儒生，談論詩書，以古非今，罪大惡極，乾脆把他們的書都給燒了，除了秦國的歷史書和自然科學的書不燒，剩下的全燒，據說當時孔子的後代，把經書藏在孔府的夾壁牆裡才保存了下來，要不然就也燒。這個叫火劫。

讀書人視書為生命，把書一燒，他們就在背後議論秦始皇，秦始皇聽說之後就挖個坑把他們都埋了。說我閒話的四百六十多人，全活埋。這個叫土劫，差水木金就能湊個五行劫。

這是中國歷史上的第一次文化浩劫。秦朝這件事兒辦得不怎麼樣，屬於文化專制。

## 造反靠農民

以法為教，以吏為師。嚴禁私學，愚民政策，這是中國古代統治者的一個策略。所謂上智下愚，就是智慧掌握在統治者手裡，下面的老百姓最好傻傻呼呼木瞪瞪，方便統治，因為愚昧是產生專制的唯一土壤。這種以法家思想治國，嚴刑峻法，輕罪重刑的幹法最後把老百姓逼急了，就造反，引發了秦末農民起義。

究其原因首先是徭役繁重，一年得徵七百萬人的徭役。秦朝總人口上文提過，二千一百萬，刨去一半女的，就一千萬男的，七百萬徭役就是除了老頭和小孩都幹這個了。除了徭役，還有兵役，用來打匈奴、南越。當時的秦朝老百姓，「丁男被甲，丁女轉輸」，男的披掛打仗，或者勞役，女的送東西，運輸。也就是說，基本上這個國家的青壯年，全都去幹這買賣了，田地裡剩下的就是公交車被讓座的老弱病殘孕。

這不算完，還有沈重的賦稅等著你呢。你說我服勞役去了，我們家該交的稅交不交？不交，你試試不交，一文不能少，否則大刑伺候你，割耳朵、挖眼睛、削鼻子、剁腳，全是肉刑。肉刑太討厭了，隨便挑一項都能被整成殘疾人，刑罰嚴重到這種程度，完全是破壞勞動力。另外還有土地兼併，農民又沒有吃的，又沒有地種，有地的沒力氣種，這還不造反難道造飛機？

西元前二〇九年，陳勝、吳廣在安徽大澤鄉，發動農民起義。然後以「伐無道，誅暴秦」為口號，建立張楚政權。他們失敗之後，劉邦、項羽繼續起義，西元前二〇七年，劉邦至咸陽，秦亡。

「秦王掃六合，虎視何雄哉！揮劍決浮雲，諸侯盡西來。」秦朝這麼强大，結果十五年時間，二世而亡。《過秦論》裡總結說，這是「仁義不施而攻守之勢異也」，就是實行暴政。結果「身死國滅，七廟隳，為天下笑」，為什麼？仁義不施，攻守之勢異也。所以漢朝一建立，就吸取這個教訓，怎麼才能夠長治久安？得重視人民的力量，重視老百姓的力量，漢朝開始減輕老百姓的負擔。

# 4 劉氏集團上市，穿新鞋走老路

秦之後的王朝就是漢朝，兩漢的政治經濟制度是漢承秦制，有所損益。基本上跟秦朝一樣，但也有變化和增減之處。

## 劉邦的「劉」「邦」

第一個是刺史制度。漢武帝時劃天下為十三州，設立刺史，由皇帝選派親信擔任，到地方監察郡守和王國丞相。刺史是六百石的品秩，而郡守和王國丞相秩兩千石。這就是皇帝高明的地方，小官管大官，內朝官管外朝官，讓他們互相牽制。郡守和王國丞相比刺史品秩高，但刺史是皇上欽差，口含天憲，出納王命。他們互相都能拿住對方，我掐住你脖子你拉住我腰帶，誰也不敢造次。如果刺史的品秩高於郡守和王國丞相了，那就成了他們的上級，地方就沒法牽制了。

這種辦法，歷代帝王經常使用，玩得爐火純青。但到了東漢，朝廷沒有認真領會老祖宗的苦心孤詣，給刺史增加了行政權和軍權，刺史正式成為州的長官。地方行政區劃由郡縣兩級變成州郡縣三級，刺史變成了郡守的上級，這就為漢末的軍閥割據埋下了伏筆。郡有好幾十個，郡守不具備割據的能力，州就十三個，地盤太大了，具備了同中央叫板的實力。

第二個是郡縣制與封國制並存，儒家法家一起來。漢實行郡縣制又兼有封國制，封國分王國、侯國。王國與割據無異，侯國受所在郡監督。劉邦建立了漢朝，他就總結，秦為什麼亡？他想起淳於越的話來，他認為亡秦的一個重要原因就是沒搞分封。就是淳於越說的：「無輔拂，何以救哉？」所以我得搞分封，萬一打起來，就有人挺我。

他搞分封是分封同姓王，得跟天子同姓，皇上的兄弟子侄叔伯，這些人可以封王。妹夫不行，舅舅不行，姨父也不行，因為是外姓。一筆寫不出兩個劉字來，所以劉邦的大哥劉肥分到山東做齊王，兒子劉長封淮南王。王國相當於一個郡那麼大，實際上就跟割據沒有區別，因為王國的軍隊是自己招募，官吏自己委任，甚至可以鑄錢。那會兒的錢是銅錢沒有防偽標誌，只要開出礦來就能做。你們王國有礦山，你就做吧，結果可能比中央還有錢。所以劉邦臨死的時候讓大臣們斬白馬盟誓（馬就是很珍貴的，何況白馬）：「非劉氏而王者，天下共擊之。」劉邦說，姓劉的才能有邦，不姓劉的敢封王建邦，大夥兒群毆他。

異姓不王的傳統從漢朝就確立了，基本上在中國古代，異姓封王的例子是很少的，很多都是追封。像岳飛封鄂王，死了六十多年才封，已經沒有實際意義了，沒有造反奪權的可能性。有個別的朝代，像唐、宋，異姓有封郡王的，但沒封親王的，王分郡親，為了有個名義上的限制。功臣可以封侯，侯有三等，縣侯、鄉侯、亭侯。縣侯享受一個縣的衣食租稅，但是你不能治民，也不能管軍，你只有賦稅。鄉侯就低了，諸葛亮是武鄉侯；亭侯就更低，像關羽漢壽亭侯，劉備早年宜城亭侯。

一般就是王侯這麼兩級搞分封，但還是對中央集權構成了很大的威脅。因為天子姓劉，我姓張，我要取代天子做皇帝，這算造反。天下都不同意，我心裡就要打鼓。現在天子姓劉，我也姓劉，論輩分我還是叔，我哥死了輪著我了，憑什麼你小崽子幹？天下人也無所謂，劉家打仗關你屁事兒，誰當皇上你還不都是在家炒土豆絲，你管這個？所以這些同姓王，實際上對後來的中央集權構成的威脅更大了。

劉邦活著的時候這事不顯，死了就麻煩了，吳王劉濞論輩分就是漢景帝的叔叔，爆發了吳楚七國之亂。當然漢景帝三月就平定了，你看著軍隊那麼多，拿木頭棒子的烏合之衆，不如朝廷的正規軍，一下給它滅了。但靠武力手段鎮壓卻不能從根本上解決問題，漢景帝的兒子漢武帝怎麼解決的這個事兒呢？

## 扼殺於搖籃

漢武帝先是頒佈了推恩令。

主父偃給漢武帝建議：「眾建諸侯而少其力。」衆建，多建的意思，多封幾個諸侯，諸侯的力量就被平均掉了。具體操作原理我來解釋一下。

中國古代的宗法制度是嫡長子即位。嫡長子就是正妻皇后、王后生的長子，他們可以立為太子，將來繼皇帝位。生個傻子怎麼辦？也一樣。立長立嫡，不立賢。只立大的，不立能幹的。除了皇后生的長子立為太子之外，其他的孩子可以分封為王。那些港台的電視劇裡面有什麼大太子，二太子，三太子，扯吧！太子只能有一個，有那麼多太子還不相互掐？太子有一三五，皇帝就能有二四六。太子不是尊稱，並非皇上的兒子都是太子，否則在大學教書的都是教授。同理，除太子之外的孩子被封的王，他們的老婆生的長子叫世子，將來繼王位。除了繼王位的長子，其他的孩子可以封為侯，侯之後就變成老百姓了。你看劉備是中山靖王之後，大漢皇叔在那邊編草鞋，皇叔怎麼慘到賣草鞋去了？就因為他的直系祖先不是嫡長子，沒繼承中山靖王的王位，被封為侯，侯完了就沒戲了，賣草鞋。

漢武帝意思就是，你嫡長子繼承了你爸爸的王位了，讓你弟弟賣鞋去，多不合適。所以你把你的王國分給你的這些弟弟們，建立侯國，你做你的王，然後有幾個弟分幾塊地，讓你弟弟做侯。別忘了，侯國歸所在郡管轄，只能享受衣食租稅，無治民權，更無統兵權，因此王國越分越小，權力也被平均，就沒能力對抗中央了。弟弟做了侯，對皇上感恩戴德，皇上給的侯，沒皇上我賣鞋去了，我怎麼會造反呢。漢武帝的推恩令讓諸侯王有苦說不出，王國突然分成了若干個小侯國，這就是「衆建諸侯而少其力」的操作原理。

推恩令頒佈後皇上開始下刀子了，又出了「酎金律」。祭祀祖先時交來的黃金成色不足，就要酎金奪爵。應該祭祀祖先交二四K的黃金，你們交十八K的，對祖宗不敬還配當王侯？一百多個王侯的爵位就被撤了，已經分得那麼小了，本就無力反抗，這一撤一百多，剩下都是乖寶寶。

然後頒佈附益之法，不許諸侯王結交賓客，限制諸侯王活動，只能享受衣食租稅，不得參與政事。楚王封在那兒，可以享受那兒的衣食租稅，可以是那兒最大的財主，整個郡的財富都給你，但你不能干預朝政。

還有私出界罪。規定諸侯王不經中央同意不得擅自離開封地，違者降為侯爵。甚至發展到明朝的時候，諸侯王不奉聖旨不許進京，隨便進京就是大逆不道。媽死了，回去奔喪，你哥不待見你，不讓你去你就沒轍！清朝更神，王爺不奉聖旨不許出京，都在北京圈著。皇上不給你派差，你一輩子離不開北京城，想上雲南旅遊去，門也沒有，你到那造反怎麼辦？身為親王，看著是尊貴無比，也只能當宅男，膽戰心驚跟坐牢沒什麼區別。

豐台世界公園那邊是大葆台漢墓，墓誌銘都沒有，都不知道埋的誰，據說埋的是燕剌王劉旦。據《史記》記載，燕剌王劉旦這哥們兒是這麼死的，他出遊時使用了天子的儀仗，這不作嘛！天子出門金瓜鑰斧朝天鐙，十二對。結果他覺得天高皇帝遠，北京離長安遠呢，沒人看得見，他也擺出十二對！王國丞相履行監視之職，一封快電寄往京師，說燕剌王違制。於是京師聖旨，特快專遞，一杯毒酒，燕剌王自殺。和珅之所以被處死，說穿了也是倆字——違制。你們家居然拿楠木蓋房，皇宮才行。這廝貪污了一輩子，結果治罪的時候沒說他貪污，說他違制。不過違制還不算最糟的，燕剌王自殺之後，兒子還可以襲爵，燕國還不至於被除國。

武帝的另一個法令「非正與亂妻妾位之律」，就讓很多諸侯國被除國，變成了郡縣。

漢律規定只有正妻的長子能立為世子，如果正妻不能生育，就要除國為郡。小老婆生得庶子再多，生個足球隊也不能繼承。誰敢以庶繼位，就是「非正」，免為庶民。以庶充嫡，就叫「亂妻妾位」。這個法令和推恩令結合得很好，一邊給正妻有子的諸侯小孩推恩，一邊把正妻無子的諸侯小孩除名。有權的給你找個牽制，無權的一免到底，導致所有的王國後來都被郡縣給包圍，想造反也沒轍。

這樣一來，漢武帝就把王國對中央的威脅扼殺在搖籃裡了。

## 內定的選秀

前面講過先秦時代官吏是世卿世祿，龍生龍鳳生鳳，老鼠兒子掏地洞。從秦朝開始則獎勵軍功，按軍功授爵。所以中國古代的有爵位的人，一般都是立下戰功的，文官也一樣，比如曾國藩和李鴻章，立戰功了才封爵。清朝唯一一個文人沒立戰功封爵的是張廷玉，編了本《康熙字典》，封成伯爵，當了十年就給撤了。所以沒有文人封爵的，你可以做到大學士，做到軍機大臣，但沒有爵位，爵位必須得立戰功。秦朝的時候老打仗，立戰功很容易，到了漢朝，國家承平日久，戰功難立。而且老立戰功，就導致軍人老當政，所以這個玩意兒不行。

漢朝有一套非常好的制度，叫做察舉制。察舉即選舉，由下而上，推舉人才為官。察舉的全稱叫徵辟察舉制，有徵、辟和察舉三種途徑。徵是皇帝聽說你很賢，把你徵到京城；辟就是丞相、郡守這些人聽說你很賢，把你辟為僚屬，但是這種人畢竟少。

有一個成語叫覆水難收，一般形容男女之間的感情。西漢有個讀書人叫朱買臣，哥們兒窮，家裡窮得連褲子都穿不上，然後他媳婦老踩吧他，整天在那看書有什麼用，你幹點有用的事兒行不行？去做買賣，炒股去。朱買臣說我不會。不會到超市搬礦泉水去，這我也不會。他媳婦一生氣，離婚了，拜拜。漢朝的時候風氣還挺開放的，女的可以提出來離婚，朱買臣他媳婦改嫁了，後來朱買臣太賢了，皇上聽說後徵為兩千石郡守，衣錦還鄉。朱買臣騎著高頭大馬，帶著隨從就回來了，兩千石鬧著玩兒的呢！他媳婦來找他，說上次跟你逗著玩兒呢！我早看出來你行，我不過激勵你一下，咱倆復婚吧！朱買臣說小樣，你甭跟我來這套。馬前潑水，一盆水潑在馬前面，你若收回來，復婚；收不回來，玩去！覆水難收就這麼來的。但是像朱買臣這樣能交狗屎運的人太少了，皇上都能聽說，你得賢到什麼程度。所以徵辟不是主要途徑，主要靠什麼？察舉，自下而上舉薦人才。

東漢選拔人才，注重舉孝廉。孝和廉不是才，是德。德的衡量就是大家都說你孝，你就孝；大家都說你廉，你就廉。這制度特別好，你想想，領導幹部都孝敬老人、不貪污、不取不義之財，推而廣之，這社會風氣當然好。但反過來，我不當官當然廉，我貪誰的去！我孝，你上我們家來考察，我當然孝。四十好幾歲了，我跪在地上給我爹洗腳，孝不孝！你掀起我爹的褲腿看看，昨天晚上我踢的黑印還有呢。爸爸死了，在墳墓邊兒上結廬，守孝三年，結果一年生一個孩子，這叫什麼事兒，能叫守孝嗎？所以孝廉說實在的沒法衡量。你孝不孝，廉不廉，依靠人才在地方上的聲望，稱為鄉舉里選。

所謂聲望，就是錢不重要。商人有錢，但是商人唯利是圖，能孝廉嗎？官宦人家才有聲望，於是門第望族成為選舉的主要依據，到後來，當官就看你們家是不是官宦出身。歐洲人曾說過，三代時間培養一個貴族，貴族氣質是需要培養的，暴發戶可不是貴族。平民永遠不孝不廉，官宦人家出身則老能被推舉上，這樣就造成了累世公卿。比如說曹操統一北方之前的袁紹，四世三公。四世三公不是世襲，並非袁紹的爺爺傳給他爸爸，他爸爸傳給他，而是他們家四代人聲望累積，都當了三公這樣的大官，門生故吏遍佈天下，可見他勢力有多大。就這樣，一個人占有幽、冀、青、并四州之力，天下一共十三州，他占了四個州。勢力大但是實力不大，靠聲望混飯吃的，要不他是窩囊廢呢，這麼厲害的人竟然被曹操給滅了！

如此一來，這種選舉制度顯然有違當年的初衷，就不能給國家選舉到有用的人才。

## 漢朝的戶口

兩漢對百姓的管理實行編戶，然後這個被編入戶籍的百姓，稱為編戶齊民，具有獨立身份，依據財產承擔國家的賦稅、徭役和兵役。國家為什麼要把老百姓編入戶籍？好管理。另外就是，要徵收這個賦稅，服徭役和兵役。所以你看，不管從前還是現在，咱中國是最不適合搞恐怖襲擊的國家，因為中國對戶籍的管理嚴格。你在小區裡一轉悠，一幫老太太追上了，你找誰啊你！你這傢伙鬼頭鬼腦的，想進我們小區，門也沒有！你想安炸藥，能讓你安嗎？所以想恐怖襲擊中國不太可能。

為什麼好襲擊美國？美國連身份證都沒有，你說你是誰，你就是誰，編一個名字進入美國了，再造一個假駕照什麼的。在中國身份證都是防偽的，搞什麼搞。中國這麼多人不管不行，所以自古以來對戶籍的管理就非常嚴格。當然那時主要是為了徵稅，田租、人口稅和更賦都是老百姓要交的最基本的稅種。漢朝的田租比秦朝輕多了，秦朝是三分之二，漢朝是三十稅一，就是三十分之一，相當於秦朝的二十分之一。但是田租不為主，人口稅和更賦為主。凡是朝廷宣佈這個稅我不怎麼收了，想必這個稅不掙錢，不為主。

# 5 豺狼虎豹全不怕

## 德國踢中國

兩漢時期邊疆各族狀況是：北方有匈奴、烏桓和鮮卑；東北有扶餘，今天的朝鮮半島也有扶餘的後代，就是高麗民族，高麗國家就是扶餘人建立的；南方則是越族和西南夷；另外就是西域各族。除了中原王朝之外，還有這麼多民族在跟中原王朝有交往。

在中國古代，對中原王朝構成威脅最大的民族來自於北方蒙古高原。北方的民族是兩大系統，匈奴是一個系統，東胡是一個系統。匈奴包括後邊的突厥都屬於匈奴系統；契丹、女真，包括後來的蒙古應該是東胡系統的。

匈奴經濟生活以畜牧業為主。中原的史書非常得意地評價說，我們中原王朝先進，匈奴落後，為什麼落後？他們「逐水草、習射獵、忘君臣、略婚宦、馳突無垣」，逐水草，習射獵，這都能明白。忘君臣，他們沒有中原這麼嚴格的君臣關係，也沒有像中國中原這麼嚴格的嫡長子繼承制度，所以單于一死，大家就搶，誰搶到是誰的。略婚宦，侄子娶姑媽，舅舅娶外甥女，這種事非常多，爹一死，除了親媽，所有的媽都能娶。弟弟娶嫂子這種收繼婚制太原始了。馳突無垣，垣就是城，騎著馬隨便跑，太落後了。哪像我們中原有田土之可耕，城郭之可守。但你別看這個民族原始，打仗很厲害。秦漢之際，冒頓單于統一北方草原占領河套，內套、外套都給占了。

當年冒頓單于他爸爸老單于不待見他，想把他幹掉，他的辦法是送他到月氏國作人質，剛把他送到月氏國，他爸就出兵攻打月氏，等於逼著月氏王殺掉冒頓。月氏王比較厚道，沒有殺他，放冒頓回去了。爸爸就給冒頓一塊不怎麼樣的封地，因為他寵幸小兒子，想讓小兒子即位。

冒頓心裡有譜，開始訓練自己手下的一幫死士，跟他們一塊兒射箭。他的箭頭是空的，射出來會響，叫鳴鏑。他說我的鳴鏑射到哪兒，你們的箭就射到哪兒，於是這幫人跟他射飛禽射走獸。然後冒頓拿這個射自己的愛馬，對匈奴人來說，馬就是老婆，這幫人有幾個不敢射了，凡是不射的一律殺死，剩下的人就知道了，大哥射哪兒我們射哪兒。然後他射自己的愛妾，又有不敢射的，又殺死。此後再也沒有不敢射的了。最後他射自己的爹，那幫人都跟著射，鳴鏑弒父，把爹殺了。

你看這人多狠，為了權力，馬、老婆、爹全幹掉。所以他是草原上第一位聖主、雄主，才能統一北方占領河套。冒頓單于趕的日子也好，因為當時正好是秦末農民戰爭，然後四年楚漢之爭，中原王朝忙於內戰，沒顧上，所以他占了地兒。

中原王朝跟少數民族打仗，為什麼總打不過人家。第一個原因就是少數民族是全民皆兵，他的生產跟戰鬥是一回事。三歲能開弓，五歲能上馬，打仗不就是開弓和上馬這兩件事嗎？小孩兒都能彎弓射大雕。天上的大雕一箭就下來的，你說地下的一箭射幾個？匈奴人口最多的時候一百五十萬，兵力最少的時候，叫「控弦之士三十萬」，能拉弓的人有三十萬，算吧，五個人裡一個兵。漢朝最多的時候六千萬人口，軍隊最多的是六十萬，一百個人裡一個兵。而且中原王朝裡的老百姓手裡是拿鋤頭的，木頭棒子上裝個鐵片而已。要把種地的訓練成拿刀槍的，這需要時間。少數民族本來就是拿弓箭的，所以他全民皆兵，你打不過他。就像現在的人寫書法老寫不過古人，因為古人一寫字拿的就是毛筆，你一半時間是在敲鍵盤。

再一個原因是騎兵打步兵，那不跟德國隊踢中國隊似的吧，我想進幾個球就進幾個球。北京奧運會我給你留點臉，我五分鐘進一個，我不給你留臉半分鐘就進一個，一百八十比零。那可不是，我比球跑得快，你比裁判都跑得慢，你能跟我踢嗎？騎兵打步兵不就是德國隊踢中國隊嘛，想進多少進多少，人家來去如風，快如閃電，你攻不上去也跑不了。而且匈奴這些北方民族打仗不需要後勤，他每個戰士三匹馬，一匹戰馬，一匹走馬，一匹馱馬。平時騎走馬，行軍的時候，馱馬是馱物資的，戰馬只有衝鋒的時候才能騎，平時捨不得騎。這些馬都是母馬，渴了可以接奶喝，餓了天上飛點什麼，地下過一什麼，一箭弄倒一吃，就好了，完全不需要後勤。人家一出兵二十萬，是二十萬騎士，咱們一出兵二十萬需要五萬押糧的，糧草一斷就沒法打了。

打仗要輕裝上陣，蒙古鐵騎在歐洲草原上，俄羅斯平原上一天八十公里，跟二戰裝甲部隊的速度一樣快，機動性多强，聲東擊西。你修個長城有什麼用，你萬里長城萬里長，萬里布兵，他幾十萬軍隊集中到一塊兒，隨便找一個口子就衝進來了。再者從氣候原因上講，他從北往南打，越打越暖和，那怕什麼，爽，光著膀子打；咱從南往北打，越打越冷，凍得弓都拉不開，槍都握不住了。另外，中原王朝對不能耕種的土地不感興趣，你占他的地幹麼，所以從動機上說也沒必要打，他跑西伯利亞去了，咱守著，不招他。但他得招你，不招你怎麼活，他的生產比較落後，所以老招你。

## 外甥打舅舅

西漢初期國力有限，所以被迫跟匈奴和親，原因是這樣的。

西元前二〇〇年冒頓單于率四十萬騎兵南下，高祖劉邦率三十二萬步兵迎戰，這不是作嗎？人家四十萬鐵騎，你三十二萬步兵，結果被匈奴困在了平城的白登山，就是今天的山西大同。白登之圍，漢軍也沒有帶帳篷，天降大雪，雨雪交加，人馬凍死者甚衆。將士握不住槍也拉不開弓，被圍在白登山上。高祖劉邦以前是秦朝的亭長，用今天的話說就是街道居委會治保主任，最後他流氓本性發作，把帽子往地上一扔，老子跟他們拼了。如果拼的話，這個朝代三年就完了，那皇帝就一個也好記。

拼之前要焚毀珍寶，就是把隨身帶來的珍寶焚毀，結果謀士陳平就說別呀，您別給焚毀了，你給我，我救你。陳平帶著這個去見匈奴的王后閼氏，把財寶獻上，說我們皇上知道錯了，把這些財寶獻給大單于，請單于退兵。你們如果不退兵的話，抖開一幅畫卷，上面畫了一個絕色美女，說我們皇上準備把這個美人獻給單于。閼氏一看說我肯定讓單于退兵，這美人你別送了。於是單于退兵了，單于不知道送美人的事，要知道這事絕對不退兵，那美人我估計也是Ps.的，哪兒找這麼漂亮的人去？

於是匈奴退兵，喘了一口氣，等於是走夫人路線這才退了兵。這幫人太厲害了，不能惹，怎麼辦？和親吧。就是宗室女，甚至是宮女冒充公主嫁到匈奴，兩國結為甥舅之國。光嫁過去公主

漢武帝時西漢與匈奴的三次大戰簡表

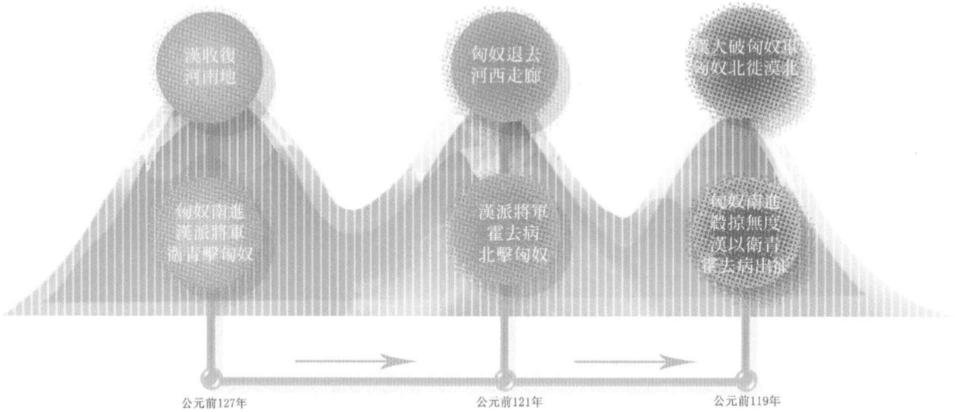

漢收復
河南地

匈奴南進
漢派將軍
衛青擊匈奴

公元前127年

匈奴退去
河西走廊

漢派將軍
霍去病
北擊匈奴

公元前121年

漢大破匈奴軍
匈奴北徙漠北

匈奴南進
殺掠無度
漢以衛青
霍去病出征

公元前119年

**漢武帝對西漢與匈奴的三次大戰**

西漢初期，匈奴不斷南下進攻，鑑於國力有限，漢政府不得不與匈奴和親，並進行貿易往來。漢武帝時，西漢依靠強盛國力，對匈奴展開了長達十年的軍事反攻。其中，衛青、霍去病率兵與匈奴進行了三次大戰，匈奴受到重創，被迫遷徙漠北。

是不行的，得陪送東西，糧食、物品、絲帛金銀。我女兒嫁給你，你就是我的女婿，然後你的孩子就是我的外孫子，我死之後，我兒即位，你的孩子就是我兒的外甥，所以匈奴跟漢是甥舅之國，那你還能打我嗎？你忘了人家忘君臣、略婚宦，所以東西收了，公主娶了，打的就是舅舅，誰讓舅舅慫呢？所以這個和親解決不了問題，暴力是他們唯一聽得懂的語言。

## 舅舅打外甥

漢武帝的時候，國力强盛了，「太倉之粟陳陳相因，充溢露積於外，至腐敗不可食」，糧食多得從糧倉漏出來，都爛了，打開國庫一看，串銅錢的繩都爛了，銅錢灑了滿地沒法數，太有錢了。關鍵是馬，漢武帝的時候軍馬六十萬匹。高祖劉邦的時候才三千匹，所以「自天子不能具醇駟，而將相或乘牛車」，皇帝的馬應該是醇駟，四匹白馬拉著多漂亮，結果當初皇上的那個馬白的、黑的、花的都有，將相沒有馬，坐牛車上朝，三十二萬步兵就是這麼來的。

相比之下漢武帝的資源富庶得多，所以敢對匈奴展開反攻。漢武帝任用自己的舅子大將軍衛青和衛青的外甥霍去病來攻打匈奴。霍去病十七歲率八百勇士橫絕大漠，深入匈奴一千餘里，斬殺匈奴兩千多人，把匈奴單于的叔爺爺都給殺了，我們把體育比賽第一名給翻譯成冠軍，出處就是霍去病十七歲冠軍侯。於是他二十多歲就成了驃騎將軍，兵分兩路進攻匈奴，也是深入大漠兩千餘里，在外蒙古擊敗了匈奴，匈奴被迫遠徙漠北，對漢朝的威脅就減輕了。霍去病起的名比較妨他，他叫去病，結果二十四歲就病死了，要叫個霍感冒可能沒事。他主要是經營河西走廊，常年駐軍在外，皇帝賜以美酒，霍去病不敢獨飲，把酒倒在泉水中，讓將士拿頭盔舀著喝，此地得名酒泉，今天的衛星發射中心，就是霍去病當年駐守之地。他死後陪葬漢武帝的茂陵，跟皇上埋在一起是無上光榮，所以他的墳墓修建成了祁連山的形狀。

河西走廊在祁連山下，水草豐美，這地兒被奪回來之後，漢朝才有可能通西域。匈奴失去河西走廊，只好遠徙漠北，導致後來內部混戰，到漢元帝時呼韓邪單于歸漢，才有昭君出塞之事。

## 孫子娶奶奶

王昭君十四歲入宮做宮女，據說她天生麗質，結果因為不肯行賄畫師，畫師就用印象派把她畫成醜女，害她在宮裡一直待到二十五歲。漢朝人平均壽命也就二十五歲，唐朝人是二十九歲，所以當時二十五歲就算老太太了，還沒見著皇帝。正好皇上貼出一個告示徵募志願者去匈奴和親，王昭君想到那兒當第一夫人也一樣，於是她就志願去了。送行宴上，皇上一看王昭君眼珠子掉地下了，驚為天人，宮裡怎麼有這樣的人？氣得皇上把那畫師毛延壽給宰了，跟呼韓邪說咱換一個成嗎，你以為呼韓邪傻呀，不退不換，就是她。

王昭君出塞才二十五歲，呼韓邪七十歲的人可以當她爺爺，所以王昭君過去沒幾年呼韓邪就死了。匈奴是收繼婚，所以呼韓邪一死，他兒子就要娶王昭君。王昭君就上書朝廷，表示任務已經完成，申請回國。皇上說你以兩國友好大局為重，再幹一任吧，王昭君就又幹了一任。等呼韓邪的兒子死了，他孫子又要娶王昭君。王昭君就跟他的孫子年紀差不多，估計這時候也不想走了，因為論輩分她已經是太皇太后；而且她跟第二個單于的兒子是匈奴的右賢王，就是將來能繼承王位的；她的女婿是右大將，相當於匈奴的總司令，那她還回國幹什麼。不過她半真半假還是給皇帝上了一道表，説想回國。當時漢朝的皇帝是漢成帝，元帝都已經掛了。成帝哪兒想得起來先帝派去的人，一看表，説你再幹一任吧。

最後王昭君在匈奴一幹了四十多年，朝廷封她為寧胡閼氏。她是漢朝宮女遠嫁匈奴，執行的政策自然對兩族的友好非常有利，特別到第三代單于的時候，她等於是奶奶輩的人了。我當初跟你爺爺，跟你爸的事都這麼定的，你小崽子怎麼的，特別是我兒子將來有兵，我女婿有兵，你還來什麼勁呢？所以昭君出塞的作用是，密切漢匈關係，互市興旺，文化往來增多，雙方和睦相處。匈奴跟漢朝打仗不就為了搶東西嗎，不用搶，你要鐵器、絲綢，我要馬匹、毛皮，咱們換不就完了嗎，這個對雙方都有好處。所以史學家翦伯贊先生稱讚王昭君説：「漢武雄圖載史篇，長城萬里遍烽煙。何如一曲琵琶好？鳴鏑無聲五十年。」古代打仗打不起，農業經濟基礎薄弱，一打就沒，所以漢武帝打了這麼多年仗，到晚年一看，高祖、惠帝、文帝、景帝七十多年的積累讓他打光了，導致漢朝由盛轉衰。烽煙四起，還不如昭君出塞一曲琵琶好，五十年不打仗。當然王昭君琵琶管用也是有前提的，以前沒少給人送宮女，就是不管用，偏偏這時候管用，因為匈奴已經被打服了，是在戰勝的基礎上送過去的。

## 匈奴李小二

中國古代朝代的疆域跟今天版圖的概念大不一樣，疆域按今天的話講就是勢力範圍。盛唐時期一千六百萬平方公里，沒錯，也就三年。漢朝極盛的時候一千四百萬平方公里，沒錯，也就漢武帝的時期是一千四百萬。新皇帝一繼位就少了，他覺得我爸我爺爺要那麼大地幹什麼，往回撤，不要了。他有他的理由，先皇好大喜功連年戰爭，軍隊一下深入新疆那麼老遠，建一城堡，表示這個地歸我，但歸我的地種不了糧食，糧食還得中原年年往那兒運，還沒運到就被路上的運糧人吃差不多了。這事不划算，這地就不要了，撤回來。

當時基本是這種格局，疆域有大有小，實際上就是勢力範圍的消長。不像今天說我這兒立界碑，這地永遠是我的。匈奴是遊牧民族，就更談不上有什麼領土了。

昭君當國，漢匈四十多年和睦相處。直到東漢，匈奴分為南北二部。南匈奴與漢人雜居，咱們不定誰就是匈奴人的後代，完全有可能。北京是遼金元明清五朝故都，除了明朝，遼金元清全是少數民族，所以北京這個地方自古胡漢雜居，胡人統治的時間可能比漢人還要長。你說我是最正宗的華夏民族，不可能。孔子說的都可能是閩南話，因為北京話是滿語、蒙語跟北方方言的混合種，是胡音。一九二八年國民政府定國語的時候，北京話以一票的優勢戰勝廣州話，廣州話差點成了國語，其實那才是古漢語。

南匈奴跟漢人融合後，北匈奴退居漠北，威脅中原。東漢初，竇固、竇憲伯侄倆大敗北匈奴，北匈奴政權瓦解。他們在中國史籍上的最後一次記載是西元一一九年，此後蹤跡不見。兩個世紀以後在歐洲出現，其間二百年他們在哪兒待著，不知道，他們出土文物很少，因為匈奴沒有文字，所以出土了也不知道是不是他們的貨，自己沒有文字記載，周邊的民族也沒有記載，所以歷史學家就只能推測。

匈奴人在西徙的時候，打敗了哥特人，哥特人打敗了日爾曼人，日爾曼人消滅了羅馬帝國。所以羅馬帝國要跟漢帝比，是我們手下敗將的手下敗將的手下敗將的手下敗將，實力跟我們差N

等了。當時北匈奴是很厲害的，五世紀的時候，在歐洲的匈奴人產生了一個著名的國王，叫阿提拉大王，今天在歐洲，阿提拉都是魔鬼的化身的意思。歐洲一說阿提拉或者成吉思汗，都是魔鬼的化身、上帝之鞭，意思是上帝派他們來進行末日審判，來拷打基督徒的。當時阿提拉橫掃歐洲，歐洲各國的君主聯合起來跟他作戰都失敗了，最後給他進貢了一個日爾曼絕色美女，新婚之夜才將他暗殺了。阿提拉一死，幾個兒子爭王位，匈奴帝國迅速瓦解。

接著匈奴人就分成幾支在歐洲定居下來，最主要的一支被稱之為馬紮爾人，他們在歐洲定居建立了一個國家叫匈牙利，一直到今天。匈牙利英文Hungary的頭三個字母是Hun，在英語裡就是匈奴的意思。因為上千年的混血，今天去匈牙利已經看不出匈牙利人有黃種人的模樣了，看到的是白人。但是中心廣場上古代國王的雕像明顯是蒙古利亞人種，而且根據歐洲史籍對阿提拉的記載，不像歐洲人一樣五官很分明很誇張，而是扁平臉，小眼睛，細細的眉，塌鼻樑，明顯是黃種人。另外，只有中國、朝鮮半島、日本、越南、蒙古、匈牙利這六個地方的人是姓在前，名在後，叫李小二，其他全是小二·李。匈牙利人叫李小二，也算是先輩屬於黃種人的例證。據說，芬蘭人，還有愛沙尼亞人，可能也有點匈奴人的血統。

## 點背的張騫

漢武帝為反擊匈奴，派張騫出使西域，到過大月氏等國，司馬遷將此行稱為鑿空。西域在地圖上是指：玉門關、陽關以西，蔥嶺（就是帕米爾高原）以東，主要是今天的新疆地區，人種以高加索人種為主，語言是印歐語系，吐火羅語，相當於印度文字。所以當時玉門關、陽關就是國境線，天涯海角，「勸君更進一杯酒，西出陽關無故人」、「春風不度玉門關」說的正是這個。

大月氏本在祁連山，被匈奴打敗後，匈奴單于拿大月氏王的腦袋做酒器，兩國應該不共戴天。所以漢武帝就想聯絡大月氏夾攻匈奴，後聽說大月氏遷到了西域，就派張騫帶了一百多人出使，這就是通西域的目的。張騫也點兒背，剛一出玉門關就被匈奴俘虜了，因為當時玉門關被匈奴控制著。匈奴讓他在這兒娶妻生子，斷絕他回中原的念想，不過張騫不負皇命，不忘故國，十年之後有一天看准機會跑了。他還接著找大月氏，最後在阿富汗阿姆河流域真的找到了大月氏王，月氏王說都哪輩子的事了，我們在這兒很好，不想報仇。後來月氏人在中亞建立了赫赫有名的貴霜帝國，長達四個世紀之久。

張騫沒轍，只好回去復命，路上又被匈奴人逮著，扣了一年多。那個時候通信不發達，匈奴人不知道這是之前跑的張騫，要不上網一查就麻煩了。總結起來，張騫這一趟出使十三年，被扣一一年，沒有完成任務。卻瞭解了西域各國的風土人情，山川地理。西域三十國最大的烏孫國人口六十二萬，最小的樓蘭一萬四千人，這些小國都想跟漢朝往來，於是張騫第二次出使西域，與各國建立了友好的關係。

西元前六〇年，西漢設置西域都護，標誌著西域正式歸屬中央政權。那時是漢武帝的孫子漢宣帝神爵三年。史實說明，新疆自古以來就是中國的領土，是中國不可分割的一部分，從西元前六〇年，到現在是兩千多年了，怎麼能說是東土耳其斯坦。後來西漢末年王莽篡漢，接著農民起義，東漢建立，國家亂套。中原王朝對西域地區鞭長莫及，西域才又被北匈奴控制，但和東土耳其斯坦八輩子不搭界。

## 班超號航母

東漢明帝時班超經營西域，西域與內地的聯繫又開始加強。班超一家子都非常牛，他哥哥班固是史學家，寫《漢書》的；他妹妹班昭是皇帝嬪妃的老師，後來寫女四書，就是《女誡》，很了不起；他爸爸班彪也是史學家。他自己一開始給官府抄抄寫寫，用的也是筆，後來想大丈夫建功立業當在疆場，於是棄筆從戎，帶了三十六個人通西域去。

第一站到了鄯善國，國王對他特別好，大漢來使，五星級賓館，美女服務員。過了幾天，五星級賓館改招待所，美女改老媽子了。班超一琢磨，這是匈奴來人了。就揪住服務員問匈奴人住哪兒。服務員不禁嚇，以為漢使什麼都知道了呢，就全吐露了。匈奴人有三百多，駐在何處，全盤托出。班超一聽，那不行，得把匈奴人幹掉。所謂不入虎穴，焉得虎子，不是你死就是我亡，於是趁著月黑風高，一部分人在匈奴駐地放火，另一部分人手持弓箭，等著沒燒死的跑出來射，三十六漢人殺了三百多匈奴人。鄯善王嚇壞了，這哥們兒真厲害，不聽他話我也得完，我的軍隊你拿去用吧。如此，班超等於用西域各國的軍隊鞏固在西域的統治，拿鄯善的軍隊一國一國打下去，把各國都打服了。

班超做西域都護期間幾次上表「乞骸骨」，即希望有生之年能生入玉門關，皇上也幾次批准，但是西域各國人民極力挽留他。于闐國軍隊總司令為了攔他的馬頭拔刀自殺，死在他跟前，班超一看出人命了，沒法走，所以他一待就是三十多年。可為國盡忠了這麼多年，也得盡孝，得死在家鄉、埋回祖墳，所以最後皇上把他召回，他死的時候七十多歲。班超死後，兒子班勇接著在這兒幹，父子兩代做西域都護五十多年。

東漢有兩位名將，一個是班超，另一個就是平定交趾的伏波將軍馬援。這兩位名將為中國的領土的完整作出了相當大的貢獻。交趾就是今天的越南，它自古以來都是中國的領土，到五代十國的時候才獨立的，在明朝一度又被併入了中國的版圖，叫安南布政司，後來三十多年又獨立了。

班超和馬援由此成為中國最早的民族英雄代表，唐人有詩「伏波惟願裹屍還，定遠何須生入關」，「馬革裹屍」就是伏波將軍提出來的，定遠侯是班超的封爵。蔡鍔將軍病逝的時候，孫中山先生給他寫的輓聯就是「平生慷慨班都護，萬里間關馬伏波」，用班超和馬援來比喻蔡鍔。這兩人可說是民族英雄，而且是成功的民族英雄。中國人好像是同情弱者，崇拜的英雄大多是失敗的英雄，比如岳飛、文天祥，這些英雄寧死不屈，沒幾個能真的救國，往那一死沒用。其實應該多崇拜成功的英雄，這種人宣傳得太少，像班超平定西域，薛仁貴平定朝鮮。

有人說中國的第一艘航母應該命名為岳飛號，岳飛號、文天祥號意義多不好，都是失敗的英雄，不如命名為班超號。

## 走丟的子孫

兩漢時期對外關係的一個突出特點是以中國為中心的東亞文化圈日益擴展，影響遠及歐洲和非洲。東亞文化圈基本上以漢字為代表，所以又叫漢字文化圈。

先說與朝鮮的關係。

秦漢之際，「燕齊趙人往避地者數萬人」，意即數十萬中國人遷入朝鮮半島躲避戰亂。朝鮮歷史上的第一個王朝就是商紂王的叔叔箕子建立的。商紂王有三個有名的叔叔：比干因為勸諫被挖掉七竅玲瓏心，後來成了文財神；微子投降了周朝，成為宋國的開國國君；箕子帶領族人出奔朝鮮，想保存殷商一脈。箕子在朝鮮被周朝封為侯爵，成了朝鮮歷史上最早的國家，長達一千多年，傳了二十多代王。朝鮮民族至今還有箕子的遺風，商人尚白，今天朝鮮半島傳統的衣服還是白色的。商朝國王穿白，夏朝是紅的，周人尚黑，秦漢也穿黑，皇帝穿黃是從唐朝開始的，此前都是黑紅兩色比較酷。

燕國人衛滿領著族人到了朝鮮，幹掉箕子朝鮮的末代王，建立了朝鮮歷史上的第二個王朝，衛氏朝鮮，存在了一百多年，又被漢武帝消滅。漢武帝滅了衛氏朝鮮之後，在朝鮮北部設立了四個郡，其中有一個郡的治所叫平壤，沿用至今。漢城改名為首爾了，就是為了找點心理平衡，但是平壤沒有改，用的還是中國名。

北部朝鮮本都是中國人，後來興起了高句麗人，也是中國境內的少數民族。高句麗立國七百年，前四百年都城在吉林，後三百年遷到了平壤。韓國現在整天跟我們爭高句麗，說是他們的民族，中國把高句麗在中國的王城、王陵申報聯合國人類文化遺產，把韓國氣得夠嗆，說咱是文化帝國主義。可這東西都在我們中國境內，就是我們的地方政權。今天的韓國人就是半島南部的土著，和北邊中國的後代不斷混血才形成了韓國民族。

半島南部的三韓：馬韓、辰韓、弁韓，其中辰韓衣冠文物有類中華，因此被稱為秦韓。韓本身是大的意思，大族大部落，三韓就是三個大部落，每個大部落裡面也分N多個小部落。他們沒有文字，用中文來表音就挑中了「韓」字，戰國七雄的韓國跟它沒有關係。二〇〇六年夏天在工會大樓，我去參加首屆中日韓和平教材交流會，一到韓國代表發言，我就把同聲傳譯摘下來，聽韓語，後來我發現了，韓語凡是高雅的詞，比如說民族主義、愛國主義、談判，全是漢語的發音；廁所、豬、狗是自己的語言。所以韓國在一九七〇年廢除了漢字，現在要恢復，最起碼它的路牌上都是英、韓、漢三種文字了。要不恢復漢字的話，不說別的，韓國人同名同姓的就多了去了，姓金的就占了一半。如果用漢字不會重，用漢語搞成拼音就不行了，我從小到大認識八個叫張穎的，但是那個字可能有的不一樣，有的底下是一個禾，有的是影子的影，可拼音念起來全一樣。韓語是拼音文字，勢必要恢復使用漢字，在古代朝鮮不懂漢字就只能種地，沒法做官。

越南當時也是中國領土。

東漢初年，越南的一對姐妹，徵側、徵貳起兵叛亂，伏波將軍馬援率軍平定，擒殺二人，後來越南獨立之後，就把二徵視為民族英雄，給她們建廟。越南人說歷史上我們侵略過他們，這其實就沒有歷史常識了，他獨立是後來的事，當時是中國的一部分，屬於中國領土，那會兒不叫侵略，叫平叛。

日本。

這個國家按它自己的皇國史觀有二千六百多年的歷史了，它第一個天皇神武天皇是天照大神的孫子，就是太陽女神的孫子，太陽女神派自己的孫子統治神國日本，也不知道她孫子犯了什麼錯給扔這兒了，多火山、多地震。孫子繼位於西元前六六〇年，大概與齊桓公同時，西元前七世紀。可是據考古發現，西元前三世紀，日本還在石器時代，結果石器時代再往前四個世紀他就有天皇了……從神武天皇開始算，傳到今天平成天皇是第一二五代，這個明顯有點扯。而且算出來日本前多少代天皇，都是活一百五十歲，在位一百多年，成仙了，這個別人編都不敢編。

日本在西元前三世紀，相當於秦始皇統一六國前後過渡到了鐵器時代。中國的過渡用了上千年，世界主要民族從石器時代過渡到鐵器時代都經過了成千上萬年，日本不到一百年就過渡完了，唯一合理的解釋就是學中國人和朝鮮人。在日本九州島的北部，也就是日本的福岡縣有兩個小國，一個叫委奴國，一個叫狗奴國，這兩國打仗。其中倭奴國王（其實那也不叫國王）遣使朝賀，這是東漢光武帝時。光武帝一高興，賞他一顆金印，有印文「漢委奴國王」。今天到福岡滿大街都賣這個複製品。真品是日本一號國寶，十八世紀八〇年代的時候挖掘出土的，刨出這個的農民得了二十兩銀子的賞金，古代日本二十兩銀子相當於現在多少億日元。

這個龜鈕金印是賜封諸侯王的，咱們對這麼一個小部落，給他一個印玩兒去吧，說明你是我的臣子。漢朝也不會去那麼老遠，他們過來也不容易，他們給皇上進貢了十根竹棍子，十卷麻袋片，十名生口（男女奴隸），光武帝龍心大悅，居然有身高不到一米五的成年男子，好玩兒。

中國的鐵器、銅器、絲帛傳入日本時，日本沒有玉璽。天皇的國璽是明治維新以後才有的，天皇就憑三件神器即位：一把劍，一面鏡子，一塊勾玉，其實也是複製品。草雉劍（供奉在熱田神宮）、九咫勾玉和一面銅鏡。他為什麼把劍、鏡、玉作為天皇的象徵，可見這些東西剛剛傳入日本的時候非常珍貴。現在每個新天皇即位還要接受傳國神器三件，實際上據說已經不全了，早在宋朝時候他們打仗就丟了一個。所以像有良心的日本人，都說中國是日本二千六百年文化的母親。

再說一下絲綢之路。

從長安出發，經河西走廊、玉門關、陽關、敦煌，往南可以到達身毒、大秦；最北的那條路線可以到達裏海，即今天俄羅斯、伊朗和哈薩克斯坦交界的地方。通過絲綢之路，中國的鐵器、絲綢、養蠶繅絲技術、鑄鐵術、井渠法、造紙術先後西傳，佛教也通過絲綢之路傳入中國。與此同時還有一條漢武帝時開闢的海上絲綢之路，從廣東沿海港口出發，然後向西，經印支半島、馬來半島，出馬六甲海峽，到達孟加拉灣沿岸，最遠到達印度半島南端。

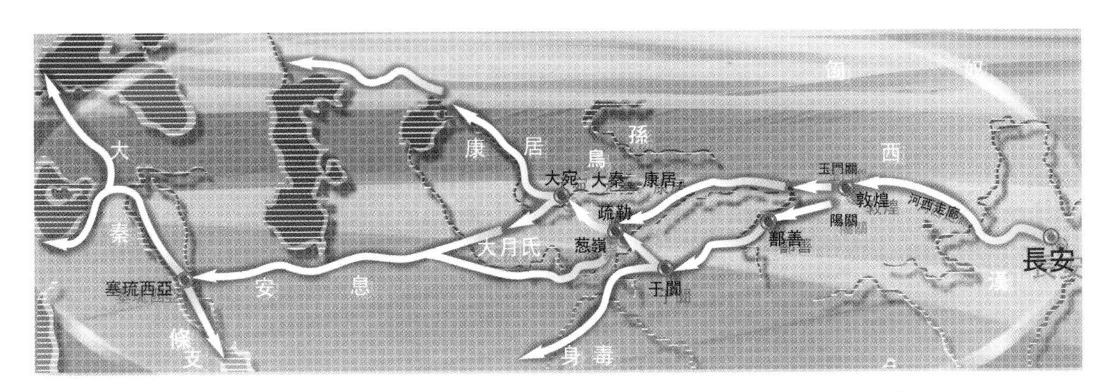


| | | | | | |
|---|---|---|---|---|---|
| 長安 | 在今陝西西安 | 敦煌 | 在今甘肅敦煌 | 大宛 | 在今中亞費爾干納盆地 |
| 陽關 | 在今甘肅敦煌 | 大月氏 | 在今阿姆河流域 | 鄯善 | 在今新疆若羌 |
| 大秦 | 古羅馬，在今地中海地區 | 玉門關 | 在今甘肅敦煌 | 于闐 | 在今新疆和田 |
| 安息 | 在今伊朗高原和兩河流域 | 塞琉西亞 | 在今伊拉克巴格達 | 康居 | 在今錫爾河流域，東臨大宛，南接大月氏 |
| 蔥嶺 | 在今帕米爾高原和喀喇昆崙山 | | | | |
| 疏勒 | 在今新疆喀什 | | | | |

**絲綢之路**

絲綢之路的開通是劃時代的重大事件，中國與中亞、西亞、南亞諸國進行了頻繁的經濟、文化交流。中國的鐵器、絲綢和養蠶繅絲技術，以及鐵鑄術、造紙術先後西傳。兩漢之際，佛教也通過絲綢之路傳入中國。

# 6 史上最牛的知識分子集團

## 個個有前途

秦漢時期的文化第一個特點是統一與多樣化有機結合。秦朝建立統一國家，漢朝獨尊儒術建立統一思想文化，同時秦漢又是多民族國家，所以統一與多樣化相結合。第二是中外文化交流空前頻繁。第三，水平居於世界先進行列，屬於世界第一的發達國家。第四，氣勢恢弘。中國文明，博大精深，在廣度和深度上，都是令人感到可喜的，特別是這種氣勢。你看韓國、英國和德國也有長城，但是他們的長城叫做 **Long Dist Wall**（很長的牆），只有中國的長城才能叫做Great Wall。英國的長城叫哈德良長牆，哈德良皇帝防止北方蠻族入侵修的，德國是羅馬人防日爾曼人修的，韓國是防契丹人修的長城，那才幾百公里，上千公里了不起了，中國的萬里長城，氣勢恢弘，鬧著玩呢！韓國人說韓國文化不追求宏大，追求的是精巧，你倒想追求宏大，別說你橫著修，豎著修也修不來啊。朝鮮號稱三千里江山是豎著量的，只能修十分之三，要不然就往海裡修。

秦漢時期雖然沒有什麼哈伯望遠鏡，但科學技術也很發達了。首先是天文：漢武帝時頒佈太初曆，正月為歲首。從前夏朝以正月為歲首，每年一月一日過新年，到了商朝改到了十二月一日，周朝改成十一月一日，秦朝改為十月一日。所以秦朝九月末是除夕，春節是十月一日，應該過國慶，它過新年。陳勝吳廣起義九月爆發，來年的十一月失敗，其實就倆月！因為九月是最後一個月，十一月是來年的第二個月。要不懂秦朝的曆法，農民叔叔陳勝吳廣真了不起，堅持了十好幾個月，扯，那會兒農民起義哪有那麼長時間？兩個月就完蛋了。

到了漢武帝的時候又改回去了，還是以正月一日為歲首，一元複始，大家比較習慣。以後朝代不管怎麼更疊，這個一月一日過新年，沒人再琢磨改它去了，再說改它也不合適了。

西漢有世界公認的關於太陽黑子的最早記錄，然後東漢張衡又對月食作了最早的科學解釋，那不是天狗吃月亮。張衡還發明了地動儀，遙測地震方向。今天這玩意兒沒用了，地震一發生，第一時間就知道了，兩個鐘頭之後温總理就去了。它是遙測地震方向的，不是預報地震的，這儀器美國也沒有。

東漢的華佗發明麻沸散，這是一項世界之最，世界上最早的麻藥。中醫好像不太主張給人開刀。但是比如說闌尾炎腸穿孔了，扎針沒有用，採草藥更沒用，那就得開刀。歐洲那時候開刀是灌酒，灌一升，酒量小的一口氣就灌死了，酒量大灌到肚子要爆還沒醉，還很清醒，乾脆四肢固定，給一棒子，於是盲腸被割下來了，生命也被上帝召喚走了。那時候開刀中國人死亡率比較低，非常可惜的是麻沸散後來失傳了。

另有一個撰寫《傷寒雜病論》的醫聖張仲景，不過他好像沒有華佗名氣大，好多藥品商標是華佗牌，張仲景牌的少。張仲景像是醫藥大學的教授，華佗像是臨床的主刀，側重點不太一樣。

我國還是世界上最早發明紙的國家，西漢前期已經有紙了。紙發明以前，祖先把文字寫在龜甲、獸骨上，叫甲骨文，後來寫在竹木簡和帛上。比如說書分上下冊，這個「冊」字證明我們祖先曾經把字寫在竹木簡上，一本書多少卷，說明祖先曾經把文字寫在帛上。如今這種裝訂方式的書是從宋朝開始的，唐朝的時候，紙本書也是一卷，拉起來十幾米長，所以讀書的時候有一個小案子，就像一個捲書器，一點點弄出來看。孔子五十讀《易經》、《韋編三絶》，竹簡書形式是拿皮條給它編起來的，孔子讀書把串書的皮條翻斷了三回，它太沈了，也不環保，要不怎麼中國的森林太少了呢。大文豪東方朔給漢武帝上了一道奏章，洋洋灑灑一百七十斤，兩個人抬進宮去的。這老哥寫了多少字不知道，只知道一百七十斤。當時帛很貴重，一般捨不得拿它寫字，於是西漢就造紙了，雖然不太好使。

到了東漢蔡倫改進了造紙術。

蔡倫是個宦官，宦官一般沒什麼好人，只有兩個不錯的，青史留名，蔡倫和鄭和。蔡倫造紙有功，封龍亭侯，侯爵的最低一級。造紙術在四世紀傳到了朝鮮、越南、日本，八世紀傳到中亞、阿拉伯、非洲、歐洲。中國的造紙術傳入以前，印度人是把文字寫在樹葉上，佛經寫在樹葉上，叫貝葉經，誰要有那玩意兒珍貴極了，唐三藏從印度取回來的經就是這種經，這個地兒潮就爛了，這個地兒乾就碎了，不便於保存。所以印度人對自己三百年前的事不瞭解，並不是不注重修寫歷史，而是葉子都沒了，歷史最終由傳說構成。歐洲人當時是寫在羊皮紙上，其實就是羊皮，您寫一本書，舉國吃十年羊，全國沒羊了。所以中國的造紙術的傳播對世界文化發展的貢獻是相當大的。

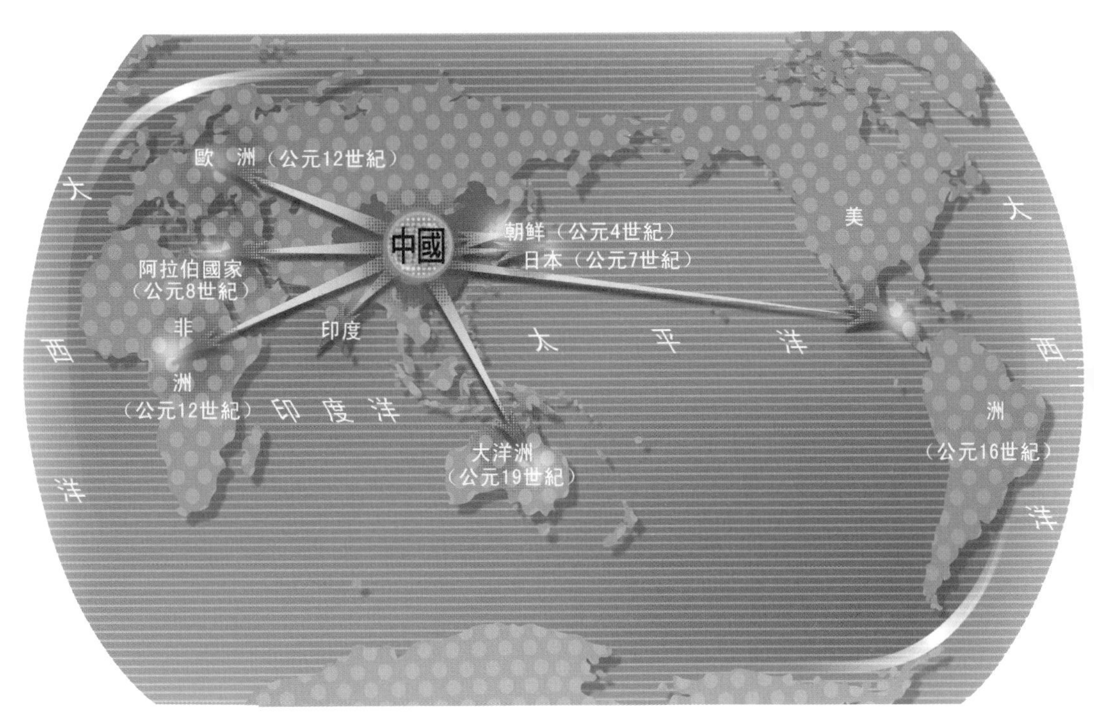


**造紙術外傳示意圖**

西元四世紀起，造紙術傳到朝鮮，又傳到越南和日本，八世紀傳到中亞。後來經阿拉伯逐步傳到非洲和歐洲，為人類文化發展作出了巨大的貢獻。

## 儒家進化論

西漢的董仲舒和東漢的王充反映了兩漢時期兩種截然不同的哲學觀點。

董仲舒認為天和人息息相關，要用儒家思想統治天下。儒學的核心是天人感應，君權神授。儒墨道法四家，最開始得寵的是法家，結果造成了秦朝速亡，「仁義不施而攻守之勢異也」。最起碼不能全用法家。墨家是肯定不能用，這個選舉天子制度，哪朝也贊成。那就剩道家和儒家，所以漢初七十餘年實行黃老之術，推崇道家思想，清靜無為，任其自然發展。結果國家強大，經濟恢復，老百姓安居樂業，諸侯王勢力坐大，匈奴威脅。朝廷什麼都不幹，地方豪強什麼都幹，這麼看來道家也不行。

於是就只剩儒家可以選擇了。儒家可以煽惑百姓，仁政，民貴君輕，但是它太强調百姓，强調民，忽視了君，所以董仲舒應運而生。他把儒家思想改造了，就是天人感應。其實「子不語怪力亂神」，孔子不說神神鬼鬼的東西。你要問孔子人死了之後怎樣，孔子會很不高興。「未知生，焉知死」，儒家思想只講究活著的時候怎麼做一個君子，聖人，活得好就不錯了，死後的事我們不討論。其實也代表了孔子「知之為知之，不知為不知」的實事求是的態度，死後的事確實不知道，你對鬼神只要「敬而遠之」就行了，要有崇敬之心，祭祖上墳什麼的要去，然後離他遠點，別老掛在心頭念在口頭。

所以董仲舒一不老實，就把孔子的意思改造成天人感應，「道之大原出於天，天不變道亦不變」。皇帝是代表天道，任何人都要服從，皇上一看這個思想太好了，用！而法家的思想不是這麼說的，它是說，老師現在告訴你們，你們每個人都要認真聽課，誰不聽誰滾，因為我是老師。儒家則說，老師告訴你們，一定要聽，因為我講的高考特有用，你們准能考上一流大學。一個說的是法家思想：我是老師，所以你得聽我的，不聽滾；第二個是儒家思想：你要聽我的，因為我為你們好。

對百姓也是這樣。法家是，要尊重天子聽皇帝的話，不聽把你腳剁了，人跑越南去了，你怎麼剁啊。儒家說，你要尊重他，他是天子，他代天行生生之道，要是不聽他的，必遭天譴，一個雷給你劈了，跑南極也劈。這樣一來，你得服從天子吧，皇上如果失德，蒼天就會示警：乾旱、山崩、地震。蒼天示警了，皇上就知道自己做壞事了，於是齋戒沐浴，下罪己詔，把自己臭罵一頓。老百姓覺得這個皇上不怎麼樣，你就禱告吧，老天爺，你兒子太壞了，你趕緊把你兒子收走吧。五十年後皇上駕崩，當然你能熬上五十年的話，你的禱告就算應驗了。

所以罷黜百家，獨尊儒術很牛，跟焚書坑儒有一拼，但這個時候的「儒」跟孔子的「儒」已經不一樣了，實際上變成了外儒內法。漢宣帝的時候，就曾經非常高興地說，漢家有制度，霸王道雜之。霸道就是法家，王道就是儒家，這已經不是孔子所提倡的那種思想了，朝廷不管那個，只强調要為鞏固統治，為政權服務就行。

## 莫管身後事

跟董仲舒的思想不一樣的是王充，王充的思想體現在《論衡》一書。他認為萬物由元氣構成，元氣是物質，物質構成論，當然是唯物的了。他反對天人感應，反對有鬼論，反對厚葬。

「天行有常，不為堯存，不為桀亡」，老天的運行是有自己的規律的，該冬天就冬天，該夏天就夏天，跟堯賢桀戾也沒關係，不是說堯在位就天天風調雨順，桀在位就天天地震，它有自己的自然規律。

他從反對有鬼論出發，反對厚葬。中國的古墓，十墓九空，所有重大的考古發現都屬於搶救性挖掘。為什麼十墓九空，因為中國的盜墓事業欣欣向榮，幾乎可說是中國最古老的事業了。行業如此發達的原因就是厚葬，中國人視死如生，把死人當活人對待，墓穴裡微波爐熱水器全都放進去，當然有人刨。埃及法老王弄那麼大個金字塔，當然也有人刨，說不定能刨出幾百個微波爐。

歐洲人的墓就沒人刨，歐洲中世紀的國王葬在教堂裡面，一個石頭棺材，一身衣服，一把寶劍，刨他幹麼？現在就更加簡單，用膝蓋想都知道，挖開之後是一本聖經，這個家家都有，然後一套西裝，你敢穿嗎，你知道他怎麼死的？所以那邊沒人盜墓。

反觀中國，前些年那個老山漢墓開挖，中央電視台現場直播，是重大考古發現，想著應該有金縷玉衣、黃腸題湊。最後吹了，還沒進墓室就看到王后在地上躺著，成了化石，證明早就被盜了，而且不是現代盜的，恨不得剛埋完就盜。皇帝陵那盜墓的專用工具叫洛陽鏟，因為洛陽周圍古墓多，所以說別厚葬，沒有用。隆重的葬禮其實是做給活人看的，瞧我多孝順，我對我爸多好，他活著的時候你對他好點不行嗎？有的地方那風俗，老太太一死，所有的閨女得給她做被子，綢緞的被子一床床地塞進棺材裡去，最後塞得老太太擱不進去了，這何苦呢。那麼好的被子，她活的時候蓋過嗎？活的時候爛棉絮，死了再給她蓋嶄新的被子，擱在地下讓水漚著，讓土埋著。所以王充當時就看到了事情的本質，他的唯物主義思想很有意義。

## 印度人東來

西漢末年，佛教傳入中國。佛教創始人是喬達摩・悉達多。古印度迦毗羅衛國王子，釋迦部落的王子，薄王業而不為的大丈夫。他目睹衆生皆苦，二十九歲那年捨棄一切出家，苦修六年，三十五歲證得無上菩提。然後在人間傳法四十五年，八十歲涅槃。

佛教在西元前二年傳入中國，不知道為什麼沒有傳開。東漢明帝永平十年，西元六十七年，派了幾個人去求佛法。行至今天的克什米爾，遇到了兩位高僧，攝摩騰和竺法蘭，於是就邀請這兩位高僧以白馬馱四十二章經東來，並在洛陽建立了白馬寺，佛教開始在中土弘傳。今天印度反而沒有人信佛，七世紀婆羅門教復興，十二世紀穆斯林入侵，今天印度人除了印度教徒就是穆斯林，佛教徒基本絕跡，有也混不下去。

佛教分成南傳、北傳、藏傳三部分。南傳佛教即東南亞國家的小乘佛教；北傳佛教就是像中國、朝鮮、日本、越南的佛教；藏傳佛教就是中國西藏、不丹、尼泊爾的喇嘛教。到今天中國實際上已經成為世界佛教的中心，因為四大菩薩的道場都在中國，五台山、九華山、普陀山和峨眉山。釋迦牟尼佛圓寂之後，他的遺體火化，燒出八萬四千舍利，據説至今還有十三塊舍利留在人間。佛牙舍利子全世界只有兩枚，一枚在斯里蘭卡，一枚在西山八大處靈光寺裡面。佛指舍利全世界只有一枚，安放在陝西法門寺的地宮裡面，一千多年之後才被發現。佛指舍利無論拿到哪裡去供奉，都是萬人空巷。有人問法師，説釋迦牟尼死了兩千多年了，他有什麼法力，他能把孫悟空壓在哪兒嗎？法師一指二十多萬人跪在路邊，頂著香，燃香供佛，這就是釋迦牟尼的法力。死了兩千多年了，這麼多人崇拜他，你換了別人試試。所以影響世界的一百個名人，第一是穆罕默德，第二是耶穌基督，第三是釋迦牟尼，第四是愛因斯坦。排前面的全都是教主，受影響的人相當多，穆罕默德排第一就是因為多達五十五個國家以伊斯蘭教為國教。

## 司馬氏日記

西漢史學家司馬遷寫出了中國古代第一部紀傳體通史《史記》，記錄了從軒轅黃帝到漢武帝兩三千年間的史事。《史記》以人物傳記為主，寫得十分好看，其中的《刺客列傳》有經典武俠小說的風骨。除此之外的史書還有編年體，一年年寫的；還有紀事本末體，顧名思義寫事的，只有史記是屬於紀傳體。

司馬遷寫事都很準確，劉邦、項羽他們倆幹什麼，劉邦怎麼想的，項羽說了什麼，司馬遷都不在場，這事就等於是他虛構的。但是這個虛構的一定要符合人物的身份，不能瞎編，不能說劉邦能扛鼎，項羽怕老鼠。一定得符合人物的身份，比如秦始皇出巡天下，儀仗隊非常壯觀，劉邦、項羽都在「歡迎，歡迎，熱烈歡迎」的人群當中。但兩人看到了秦始皇的儀仗之後，說的話是不一樣的。項羽是楚國名將項燕之孫，文武雙全，蓋世無雙，所以他看完就說「彼可取而代之」，不屑一顧，沒什麼了不起，老子推翻你，我來代替你。劉邦是亭長，居委會治保主任，他說的是「大丈夫當如是也」，表示太羡慕了，你看人家這一輩子沒有白活，我什麼時候能這樣。完全符合兩人的身份。反觀現在的有些歷史劇，簡直沒法看，就是瞎編的虛構，不符合人物的身份。

東漢的班固，強人班超的哥哥，寫了第一部紀傳體斷代史《漢書》，說的是從劉邦建漢到王莽篡漢的西漢一朝的歷史。而西漢的《史記》從軒轅黃帝一直寫到本朝的漢武帝，可見司馬遷很猛，直接敢說老大的不是。

第三章

# 三足鼎立南北對峙

## 三國、兩晉、南北朝

士族一生下來就是官，你要一生下來就是官的話，你還會好好念書嗎？你現在已經一個月有一萬五千塊錢的工資，還在這念書幹麼？這一萬五打著滾花也花不完，打小坐著奔馳二五〇上學，長大就是一個笨癡二百五。所以這些士族是什麼也幹不了，文不能提筆，武不能拿槍，宴會上作首詩都得別人代筆，連智商都退化了的一幫廢物。

# 1 三條腿的凳子最穩定

## 宦官鬥外戚

東漢中期以後，皇帝即位時大多年齡幼小，從漢和帝開始一連八個小皇帝，即位的歲數最大的八歲，最小的才一百多天。還有兩歲就駕崩的，就是漢殤帝，諡法裡短折不成曰殤，活了不到兩年，當然短折不成。這種皇權低幼現象形成了外戚和宦官輪流控制朝政的局面，政治一片昏暗。

宦官從明朝開始叫太監，刑餘之人，六根不全，看著正常人娶妻生子，本來就刻骨仇恨，心理陰暗之人一旦掌權，必然瘋狂報復社會。所以外戚、宦官是統治集團中最黑暗的兩股勢力。皇帝年幼時一般由太后主持朝政。古代女子無才便是德，二十幾歲的小寡婦，頭髮長見識短，處理朝政只能靠父兄，小皇上自幼看姥爺舅舅的眼色做人，長大了之後自然不甘心，一門心思要幹掉姥爺舅舅。

但滿朝文武都是姥爺舅舅提拔上來的，支使不動，就只好靠身邊的宦官。因此形成這麼一個特點：皇帝年幼，外戚掌權。皇上長大後，靠宦官殺外戚，宦官掌權。沒幾年皇上嘎嘣兒了，小皇上一即位，又是外戚掌權，小皇上長大了，又是宦官掌權。如此迴圈反復。

東漢後期，土地兼併嚴重，統治腐朽，皇帝大造宮殿，廣選美女，後宮花費每天要數百萬錢。漢靈帝的時候，公開賣官，公一千萬，卿五百萬。地方官是肥缺，定價高，州郡長官兩千萬，還可以分期付款。花這麼大價錢買官的人，一上任跟紅眼兒狼似的使勁往自己懷裡扒拉，得把本撈回來。老百姓落在這幫人手裡，如果不想吹燈拔蠟，就只能跟他們白刀子進紅刀子出了。

## 鼎足而三立

老百姓活不下去了，被迫挺而走險，於是在西元一八四年爆發了黃巾起義。利用五鬥米道，一幫農民被這些神神鬼鬼的煽惑起來，勢不可當。這一幕在以後的中國歷史上反復上演，玩得最火的就屬清朝的所謂「天王」，小學沒畢業的洪秀全了。東漢朝廷費了老勁總算把黃巾起義給按下去了，可朝廷自己也一條腿進了棺材。

東漢時的刺史成為州的最高長官，擁有一切大權，也就為分裂割據奠定了基礎。在平定黃巾的過程中，州郡的長官和地方的豪强，擴充武裝積聚力量，互相攻殺。今天張大帥打李大帥，明天李大帥打王大帥，殺來殺去，形成了袁紹、曹操等一些勢力强大的軍閥。西元二〇〇年，雙方在官渡決戰，只擁有一州之地，但雄才大略，「挾天子以令諸侯」的曹操打敗了占有四個州的窩囊廢袁紹，為統一北方打下了基礎。

此後曹操陸續消滅了一些軍閥，基本上統一了北方，而後積極為統一全國作準備。

官渡之戰中，劉備投奔荊州牧劉表，為謀求霸業，他邊組建軍隊，邊招攬人才。劉備曾三顧茅廬，從隆中請出了歷史上最厲害的農夫——諸葛亮。由此勢力迅速壯大，發展成為群雄角逐中

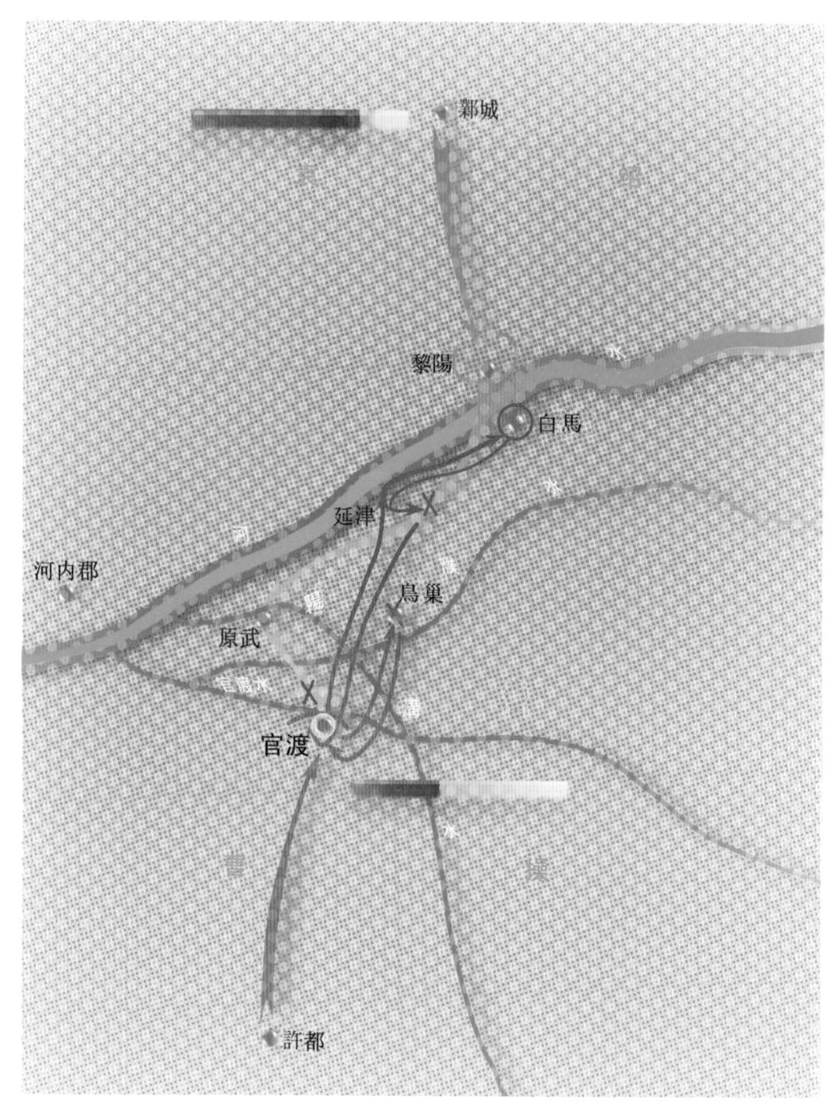


**官渡之戰**

官渡之後後不久，曹操陸續消滅一些軍閥，基本上統一了北方，而後積極為統一全國作準備。

的一股重要力量。

東漢末年，孫權繼承父兄基業，以江東為根據地，竭力向長江以南擴展，占據今廣東、福建及湖南大部地區。

二〇八年，曹操南征。一開始他順利地占領了荊州的一些地方，但在關鍵性的赤壁之戰中，曹操在終場哨音響起之前，被對方灌進一球，以二十萬大軍，敗給不足五萬兵力的孫劉聯軍，退回北方。

赤壁之戰是我國歷史上以少勝多的著名戰例，它促成三國鼎立格局的初步形成。戰後十多年間，曹操向西北擴大了統治區域；劉備則出兵入蜀，占領益州，控制了西南的一些地區；孫權占據嶺南，在東南擴展了統治範圍。二二〇年，曹丕廢掉自己的舅子漢獻帝，在洛陽稱帝建魏，東漢滅亡。此後，劉備、孫權先後稱帝做王，魏、蜀、吳三國鼎立局面正式形成。

曹丕建立的魏，史稱曹魏。曹魏延續了曹操的統治方針，建國幾年以後，曹魏國力進入全盛時期。後來，曹氏大權旁落，司馬氏祖孫三代相繼當權。

二二一年，劉備在成都稱帝，國號漢，史稱「蜀漢」或「蜀」。電視劇《三國演義》當中，諸葛亮的軍隊舉的旗子上，寫著鬥大的「蜀」字，太搞了。就好比日本人舉個旗子上面寫著「倭」一樣。誰把別人罵自己的東西印在軍旗上啊，心胸寬廣之人！劉備諡號可是漢昭烈帝，不是蜀昭烈帝。

劉備死後，其子劉禪繼位，丞相諸葛亮輔政。劉禪因為小時候在長阪坡被趙雲悶過，被劉備假摔過，影響了大腦發育，長大後什麼事兒慘就辦什麼，現在快成了一句罵人的詞了，成了傻子窩囊廢的代言。實際上蜀國建立後，諸葛亮只活了九年，而蜀國存在了四十多年。諸葛亮活著的時候，連年出兵北伐，《出師表》裡也說，「今天下三分，益州疲弊」，烽火頻年，「國困民虛，決敵之資，唯仰錦耳」，打仗的軍費只能靠賣布頭了。打仗就是打錢，兵馬未動，糧草先行，沒錢的幹不過有錢的，人扔原子彈，你扔手榴彈，找倒楣。

諸葛亮六出祁山，姜伯約九伐中原都以失敗告終，關鍵就是後勤跟不上，皇帝不差餓餓兵，渾身是膽的趙子龍你餓他個三天四夜，還能在長阪坡前幾進幾出？以諸葛亮之大才為啥明知不可為而強為之呢？他的《出師表》裡有一句：「漢賊不兩立，王業不偏安，然不伐賊，王業亦亡。」劉備建立的是漢，漢應該在洛陽，而不能在成都，如果不討伐曹魏，蜀漢就沒有生存的必要了。這就跟當年蔣介石嚷嚷反攻大陸一樣，「中華民國」的總統不能老窩在台灣啊，又不是島主，那成了黃蓉她爹了。

《三國演義》說，諸葛亮本來有幾次能一鼓作氣滅魏了，被弱智兒劉禪急召回來兩次，說我思念相父了，特意召喚相父回來看看。諸葛亮又不是召喚獸，說來就來說走就走，就這樣戰事擱淺，諸葛亮一生氣吐兩口血，沒幾天就在北伐途中死於五丈原。雖然《三國演義》有虛構之處，但諸葛亮打仗晦氣總是真的，失街亭、誤軍糧，這些都是老天不幫忙。諸葛亮死的時候五虎上將也都死乾淨了，姜維獨力難支，於是宦官專權，國勢逐漸衰弱，到二六三年蜀國被曹魏所滅。

孫權於二二二年稱王，幾年後稱帝，建都建業。

值得一提的是，二三〇年，孫權曾派將軍衛温、諸葛直浮海求夷洲，加强了台灣與大陸的經濟文化聯繫。這是古代文獻中關於大陸人大規模到達台灣的最早記錄。當時到了台灣之後，原住民茹毛飲血，斷髮紋身，刺面鑿齒。臉上刻上花紋，可能是為了嚇嚇野獸，把門牙鑿下來就有點匪夷所思了。咋吃生肉啊！大陸最搞笑的飯店招牌——正宗台灣牛肉拉麵，扯！這是正宗蘭州人跑到台灣做出的拉麵。台灣正宗風味應該是動物一刀砍下來分兩半喝血。有史為證，只要熟的東西，一定是正宗大陸風味，都是移民過去的，陳水扁他們家就是清朝移民過去的。

孫權死後，孫吳內亂連年，日益衰落。

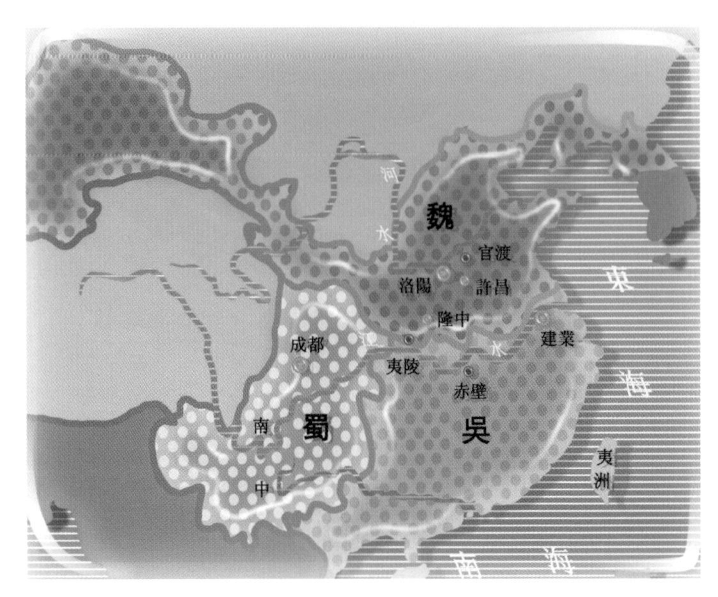


## 赤壁之戰

赤壁之戰是我國歷史上以少勝多的著名戰例，它促成三國鼎立格局的初步形成。赤壁之戰導致了孫、劉聯盟抗曹，劉備得以苟延殘喘，發展自己的勢力，拖延了曹操統一的步伐。

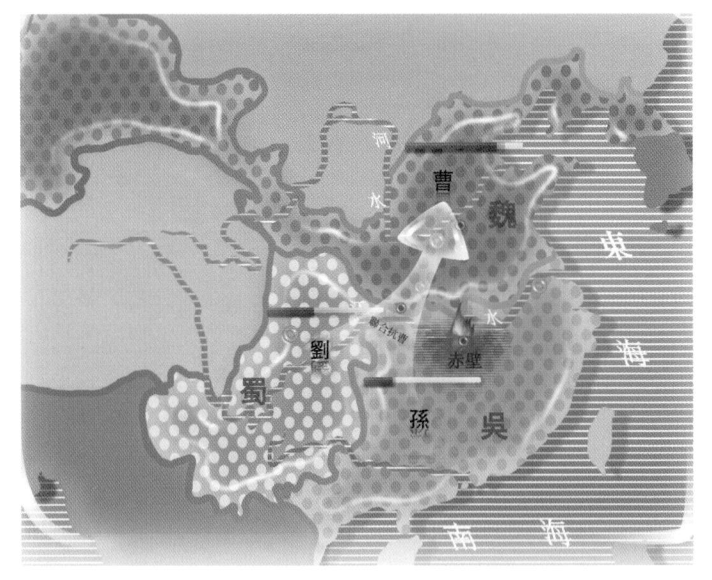

## 三國鼎立形勢

西元二二〇年，曹丕廢漢獻帝，在洛陽稱帝建魏，東漢滅亡。此後，劉備、孫權先後稱帝做王，漢、蜀、吳三國鼎立局面正式形成。

# 2 皇帝輪流坐，明年到我家

## 曇花五十年

二六五年，司馬懿孫司馬炎廢魏稱帝，建立晉朝，史稱西晉。

司馬炎即晉武帝。二八〇年，晉武帝滅吳，統一南北。西晉的統一只是曇花一現，因為晉武帝並非雄才大略的君主，他是靠著爺爺老子奪的江山。只不過他的對手比他還不如，樂不思蜀的阿斗就甭提了，吳國末代君主孫皓殘忍暴戾，經常無故殺人，不殺人就吃不下飯。晉軍過江，吳國老百姓就跟一九四九年北平人民歡迎解放軍似的。

晉武帝死後，繼承者惠帝是個如假包換的大傻子。傻小子有一次聽宮女議論外面鬧災，不少老百姓餓死了，這廝居然說，老百姓太傻，幹麼非吃糧食，吃肉不就行了。晉朝開國，跟漢高祖一樣，錯誤地總結了前朝滅亡的教訓，認為是沒搞分封的結果，於是大封同姓王，司馬氏的王爺們個個手握重兵，造反條件十分好。統計一下，秦統一後搞分封的朝代西漢、西晉和明朝，出事的概率是百分之百。

晉惠帝昏庸無能，皇后醜八怪賈氏專權，惠帝那些握有軍權的爺爺叔叔哥哥們發兵互相攻打，動亂疊起。混戰就在首都進行，弓箭射到傻皇帝的寶座上，鮮血濺了傻哥們兒一身。這就是著名的「八王之亂」。除了家賊，還有外鬼，一直裝乖孫的南匈奴起兵了，愣說自己是漢朝的外孫，要恢復漢朝江山。立的家廟裡竟然供著劉邦和劉備，這老哥倆要是知道了，得氣得在棺材裡打挺兒。

三一一年，匈奴貴族與羯族等聯軍攻陷洛陽，俘虜晉懷帝（諡法裡慈仁短折曰懷），史稱「永嘉之亂」。三一六年，匈奴貴族攻破長安，俘虜晉湣帝（諡法在國遭憂曰湣）。湣帝與上一任懷帝一樣，一對倒楣蛋。至此，西晉滅亡。

## 胡搞十六國

西晉滅亡後，三一七年，西晉皇室司馬睿，以建康為都城，在相對安寧的江南重建晉朝，史稱東晉。司馬睿即晉元帝。

東晉建立之初，為立足江南，抵禦北方匈奴、鮮卑等貴族的進攻，統治者一方面加强內部團結，一方面實行休養生息，安撫北方南遷的流民。不久，江南出現「荊揚晏安，戶口殷實」的局面。由於生活安逸舒適，一些原來還想返回中原的南渡士族，包括東晉最高統治者，再也無意北返，偏安於東南一隅。

東晉後期，土地兼併嚴重，農民賦稅沈重。統治者為了遏制地方割據勢力，大肆徵兵，導致農民起義，東晉統治名存實亡。四二〇年，掌握實權的東晉大將劉裕，廢晉帝自立，東晉滅亡。

四二〇年至五八九年的一百七十年裡，中國南方政權更替頻繁，先後經歷了宋、齊、梁、陳四個王朝。這些王朝都在建康定都，史稱「南朝」。

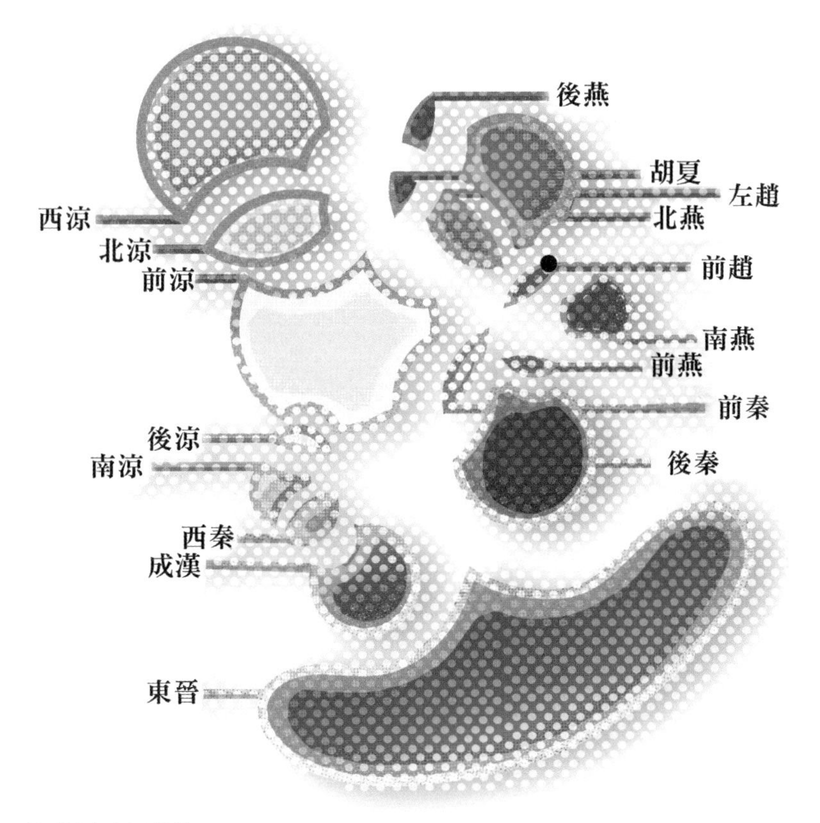


**東晉和十六國情勢**

東晉統治南方的時候，我國的北方和西南地區先後出現過十幾個少數民族割據政權，史稱這一時期為「十六國」。

劉裕滅晉後，建國號宋，他就是宋武帝，在位時較有作為。宋朝三十年間賦輕役稀，江南民殷國富，進入東晉南朝國力最强盛的時期。

陳朝末年，陳後主不思治理，境內田園荒蕪，賦稅繁重，百姓流亡，他依然縱情享樂。五八九年，陳朝滅亡。

東晉統治南方的時候，我國的北方和西南地區先後出現過十幾個少數民族割據政權，史稱這一時期為「十六國」。此後，四三九年至五八一年，大約與南朝同一時期，我國北方先後出現少數民族建立的北魏、東魏、西魏、北齊、北周五個政權，歷史上稱為北朝。北朝與南朝長期對峙，合稱南北朝。

十六國後期，鮮卑族拓跋氏建立的北魏强大起來。鮮卑族拓跋氏原來生活在大興安嶺北段，東漢末南遷，逐漸成為塞上的一支强大軍事力量。四世紀後期，拓跋氏首領拓跋珪建立魏國，史稱北魏。後來，拓跋珪消滅後燕，占領中原，建都平城。四三九年，北魏統一黃河流域，與南朝對峙。五世紀中期，北魏將南部邊界推進到江淮一帶，實力開始超過南方。

六世紀後期，北周武帝進行了一系列改革：政治上，加强中央集權，整頓吏治。經濟上，釋放奴婢，嚴懲隱瞞田地、戶口的官僚大族；强制大批僧尼還俗從事農業生產。軍事上，擴大兵源，滅北齊，統一黃河流域。周武帝死後，朝政日益混亂，大權落入外戚楊堅之手。

# 3「士」不可擋

## 天生是廢物

前面說過漢朝選拔官吏靠察舉制，到後來發展成門第族望累世公卿，這樣很不好。所以到了魏晉，就變成九品中正制。

朝廷設立一名大中正，它應該既中且正（所以蔣介石起名叫蔣中正）。然後各郡設立中正，負責評定人才等級，把人才分為上上、上中、上下，中上、中中、中下，下上、下中、下下，這麼九品，所以叫九品中正制。只有被評為上品，你才能當官。要被評為下品，你就當不了官了。

不過，能被評為上品的，還是那些門第比較高的人，高門大姓，世代被評為上品。最大的高門大姓就是「昔日王謝堂前燕，飛入尋常百姓家」的王氏和謝氏。比如王羲之是右軍將軍，又稱王右軍，但他一輩子拿筆，沒聽說過他用劍用得出神入化的。他生來就是將軍，因為是王氏。這些人世代壟斷官職，老是他們家當官，就形成了大士族，而老當不上官那幫人變成了庶族。不是平民，不是農民，都是老當不上官的地主。

士族一生下來就是官，你要一生下來就是官的話，你還會好好念書嗎？你現在已經一個月有一萬五千塊錢的工資，還在這念書幹麼？這一萬五打著滾花也花不完，打小坐著賓士二五〇上學，長大就是一個笨癡二百五。所以這些士族是什麼也幹不了，文不能提筆，武不能拿槍，宴會上作首詩都得別人代筆，連智商都退化了的一幫廢物。

因為士族庶族是不通婚的，甚至不穿同樣的衣服，不能共坐一席，所以士族老近親結婚。王、謝、袁、蕭、顧、陸、朱、張，就這八個姓老通婚，生來生去都是表哥跟表妹，舅舅跟外甥女，姑姑跟侄兒這種關係。越生越退化，祖孫三代長一個模樣，肯定會腦殘。而宋、齊、梁、陳各朝的開國君主都是武將，武將肯定是庶族出身，很鄙視生來就是高官的士族。所以庶族做了皇帝，不能容忍這幫孫子吆五喝六。

## 相互看不慣

劉宋的一個皇帝，他舅舅姓陸，非要拜訪一個大士族王氏。皇上說你別去，自討沒趣。姓陸的說我是皇上舅舅，我非得去不可，就去了。到傳達室一遞名片，兩個鐘頭沒人理他，自個兒待著吧，在門口曬。他真有恆心擱那等，兩個鐘頭之後，人家把買菜那個門開開了，進來吧！

進去之後，主人也沒在正堂迎接他，而是在臥室，那是非常不禮貌的地方。主人背對著他，光著膀子躺著，小丫頭給扇著扇子。他就在那站著，也沒人給讓座，也沒人給遞茶，站了一個多小時。主人一翻身，呦，這是誰啊？他怎麼在這待著，他是誰？然後這個時候，僕人搬個胡床來，就是馬紮，擱在這，給他坐下了。坐下來之後主人就問，你姓什麼？他說我姓陸，陸××。過去給我們家養馬的那個陸伯之是你什麼人？陸伯之是我爺爺，他是養馬的，後來立了軍功了。怎麼養馬的孩子跑到我屋裡來了？給我轟出去！僕人就給轟出去了。人剛一轉身，就聽那個士族，指那個馬紮說，把這個拿出去燒了。

陸××回去就跟他外甥皇上哭訴，說你看我是你舅舅，怎麼這麼屈辱。皇上很生氣，你打狗還得看主人呢！你管人家是不是養馬的，人家現在是皇上舅舅了，你怎麼這麼招待人家！但是沒辦法，皇上只能和陸××說，你活該，我讓你別去，你非去，我都惹不起他。皇上為什麼惹不起他？因為姓王的一族全在朝裡做大官，全天下的田，差不多百分之六十都是他們的，他一族人經濟、政治地位非常高。

隨著後來士族這幫東西越來越衰落，庶族地主崛起，尤其魏晉南北朝，那個時候朝代更疊頻繁，庶族打仗是最厲害的，都是庶族立軍功，所以庶族勢力越來越强大。

# 4「漢化」輔導班

## 騙你去洛陽

來說說魏孝文帝改革的措施。

第一，改均田與租調，均田制與租調制。均田就是給人民分地，授田的農民要給國家交租和交調，租就是糧食，調就是布帛。該制度的作用在於逼著你去從事農業。因為原來的北魏是鮮卑人，屬於遊牧民族，現在分你土地，收你糧食和布帛，不收牛奶不收羊毛，等於是强迫你從馬上下來，拎起鋤頭去種地。

第二，三長制，促進了農業和漢化政策。意思就是在地方設立鄉、鄰、里，改變了原來的宗主督護制，它的作用是加强中央集權。

第三，整頓吏治，給官員俸祿。之前北魏的官員沒俸祿，一是容易貪污，國家不給，我自己拿！再有一個是他們愛打仗，沒有俸祿我就出去打仗，一打仗我好搶。出於這兩個主要原因，整頓吏治，給官員俸祿。官員不用拿國家的，也不用搶別人的，老老實實拿俸祿享受生活就完了。

第四，遷都洛陽。北魏的都城最早在盛樂，今天的內蒙古和林格爾，然後遷到了平城，平城就是幽雲十六州當中的雲州，今天的山西大同，位置也較偏遠，最後才遷到洛陽。

但是這次遷都反對的聲音很大，大多是他叔叔爺爺輩的守舊派老臣反對。他就想了個辦法，說我要出兵伐宋（宋齊梁陳的那個劉宋，不是漢宋），要率三十萬大軍征伐，各位爺爺叔叔們國之幹臣，要跟我同去！於是三十萬大軍就出發了。今天豔陽高照，大家歇歇，曬曬被子，紮營休息，明天雨雪交加，行軍，要鍛煉將士們耐寒、抗旱的能力。反正皇上年輕，二十多歲，伺候得不錯，爺爺叔叔們快散架了，走到洛陽這幫人受不了了，跟皇上說咱別往前走了，再走就死了。

皇上一聽，各位王爺年事已高，若從軍征討，到長江邊上還有一半的路程，萬一你們到那兒死了，我對得起誰。可是要回去呢，你不是也得死嗎？往南走還有一點緩和，乾脆咱別走了，跟這兒定都完了。爺爺叔叔一看上了皇上的當了，那怎麼辦，要命不要命？咱不走了，就在這兒定都吧。

魏孝文帝頒發了聖旨：「國家興自北土，徙居平城。」原來我們在內蒙古，後來到了平城。「雖富有四海，然文軌未一」，沒有做到書同文，車同軌，也就是國家沒有統一。「此間用武之地」，平城這個地方啊只適合幹打仗，窮了吧嘰的什麼都不產（今天知道有煤，那會兒也不知道，知道了挖出來也不能吃），「移風易俗信為實難」，這個地方如果要移風易俗的話，我堅信太難了。「崤函帝都，河洛王里」，而崤山函谷關，長安那個地方是歷代的帝都，河洛王里，河，黃河，洛，洛陽，都是古代帝王經常待的地方。長安是周秦漢唐十一朝古都，洛陽是九朝古都。「因茲大舉，光宅中原」，所以我才興師動眾，咱們定都到中原。要效法古代漢族的帝王，在中原穩坐江山。

## 全方位漢化

孝文帝認為自己是中原王朝的代表，所以遷都洛陽後，洛陽就再次成為中國的政治中心。之前東周、東漢、曹魏、西晉都在此定都，算上北魏，已經是第五個在洛陽定都的王朝了。洛陽是九朝古都，後面那幾個就沒有什麼太能提得起串得來了，包括五代十國的後唐也在這兒建都。「若問古今興廢事，請君只看洛陽城」，就因為洛陽定都，戰亂，遭到兵燹，又定都，翻來覆去是這點事。

第五，移風易俗，實行漢制。實行漢制首先從漢服開始。

其實漢民族的衣服既不便於生產，又不便於戰鬥，以至於中國古代的服裝演變的特徵就是不斷向少數民族學習的過程。今天你把對襟繫扣稱為唐裝，但那卻不是大唐漢人的裝束，而是滿裝，是少數民族旗人穿的。旗袍更別說了，把旗袍作為中國的傳統服裝，十分牽强。

中國傳統服裝是漢服，衣裳衣裳，上衣下裳，裳就是裙子，男女都穿裙子。在漢朝以前，成年男女也都穿開襠褲，因為外面有裙子，從衣著上看不出這個人是男是女。尤其老百姓的穿著，都是灰色、黑色、白色的衣服，更難區分性別。褲最早的意思是脛衣，護腿的，相當於我們今天的長筒襪，連褲襪。死襠褲是後來跟少數民族學的，因為他要騎馬不能穿開襠褲，不能穿裙子。

我們中原人的打扮是峨冠博帶，老高的帽子，老長的大袖子，一走路帽子當避雷針，袖子當拖把，既省電又乾淨。少數民族則窄衣箭袖，又能引弓拉箭又能揮鋤耕作，他的衣服更合理，所以中原王朝就不斷地向他們學。

漢族人的衣服「Y」字領，沒有扣，靠腰帶。少數民族是小圓領，「一」字領，唐朝的服裝就很明顯學他們，改成了小圓領，烏紗、幞頭也取代了原來的峨冠。唐宋的皇帝穿的衣服都是這樣，到了明朝的時候，皇上只有祭祖時才在腦袋上頂一個大搓板，掛一串算盤珠子，腦袋好幾十斤重，平時都戴烏紗了。峨冠博帶的大禮服也只有祭祖時才穿，平時不穿了。到清朝更不用說，都是滿裝，所以明朝的遺民損清朝人，說腦袋後面弄一根孔雀翎，衣服上除了飛禽就是走獸，簡直就是衣冠禽獸。說歸說，但是人家的衣服窄衣箭袖，打仗、生產的時候就是方便。

說了這麼多，就是為了說明漢服雖然大氣好看，但是不合理。所以孝文帝實行漢制到這個時候遭到一定的反對，無奈是皇上下令要一律穿漢服，穿鮮卑服的笞杖徒流死，就是拿板子抽，拿鞭子打。因此大家只好穿，解除掃街工人的痛苦。實際上漢服是不利於生產和戰鬥的。

除了服裝外，順便說一下飲食。原來中原人說吃餅，是湯餅，就是餛飩不放餡兒的片湯，中原人的餅就是那玩意兒。今天大家吃的餅都是胡餅，是少數民族發明的，因為他不能騎在馬上端一鍋片湯，要方便隨身攜帶。中原人後來發現他的東西確實方便，今天我們愛吃的涮羊肉就是少數民族發明的。

實行漢制從強迫各位戴「避雷針」掃大街之後，皇上又讓百姓改漢姓。

孝文帝拓跋宏改成元宏，唐朝大詩人元稹就是鮮卑貴族，皇室後代。步陸狐氏改成陸氏，切忸于氏改成于氏，尉遲氏改成尉氏。包括穆桂英都是鮮卑人，從丘穆陵氏改的穆氏。就這樣鮮卑八大姓都改成了漢姓。

衣服和姓改完之後，皇上下旨官員都得說漢語。

三十歲以上的官員年歲大了，三年內學會漢語，否則這個官別當。三十歲以下的官員你們年輕，半年內學會漢語，禁止講鮮卑語。鮮卑是歷史上那麼牛的一個民族，到現在連土話都不會說了。

## 骨灰級粉絲

還不算完，皇上快成漢室的瘋狂粉絲了，還得跟漢族人通婚，進行人種改良。

皇上先把自己的皇后送進尼姑庵裡，接著從北方漢族四大士族：崔、盧、李、鄭，一家娶一個。李氏立為皇后，崔、盧、鄭家的孩子立妃。完了之後告訴自己所有的兄弟、叔叔們（爺爺可能歲數太大了，不便參與），離婚吧，把鮮卑族元配送進庵裡，崔、盧、李、鄭我給你們找，一家發一個，必須跟漢族通婚，禁止鮮卑族之間通婚。

皇上娶了一個漢族皇后，太子有二分之一漢族血統，太子再娶漢族皇后，再往下鮮卑族的血統以漸近線的方式無限接近於零，最後完全被漢族血統剿滅。

少數民族羨慕漢族往往是首先羨慕漢族的生活，覺得人家住的是樓，穿的是綢，吃的是油，咱們住帳篷，穿獸皮，喝馬奶。不行，必須學漢人奔小康。史學家是很讚賞魏孝文帝改革的，但是你融進了漢族你就沒有了，鮮卑這個民族就滅絕了。

所以漢族人得意揚揚地得出了一個結論：胡虜無百年之運。

少數民族入主中原，你的壽命不會超過一百年。因為你如果不學我，你這麼落後你肯定不超過一百年就完蛋了，比如元朝，那麼野蠻落後，撐到九十年就回草原放羊去了。而你要學我你就變成我了，快馬彎刀我幹不過你，子曰、詩云我是祖宗，清朝就是一個典型的例子。這兩個少數民族王朝正好是兩個對立的例子，不學的九十年完蛋，學了的旗人都不會說滿語。

北魏其實也提供了這麼一個例子，徹底漢化，終至消失。

# 5 江南經濟特區

## 南下大開荒

魏晉南北朝的特點是社會大動蕩，民族大融合。就跟春秋戰國似的，諸侯割據戰爭和民族融合，這是中國歷史上第二個民族融合的高潮，因為越亂的時候越容易融合。

第一點，六朝的時候，江南農業的迅速開發。

六朝，指的是三國孫權建立的東吳，他定都於建業，後來東晉又定都在這個地方（就是今天的南京），為了避晉帝司馬鄴的諱，所以改名為建康。此後代替東晉的宋、齊、梁、陳，總稱六朝，所以南京是六朝故都。唐詩裡「江雨霏霏江草齊，六朝如夢鳥空啼」說的就是這個。

六朝時期江南農業的發展從江東擴展到了整個長江流域。現在只聽說有江西的，沒有江東，其實當時江東就是江南，又叫江左。要站在長江上游往下游看，往入海口看，那就是東。要是站在長江入海口往上游看，那就是江左，是不同角度的同一個地方。長江的開發從吳越爭霸時期就擴展到了整個長江流域，進而波及到了嶺南、兩廣和閩江流域（福建）。

第二點，三吳地區最發達。太湖、洞庭鄱陽湖流域和成都平原是重要的產糧區。

江南經濟開發，使南北經濟趨向平衡，為以後我國經濟重心的逐漸南移打下基礎。原來北方的經濟水平比南方高很多，現在開始平衡，但重心還是在黃河流域。江南在這個時候開始發展，有下面這些原因。

第一是北人南遷帶來了勞動力和先進的技術。漢朝的時候北方人口占全國的百分之八十一點二，南方占百分之十八點八，南方根本就沒有人，開車上街隨便七十碼。關中地區人口占據當時全國總人口的五分之二，就是五分之二的人口集中在陝西。南方生產條件比北方好，氣候比北方好，但是為什麼發展不起來，就因為沒有人。中國歷史上有兩次大規模的衣冠南渡，一次是西晉末年「永嘉之亂」，再有一次是北宋末年「靖康之變」。比如現在為了躲避北方五胡十六國少數民族的戰亂，束髮右衽的漢族就衣冠南渡了，留在北方的全是披髮左衽了。南方勞動力一多，加上北方帶來的先進生產技術，您別刀耕火種了，我教你怎麼種地，發展自然迅速。

第二是民族融合。南方少數民族原來也會種地，但他的方法太落後，咱們教他與漢族融合，這買賣就好幹了。

第三是統治者推行了勸課農桑、獎勵耕織、安撫流民、興修水利的措施。勸課農桑的課就是考察的意思。考察地方官的政績，有三條標準：田野辟、戶口增、賦役平。地開墾得要多，人口要增加，賦稅的份量要讓老百姓能夠承受。當然今天不能用了，田野辟、戶口增和退耕還林、計劃生育對著幹，早撤職了！古代因為是農耕經濟，所以田野辟、戶口增、賦役平可以實施。獎勵耕織、安撫流民、興修水利，南方就發展起來了。

為什麼早不幹這事？

## 環保在北方

中原王朝統治中心是黃河流域，現在是被人打到這兒來的，沒轍了才來開發這個地方。夢寐以求的故都洛陽被人搶了，只好南下來建康白手起家。説一個很不恰當的比喻，假如説今天是中華民國的話，你想台灣能是中國最發達的省份嗎？不可能，它的中心在南京，東南沿海和上海肯定是最發達的，台灣就彎著去吧。現在想開發南京開發不了，南京被解放了，他就只能開發台灣去了。那時候的統治者重視江南也一樣，因為北方被少數民族占了，成北魏的了，只能開發江南。

魏晉南北朝時期，江南得到持續的開發，經濟一直向前發展，北方因為是屢經戰亂，經濟反而在破壞、恢復，破壞、恢復中迴圈。這一時期農耕規模縮小，畜牧業擴展，原因是漢人跑了，少數民族入主中原，所以畜牧業擴展。這也有好處，使得兩漢時過度開墾導致的環境破壞狀況有所緩解。

北方農業總體上是在恢復和發展，主要表現為新農具新技術的出現。曹魏馬鈞發明翻車用於灌溉。跟自行車的原理相似，就像自行車的鏈子，一半在水裡，綁了一堆竹筒，人一踩，鏈條轉動，竹筒就把那個水給弄上來。然後竹筒的水挨個倒到一個槽裡，那個槽延伸到田地裡去，就這樣把水引灌翻過去。它的優點是不但可以用於灌溉，還可以用於排澇，假如地被水淹了，倒過來再弄河裡去。

另外北方還興修水利和開發邊疆，開發了河西走廊和遼東地區。河西走廊就是今天的甘肅，祁連山和昆侖山之間。五胡十六國的時候，很多政權在這兒割據。《天龍八部》裡寫慕容復要復國，慕容氏建的那個國就是在河西走廊和遼東地區。

# 6 魏晉風流

## 魏晉「新浪潮」

魏晉時期的數學很厲害。魏晉劉徽提出計算圓周率的正確方法，南朝祖沖之算出圓周率到小數點後七位，這個成就是個世界之最。另外，著有《綴術》。中國古代的數學充其量就是現在小學高年級，五六年級的水平，因為沒有發明代數學，代數學是從洋人那學來的。

農學上，賈思勰寫了《齊民要術》。它有三個特點，第一個是重農抑商：「捨本逐末，賢者所非。日富歲貧，饑寒之漸，故商賈之事，闕而不錄。」經商做買賣的事兒我不寫，本是農業，末是商業。如果棄農經商，那就是捨本逐末。

第二個是系統地總結了六世紀以前黃河中下游地區農牧業生產經驗。漢族是種地的，怎麼能記載牧業生產經驗呢？因為魏晉南北朝時期民族大融合，少數民族教的。

第三個是現存最早最完整的農書。中國以農立國，從夏朝就開始種地，不能到這個時候，種了三千年地了，才想起來寫一本農書，那不可能，肯定以前就有。所以當然有比《齊民要術》更早的農書，但不完整。比如說東漢的《四民月令》就不完整。

地理學的成就有西晉的裴秀《禹貢地域圖》，北魏的酈道元《水經注》。《水經注》文筆優美，内容實用，後來還被歷代中國畫家當做研究山體脈絡的經典論文用，國畫大師陸儼少就很喜歡《水經注》，這個相當厲害。

文學方面，有《世說新語》，中國最早的八卦雜誌書。但和現在的八卦雜誌不一樣，那狗仔隊除了臉皮和腿腳別的什麼都不行，《世說新語》那套書的文采風度可是卓然超拔，文學思想和史料價值特別高。此外還有代表魏晉風骨的「竹林七賢」，最早裸奔的名人。

# 7 和尚PK道士

## 舶來者居上

魏晉南北朝時期，道教成了為統治階級服務的宗教。

道教原來是民間信仰，多用於給人治病的。老百姓看不起病，教道士給治治，拿一張黃紙畫點兒東西，用火一燒，把紙灰兑石灰水喝了，包治百病。可能有的時候病是心理暗示，自己覺得好就好了，也有時候確實包治百病，因為喝死了。黃巾起義靠的也是道教，五鬥米道。

這種中國傳統的民間宗教到這時被葛洪一改造，變成為統治階級服務的了。原本天下名山僧占多，據説中國今天有好幾億佛教徒，而道教徒統計只有六十多萬，就是説歷來中國古代的道士就幹不過和尚，最後道教基本上就等於佛教化了。道教的這些清規戒律全都是跟佛教學的，包括它的神仙體系。佛教是宗教，道教則更原始信仰一點，它幹不過佛教是有原因的。佛教宣揚人有三世，前世、今生、來世，今生你修行好了，來世能往生極樂，擺脱六道輪迴。而且它容易上手，一個字都不認得沒關係，你只要虔誠念佛，一句阿彌陀佛一天念十萬遍，肯定往生極樂。它的教義非常簡單，大家都能聽懂，什麼都不懂，不懂文化，不懂佛教怎麼回事，沒關係，不用你懂，就念吧！心誠則靈，虔誠念，有前途。

道教則認為，我今生就能成仙，肉身成仙，白日飛升，而且一人得道，雞犬升天，我把我家裡所有人都帶天上去玩兒。它一般通過煉丹來修煉肉身，外煉長生不老的仙丹，內煉人體元丹。外丹是中草藥跟水銀煉的，你吃了丹就氧化汞中毒，煉內丹絕食已經餓得半死不活，再來一水銀球，當然能升天了，多少帝王是吃丹吃死的！秦始皇、漢武帝、雍正，全是吃死的。再說一般老百姓也玩不起煉丹，上哪玩兒水銀去，哪那麼多錢糟踐名貴中草藥。明朝嘉靖皇帝煉丹，光煉丹燃料一年就二十多萬兩銀子，一般老百姓有這魄力嗎？只有貴族才玩兒得起。受眾太小，所以道教幹不過佛教。

尤其在魏晉南北朝時期，佛教為百姓找到了一條精神解脫的道路。你這輩子這麼苦，是因為你上輩子造孽了！所以你這輩子要修行，修行才能消業，才能擺脫六道輪迴。佛是最高級的，佛底下是菩薩，菩薩底下是羅漢，羅漢分成兩類羅漢——緣覺羅漢和聲聞羅漢。緣覺羅漢，因緣際會才能成羅漢。聲聞羅漢，是聽佛講法才有機會能成的羅漢。但甭管聲聞還是緣覺，反正做了羅漢就擺脱六道輪迴，就可以入涅槃。佛教認為有不生不死的狀態，就是涅槃，和咱們認為人除了活著就是死的狀態不一樣。

有人説自然科學是最渺小的東西，它解決不了的東西太多了。而現在最可怕的就是，凡是解決不了的他就不相信。自然科學雖瞭解宇宙的東西，但能瞭解多少？人類望遠鏡能看到最遠的星球距離地球有多遠，宇宙相對來説是無限的。只要他沒看到的他就不相信，一概稱之為偽科學，這個就有點兒太絶對了。自然科學誕生才幾百年的事兒，牛頓、哥白尼才多長時間，他們之前時代的人類怎麼活著的？就靠宗教。

輪迴的六道，指的是天、人、阿修羅、畜生、惡鬼、地獄。玉皇大帝屬於天道，但天也是有壽命的，八萬四千歲、十萬歲，或者兩百萬歲，這個歲數一滿，還是要進入輪迴，天都這樣，人就更加逃脫不了輪迴。天人之後是阿修羅，就是夜叉，哪吒裡面拿著鋼叉的那個夜叉，這天、人、阿修羅三道還算不錯。然後到畜生、惡鬼、地獄，這就慘了，尤其你要一落地獄，那就完蛋了，萬劫不復，再別想代言品牌接拍廣告了。

信佛的目的，說是為了上報四重恩，下濟三途苦。四重恩指父母恩、國土恩、衆生恩、三寶恩。三途苦就是畜生道、餓鬼道和地獄道，指引你走路小心，別墮落進去。所以佛教一跟老百姓宣傳這個，老百姓豁然開朗，我這輩子苦原來是上輩子造孽了。對，我告訴你，你上輩子是個國王，殺的人太多，所以這輩子苦，成了奴隸！你好好修行，來世你還是國王，少殺點人。

這個事兒太好了！原來我上輩子是國王，我想我上輩子多美，我下輩子多美，這輩子我認了。很好的例子是印度，它貧富分化比中國嚴重，但是人家沒見有砸垃圾桶，也沒見偷井蓋的，沒見把公園護欄給掰走的，就因為篤信宗教。雖然印度人不信佛教，信的是印度教，但佛教的教義很多是從它那兒吸收來的。所以多宣傳點兒這個，對於和諧社會多有好處。如果都宣傳無神論，你放心沒有地獄，不要相信那個，舉頭三尺啥都沒有，那我該貪污就貪污，無所謂，反正也沒有天堂地獄，不貪也不上天堂，貪也不下地獄，這就完了。

所以宗教信仰都是教人行善，像五戒：殺、盜、淫、妄、酒，不殺生，不偷盜，不淫邪，不說謊，不飲酒，那社會多好，不就和諧了嗎？若人人篤信，連法律都派不上用場了。除了鄉辦企業不高興，酒賣不出去，別人都挺好。所以宗教一宣傳，老百姓得到一條解脫之路。統治者更高興了，宗教教百姓忍讓，忍讓好，便於管理。統治者一高興，宗教就能廣泛傳播，廣泛到「南朝四百八十寺，多少樓台煙雨中」。

## 修廟賣皇帝

可是什麼事兒都不能幹過了，一過了就會物極必反。佛教的盛行就帶來了一定的危害。

首先，浪費錢財，花錢花得太多了。

中國歷史上一共有四百多個帝王，只有七個皇帝活過了七十歲，其中有四個活過了八十歲。第一個是梁武帝，南朝四百八十寺裡面梁朝的皇帝，人稱菩薩皇帝。他吃素不吃肉，所以從梁武帝開始，中國的僧人就開始不吃肉了。以前的僧人是可以吃肉的，連佛祖釋迦牟尼都是，化緣的時候人家給什麼他就吃什麼。而且人們都認為給肉是最高級的，給肉好。所以南傳佛教，就是東南亞的小乘佛教的僧人是吃肉的，西藏的僧人更吃肉，他不吃肉沒別的吃。日本僧人也吃，吃完了還娶，可以娶媳婦。只有漢傳佛教的中國僧人才不吃肉。梁武帝是菩薩皇帝，三次捨身同泰寺，出家了。大臣一上朝，見皇上已經跑廟裡去了，這玩意兒怎麼整，得請回來啊！請佛容易，請皇上佛可不容易，你得給同泰寺佈施，說穿了就是捐錢。皇上為了修廟，想捐錢，但是皇上自己沒錢，就把自個兒賣了，捨身同泰寺就是這個意思。然後讓大家拿錢去贖，第一次一億，第二次二億，第三次三億。皇上三次捨身同泰寺，同泰寺弄了六個億。這個錢從哪來？老百姓身上。

其次，出家也會影響國家發展。

出家就是無家，無家就無老婆，不能繁育後代。古代要「田野辟，戶口增」，理論上是要增加戶口，但是出家導致的是戶口往下減。打仗沒人了，勞動沒人了，最重要的是，交稅沒人了。出家就不用交稅了，好多農民就是因為躲避賦稅，乾脆出家。如此一來，官府傻眼了，你這不麻煩了嘛！你看吐蕃帝國，我後面會講，唐朝的時候極盛時期六百萬人口，後來佛教盛行，人人出家，一九五〇年才一百萬人，還有十二萬喇嘛，都這麼幹，國家光有版圖沒有可用人口，朝廷吃誰去？「人人棄其親愛，家家絕其嗣繼」，這樣的話，國家就沒法發展了，非但國家不能發展，人種都要滅絕。

再次，寺院經濟發展過度，廣占田宅，侵奪百姓，與官府爭奪勞動力，農民負擔加重。

基於以上三點，有人就起來反佛。

## 出家要適度

問題是怎麼反。不能說你這個佛教不好，因為你跟官府爭奪勞動力，這麼說就沒勁了，得從根本上駁你。得說你的教義就不對，就是邪教。

所以范縝他反佛，實際上就是因為佛教妨礙到了政府的行政，但是我不說原因，我只從教義上駁你。范縝在《神滅論》一書中提出人的精神和形體是統一的，他說肉體和精神的關係，就像是刀刃跟鋒利的關係，沒有刀刃就沒有鋒利，所以沒有肉體就沒有精神。你說得自己再鋒利，如果沒有刀刃，你切個蛋糕試試。他的意思就是說，沒有六道輪迴，什麼都沒有。

因為南朝皇帝篤信佛教，所以當時一堆高僧都跟他辯論，但辯不過他。齊朝的竟陵王蕭子良也跟他辯：你不相信三世因果、六道輪迴，為什麼我生下來是王爺，你生下來是老百姓，這不是前世注定的嗎？我肯定是前世積福，所以我身為帝王，你前世造孽，所以你是百姓，肯定是這樣。

范縝一指庭院當中一株梨樹，開滿梨花，芳香馥鬱，說你看見那株樹沒有？看見那個花沒有？一陣風出來，花都掉了，有的飄進了主人的臥室，主人把它撿起來，放在盛滿清水的器皿裡，讓它繼續散發芳香，這就是王爺您；還有的花吹進茅坑裡去了，這就是范縝我。哪朵兒花進臥室，哪朵兒花進茅坑，這難道是前世注定的，有這個嗎？不是吧！一株上的花，注定什麼注定，純屬巧合而已，風從這邊來，我就進茅坑，要從那邊來，你就進去了。這個沒有什麼前世注定，前世果報。把竟陵王給氣的，都把自個兒比作茅坑了，你能拿人家怎麼著。所以范縝這個傢伙比較厲害，他發展了唯物思想。

接著，北魏太武帝和北周武帝滅佛，這兩個皇帝支援滅佛，都是為了維護自己的統治。中國佛教史上，有「三武一宗」之禍，「三武一宗」指的就是滅佛的皇帝。「三武」是北魏太武帝，北周武帝，唐武宗，一宗是後周世宗。「三武一宗」之所以滅佛，都是因為佛教的發展影響到他的統治。

周武帝為什麼滅佛？「求兵於僧眾之間，取地於塔廟之下」，二百萬出家人都給我還俗，這一還俗增加多少戰鬥力？蓋房子不得用耕地嗎？所以我把你塔廟給拆了，拆了之後不就有了耕地了？周武帝滅齊之後，禁齊境內的佛教。「現成寺廟，出四十千，並賜王公，充為第宅」，把廟都給賣了，四十千錢賣給你。佛教的廟宇都是七殿伽藍，一進去山門天王殿、大雄殿、藏經閣，東西配殿，不是正好一間王府嗎？送給王公當別墅。「五眾釋門，減三百萬，皆復軍民，還歸編戶」，五衆釋門三百萬，該當兵的當兵，該交稅的交稅，還歸編戶。「融擴佛像，焚燒經教，三寶福財，簿錄入官，登即賞賜，分散蕩盡」，廟裡的東西全給分了，佛像給熔了，熔完後銅的可以做錢，鐵的可以做兵器，金的就更好。一般中國古代佛像都是銅像，銅像正好砸了做銅錢，所以他總結滅佛的結果說：「自廢以來，民役稍稀，租調年增，兵師日盛，東平齊國，西定妖戎，國安民樂，豈非有益？」廢佛的好處是民役稍稀，租調年增，兵師日盛，所以我才要滅佛。今天連佛教界的高僧大德，都認為「三武一宗」滅佛是對的，當時佛教鬧得確實有點兒過了。出家就應該修行，不應該搞經濟活動，去買賣皇帝弄個五六億。

你看尤其今天的寺廟，進門燒香吧！燒香就交錢吧！沒帶錢我們這能刷卡。這哪裡像清修之地？還有的被逮住了，你說交一百塊錢吧，就當被收了保護費。但拉住你的假和尚說，這位善人，看你面相你家裡肯定是闔家歡樂，錢財富足，丈夫事業有成兒子學業有成，一般按照這種大好人家至少得捐三百，這個捐出去多少和收穫多少是成正比的。言下之意：我不逼你，你捐一百也行。但你丈夫事業就打個三三折，兒子學業也打折，家庭和睦也打折。你一聽，媽的，為了家庭和諧，捐吧。結果一出門走兩步路又是一個廟，又被拉進去了，五百！

這不是佛的本意，捐錢的心意，本來就是自由從心，任何人不能強迫。這幫偽和尚，你捐完他拿去買新手機。對付他們的辦法就是跟佛面前跪下，一邊拜一邊告訴佛，有人借你名聲來騙錢，對你形象不利，趁早收了他去。

第四章

# 憶昔開元全盛日

## 隋唐

唐王朝，開闊、宏博、多彩，各個民族，各個國家的人，都有在唐朝當官的。突厥人、契丹人、回紇人、朝鮮人、日本人、伊朗人、阿拉伯人，都能在唐朝當官。所以唐太宗一去世，北方各族君長，如喪父母。戳瞎自個兒眼的，拿刀割自個兒臉的，腦袋上點香的，自殺殉葬的什麼樣的都有，無法形容自己心中有多悲痛。由此可見，唐太宗時期的民族關係非常開明。

# 1 隋朝上場熱身

## 姥爺篡孫子

大家注意，接下去我開始説另一個階段，也就是中國歷史上最强盛的時期——隋唐。

今天中華民族五十六個主體民族，最大的民族稱為漢族，海外華人聚居地China Town，叫唐人街，就是説漢唐這兩個朝代的民族，雄漢盛唐，這是中國歷史上最强大的兩個朝代。漢的强大已經見識過了，那麼唐的繁榮是誰給它奠定的基礎呢？隋。

西元五八一年，北周外戚楊堅，改國號隋，年號開皇，都長安。楊堅即隋文帝，隋文帝是北周的外戚。所謂外戚，就是指皇帝的母族和妻族，太后他們家的和皇后他們家的人。楊堅是北周靜帝的姥爺，他廢掉自己的外孫子自立，做皇帝，代周自立。

估計這個北周靜帝的爹北周宣帝，他娶楊堅的閨女可能也是被迫的，外戚篡權都是這樣。王莽也是皇帝的姥爺，他篡了；曹操是皇帝的老丈人，他沒篡，但他兒子曹丕篡了，把自己舅子給廢了，自立當皇帝。和周宣帝一樣，當時漢獻帝娶曹操的閨女也是被迫的，因為原來的皇后被幹掉了。

楊堅在北周封的隋國公，所以他廢立之後定國號隋，年號開皇，都長安。西元五八九年，楊

# 讀者服務卡

您買的書是：＿＿＿＿＿＿＿＿＿＿＿＿＿＿＿＿＿＿＿＿

生日：　　年　　月　　日

學歷：□國中　□高中　□大專　□研究所（含以上）

職業：□學生　□軍警公教　□服務業

□工　□商　□大衆傳播

□SOHO族　□學生　□其他＿＿＿＿＿＿＿＿

購書方式：□門市＿＿＿書店 □網路書店 □親友贈送 □其他＿＿＿

購書原因：□題材吸引　□價格實在　□力挺作者　□設計新穎

□就愛印刻　□其他＿＿＿＿＿＿＿＿＿（可複選）

購買日期：＿＿＿＿年＿＿＿＿月＿＿＿＿日

你從哪裡得知本書：□書店　□報紙　□雜誌　□網路　□親友介紹

□DM傳單　□廣播　□電視　□其他

你對本書的評價：（請填代號　1.非常滿意　2.滿意　3.普通　4.不滿意）

書名＿＿＿ 內容＿＿＿封面設計＿＿＿版面設計＿＿＿

讀完本書後您覺得：

1.□非常喜歡　2.□喜歡　3.□普通　4.□不喜歡　5.□非常不喜歡

您對於本書建議：

感謝您的惠顧，為了提供更好的服務，請填妥各欄資料，將讀者服務卡直接寄回或傳真本社，我們將隨時提供最新的出版、活動等相關訊息。

讀者服務專線：（02）2228-1626　讀者傳真專線：（02）2228-1598

舒讀網「碼」上看

| 廣告回信 |
|---|
| 板橋郵局登記證 |
| 板橋廣字第83號 |
| 免貼郵票 |

235-53

新北市中和區建一路249號8樓

**印刻文學生活雜誌出版有限公司　收**

讀者服務部

姓名：＿＿＿＿＿＿＿＿ 性別：□男 □女

郵遞區號：＿＿＿＿＿＿＿＿

地址：＿＿＿＿＿＿＿＿

電話：（日）＿＿＿＿＿＿＿＿（夜）＿＿＿＿＿＿＿＿

傳真：＿＿＿＿＿＿＿＿

e-mail：＿＿＿＿＿＿＿＿

堅派他的次子晉王楊廣，用水陸五十餘萬大軍滅陳，統一了南北。陳是宋、齊、梁、陳這個南朝最後一個朝代，「南朝天子愛風流，緊守江山不到頭」，所以南朝政權更疊很快，文弱偏安，終致被滅。

## 水到渠成時

隋統一南北的原因，第一是各族的融合。

歷史上，北方想統一南方曾經是有過好幾次。在三國兩晉南北朝時期，最大的一次就是西元三八三年的淝水之戰。十六國當中的前秦，前秦的皇帝苻堅率九十萬大軍南下，準備滅掉東晉，完成國家的統一，結果失敗了。就因為那會兒民族矛盾非常尖銳，南方老百姓不願意被胡人統治。前秦是氐族建立的國家，而這九十多萬大軍裡面主要也是漢族士兵，氐族人口一共才幾十萬，所以漢族士兵把東晉看做是自己的祖國，不願意做偽軍打祖國，因此他們就不肯抵抗，出兵不出力，終於導致戰爭的失敗。

而隋統一的時候，隋和唐這兩個朝代雖然都有鮮卑人的血統，但是南方人已經不把他們看做是異族了，無所謂了，民族已經融合了。北方已經完全漢化，跟中原王朝如出一轍了，所以南人就沒再把隋看做是異族，便宜了楊堅。原因之二，北方農業的恢復與發展，奠定了經濟基礎。北方原來生產力水平就比南方要高，雖然經過戰亂的破壞，但是這個時候它已經積極恢復與發展。說實在的一句老話，兵馬未動，糧草先行，打仗就得打錢，要不然美國能這麼牛嗎？戰爭需要有厚實的經濟基礎。另外有個原因，從北向南打比較容易。中國古代所有的統一戰爭，幾乎都是北方統一南方，唯一的例外是明太祖北伐，但也半途而廢，沒能徹底把北蒙殘元勢力給消滅，所以明一代都受蒙古的騷擾。成吉思汗的子孫一直在做蒙古大汗，直到被皇太極打敗，末代蒙古大汗是林丹汗，從成吉思汗到林丹汗，四百八十二年傳了三十五代，整個北元政權是跟明朝相始終的，最終滅掉北元的是後金，也就是清朝人，不是明朝。甚至連解放戰爭也是從松花江打到海南島，從北面南下的渡江戰役。所以歷史上這些統一戰爭都是自北向南、從上往下打。

因為古代的時候北方經濟發達，打南蠻子方便。後來南方也發展了，但是北方人驍勇善戰，南方人好像文采風流，也是不經打。加上南方的地形是多丘陵，支離破碎，便於割據，不像北方大平原很容易就統一，統一之後形成向心力，集中力量就往外衝，南下掃蕩。

這種種原因使得隋的統一是事半功倍，勢在必得。

# 2 老子英雄兒混蛋

## 勞模隋文帝

得講講隋文帝的雄才大略了，文皇帝。

中國歷史上的皇帝，多半嬪妃一大票。其中數量最多的可能是偽天王洪秀全，一百多個，沒有名字只有編號，今天從零零一睡到零零七，明天從二百三睡到二百五。這些皇帝中，有兩個皇帝沒有嬪妃，隋文帝和明孝宗。

明孝宗沒有嬪妃是因為他做皇子的時候就跟元配張皇后感情非常好，所以一登基就不願意娶了。隋文帝沒有嬪妃是因為太忙，顧不上了，那是真的工作努力，「勤勞思政，每一坐朝，或至日昃」，如果像電視劇裡演的，皇上天天上朝，那就累死了，清朝皇帝是十日一朝。但皇帝每天要處理政務，那是接見軍機大臣，就相當於見班幹部，老師不能天天開班會，一個禮拜開一回就完了。但是老師可能天天要找班幹部，找個別同學談談心什麼的。清朝的時候，上朝不是在宮殿裡面，因為擱不下那麼多人，而是在乾清門，御門聽政。皇上在乾清門的洞裡坐著，大臣是在廣場上待著。零下三十度，皇上抱一個手爐什麼的，穿個貂裘，跟熊貓似的，零上三十度，華蓋罩著，有人打扇子。電視裡演的好玩，都在殿裡面上朝。清朝皇帝處理朝政都在養心殿，那個小屋能擱下幾個人，他見見軍機還行，因為軍機沒幾個人。所以乾隆、雍正、康熙這幾代英主，天天坐朝，整宿整宿不睡覺地處理朝政；觀書達旦，看書看一通宵，第二天不用休息接茬上朝，真來勁！

皇朝上朝的時間特別早，天還沒亮，四點多鍾就得起床，因為晚上睡得也早，八點半或九點肯定就寢了，那會兒沒電腦沒酒店，天黑了就睡。皇帝也是一樣，日出而作，日落而息，四五點鐘摸著黑就起來上朝，這一上朝直接上到日頭偏西，上一整天。

「五品以上，引之論事」，五品以上的官，皇上就叫你來論事。清朝能見君的官是四品，四品以上的官才能面君。京官都是四品，地方官是三品才能面君，五品的知府不行，三品的布政司、按察司才行。隋文帝那會兒是五品以上就能引之論事，可能是因為官少，不像清朝這麼多。

「宿衛之士，傳餐而食」，吃飯的時候皇上跟大家一樣吃盒飯，工作餐。一般皇帝吃飯永遠是吃獨食，不跟任何人一起進餐，避免下毒。比如說今天皇上邀請皇后共進晚餐，兩人不在一個屋，皇上在乾清宮西暖閣，皇后在東暖閣，皇上吃醬肘子不錯，去給皇后送一碗去，皇后一看這個都想吐，還得謝皇上龍恩，根本不吃肉的你也得感謝皇恩浩蕩。隋文帝當時是跟大家一塊蹲地上吃了，你想這個皇上多勤政。而且他的皇后獨孤氏也是一代賢后，就更加促使他整天忙於朝政，勵精圖治。

陳朝的皇帝和隋文帝一比就下去了，極其腐敗。陳後主陳叔寶是中國歷史上有名的亡國之君，「煙籠寒水月籠沙，夜泊秦淮近酒家，商女不知亡國恨，隔江猶唱後庭花」，這《玉樹後庭花》就是陳叔寶愛唱的，成了亡國之音。當隋軍打進陳皇宮的時候，陳叔寶投井，隋軍找不著，

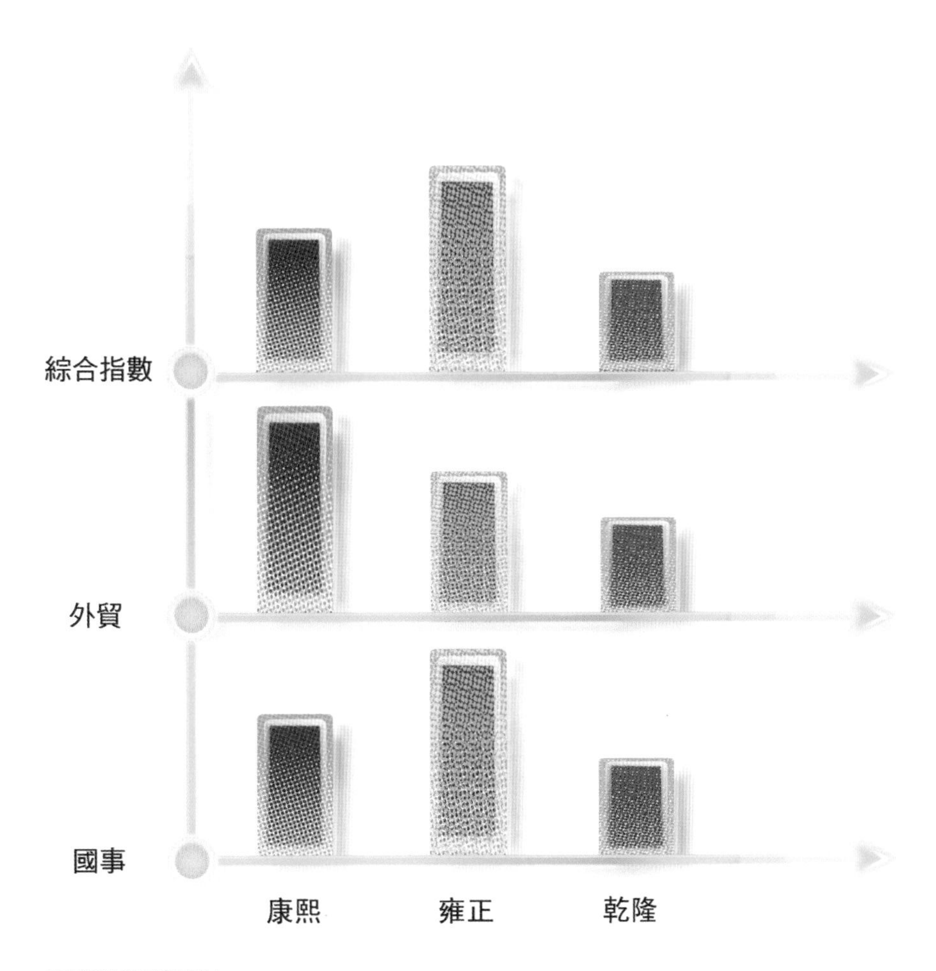


**皇帝勤奮指數對比**

康熙、雍正、乾隆這幾代英王，天天坐朝，處理朝政，整宿不睡覺，看書看一晚上，堪稱歷代皇帝的楷模。

看井裡有聲，隋朝將士說，再不出來扔石頭了。裡面喊，別扔別扔，把我們拽上來，一拽怎麼這麼沈？拽上來一看仨，除了陳叔寶，還有皇后和貴妃，抱一塊兒進去的。楊廣看上那個貴妃了，想給收為己有，結果這個隋軍的主帥韓擒虎，說陳朝滅亡不就是因為這玩意兒，你還想要！一刀給劈了。

## 事兒精楊廣

隋滅陳之後，開始進行建設。

第一，興建兩都。隋文帝營建大興城，不是今天北京南邊那個大興，是長安。隋煬帝營建東京洛陽。隋唐都是兩京，西京長安，東都洛陽。

第二，廣設倉庫。這個倉庫多到什麼程度？有一個隋朝的糧倉叫含嘉倉，考古學家在含嘉倉進行了挖掘，據不完全統計，含嘉倉有兩百五十九個糧窖，其中一個糧窖裡面就發現了碳化的穀子五十萬斤，那二百五十九個可想而知。而且這還不全，不只一個含嘉倉，還有洛口倉、京洛倉等。他修了這麼多的糧倉，可見當時隋朝的糧倉儲備很生猛。

糧食儲備豐富到什麼程度呢？能供天下五六十年。隋朝經歷三十八年就滅亡了，所以到唐朝建國二十年，吃的糧食都是隋朝攢下來的。《文獻通考》上說，古今稱國計之富者莫如隋。從古至今，要說哪個朝代官府最有錢，誰也比不上隋朝，隋朝是典型的藏富於國。

第三，開通運河。

隋煬帝開鑿的，分成永濟渠、通濟渠、邗溝、江南河這麼四段。以洛陽為中心，北通涿郡，南達余杭，是世界上最早最長的大運河，是巴拿馬運河的三十八倍長，蘇伊士運河的二十倍長，時間還比他們早一千三百年。

第四，修築馳道。這個很像秦朝。

結果隋滅亡原因和秦朝也一樣，隋煬帝的暴政導致了隋的滅亡，也是二世而亡。

隋煬帝是個暴君，不是昏君，他幹的那些事兒並非都沒有好處。像運河，這個和秦修的長城一樣大氣磅礴，是中華民族的象徵。但是相比秦始皇修長城，運河的作用要大得多，長城你花這麼多錢，搭進去這麼多條人命，卻擋不住少數民族。運河就不一樣，在二十世紀初津浦鐵路通車以前，運河就是南北交通大動脈。因為中國的河都是從西向東流，往海裡流，而南北地形的交通就不便了，這條大運河的出現正好解決了南北溝通問題，天塹變通途，這是挺好的事兒。但問題是你這些好事不能攢一塊幹，你受得了老百姓受不了。寫兩本一百萬字的小說也得分幾個月，你熬夜一個星期把兩本都幹出來，腦細胞不夠用，人也完了。

所以隋煬帝在位時，三徵高麗，營建東都，嚴刑酷法，事兒實在太多了，沒幾件辦的風光圓滿的。

高麗就是高句麗，中國東北的一個地方政權，也是今天朝鮮北部。它桀驁不馴七百多年了，頭四百年都城在吉林，後三百年在平壤。所以我們說高麗是中國的政權，韓國說是它的政權⋯⋯反正就是沒勁，韓國人什麼都搶！隋煬帝三次打高麗，用了一百多萬大軍，生還了二千七百人，因為那個高麗對付中國、對付隋軍，就跟俄羅斯對付拿破侖和希特勒似的。

天氣晴朗萬里無雲的我不跟你打，我撤、撤、撤，一到冬天我反攻，還沒打你，你自己就凍

**隋文帝和隋煬帝**

雖說「龍生龍，鳳生鳳」，到了隋文帝這邊就成了例外，老子是英雄，兒子是混蛋。

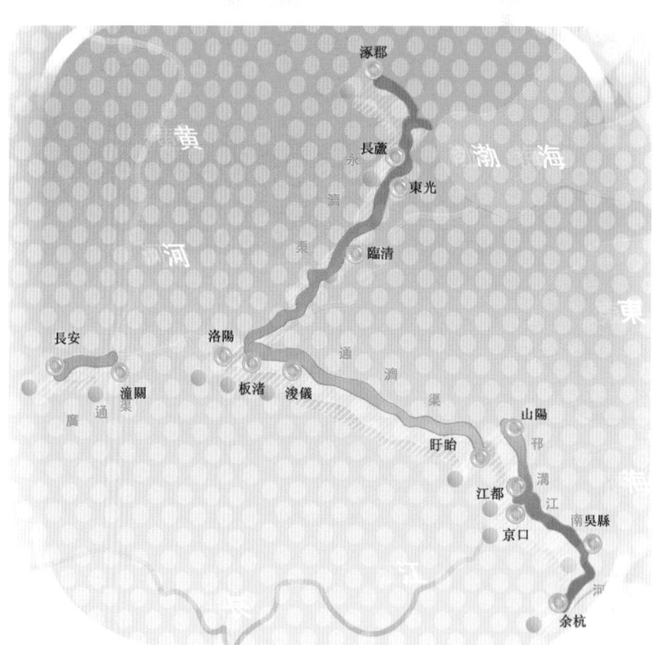


**京杭大運河走勢**

隋煬帝於西元六〇五年至六一〇年，開通了永濟渠、通濟渠、邗溝、江南河這麼四段，連成一條貫穿南北的大運河。全長四五千里，以洛陽為中心，北通涿郡，南通余杭，是世界最早、最長的大運河。

死了。後來為了打高麗，光從路上行兵不行，還得走水路，走水路就需造戰船。工匠整天泡在水裡折騰，腰部以下半個身子腐爛生蛆，就為了造這個戰船。那時候整天在海裡泡著，不下去的話就斬首。

隋煬帝的暴政就是使生產遭到破壞，老百姓忍不了了，農民才起義。

# 3 站在親戚的肩膀上

## 表兄弟之情

西元六一八年隋朝滅亡。

那時候一個叫王薄的農民，做了一首《無向遼東浪死歌》，翻譯成白話文就是別去遼東白白送死歌，發表出來，把農民都煽動起來起義。評書裡什麼瓦崗寨，程咬金秦叔寶，十八路反王，六十四路狼煙，都是被「別去遼東白白送死歌」鼓舞起來的。

最後在江都，就是今天的揚州，禁衛軍嘩變，隋煬帝一看時辰已到，死吧。就從身上解下絹帶遞給部將，讓部將將他勒死了。

隋煬帝在位十八年，十三年待在揚州，他是中國歷史上第一個在南方待的時間很長的皇帝。由於他老在揚州待著，所以有人說他修運河一個重要原因就是想上那玩兒去。不是，說話要負責任，還是溝通南北為主。

隋滅之後，就是唐朝。

唐朝的開國祖宗李淵在晉陽起兵，六一八年稱帝，即唐高祖，國號唐，都長安。李淵是隋煬帝的表弟，他們倆的母親是親姐倆，獨孤氏，所以他們倆等於是姨表親。李淵當時是唐國公，晉陽留守。

他一開始起兵攻進關中長安後，曾立隋煬帝的孫子為皇帝，這就是隋恭帝，遙尊隋煬帝為太上皇，然後他攝政。所以這樣一來的話，李淵起兵的理就有了，因為隋唐兩朝是表親。後來他表哥隋煬帝被殺了，李淵還給他表哥發喪，隆重安葬，然後按叛變罪處理了殺死隋煬帝的那些人。

## 親兄弟之變

西元六二六年，李世民即位，即唐太宗。

李世民即位的過程是很慘烈的，雖然慘烈但也乾淨利落。那就是歷史上著名的玄武門之變。玄武門之變時李世民把他哥哥太子李建成，弟弟齊王李元吉全都做掉，逼著老爹退位，動作雷厲風行。然後他還篡改史書，現在那歷史書一寫到李建成，李元吉，就是倆混蛋、花花公子。倆花花公子怎麼可能取得這麼高的戰功，一琢磨就是胡說。因為史書被李世民給改了，就沒法看了。

而且一般來說，皇帝說的每一句話，都有史官給記錄下來的。那會兒雖然沒有錄影，但是史官在朝廷上，皇上說的每一句話他都現場記錄，成為皇帝的實錄。皇帝本人應該不能看這個實錄的，明清的時候夠專制了吧，明清的皇帝都不看實錄，因為實錄就是他每一句話，尤其在朝廷上跟大臣講的每一句話（跟妃子說的不能寫）。實錄不能改，可李世民他就看，不但看還改，這句話說得不合適，你給我刪了，你不刪的話，弄死你。

不過，甭管李世民即位的手段多野蠻、殘酷、血腥，多麼令人不寒而慄，但是他在這個歷史上貢獻很大。

隋煬帝是唐太宗的表大爺，不但是他大爺，還是他岳父，唐太宗有一個妃子就是隋煬帝的女兒。等於說唐太宗是親眼看到他大爺兼岳父是怎麼滅亡的，親眼見他怎麼身死國滅。所以唐太宗吸取隋亡教訓，强調存百姓。

於是，這麼厲害的一個隋朝，中國歷史上第二次的大一統，結果也是三十八年，二世而亡，跟秦朝有一拼。秦朝十五年，隋朝從統一到滅亡也才三十八年。

# 4 太陽再次升起

## 民為邦之本

唐太宗眼見大爺被消滅，知道是因為遭到了百姓的拋棄，秦朝、隋朝太不拿老百姓當回事兒了才會超快速滅亡，所以他强調要存百姓。

史籍記載，貞觀五六年的時候，「天下大稔，米斗不過三四錢」，一斗米是十升，才三四文銅錢，那就是糧食太賤了。表示農業生產發展得很好，有的是錢。

「流散者咸歸鄉里」，原來打仗逃離的人全回來了。

「歲斷死刑二十九人」，一年判死刑二十九個。中國古代判死刑必須得皇上本人批准，而且大臣要求情三次，表示慎殺，不能隨便殺人。一年才殺二十九個人，那證明社會治安好。

「九州道路無豺虎」，行旅自長安越海表，你從長安出發到廣州，不帶糧食，當然也不用帶錢。「取給於道路焉」，你走到哪兒就吃到哪兒，因為誰家都很富裕，都熱情地招待你，糧食吃不了餵豬還不如餵你！出門也不用鎖門，外戶不閉，家家都富，我偷你幹什麼。這簡直就和共產主義差不多。

唐太宗的政績，政治方面，一是知人善任，虛懷納諫。

知人善任是唐太宗的一大優點。他認為為政之要，惟在得人。這個人指的是人才，一般老百姓叫民，民為邦本，本固邦寧，人和民不一樣。他的這個覺悟，使得朝裡朝外冒出一大批的人才。

賢相有房玄齡、杜如晦。哥倆一個多謀一個善斷，有房謀杜斷之稱。名將有李靖、李勣。李靖就是托塔李天王，哪吒他爹。中國古代十大兵書裡面，有一個《李衛公問對》，衛國公說的就是他。他曾以三千鐵騎大破東突厥於陰山，俘東突厥頡利可汗。李勣，就是評書裡講的徐懋功。八十歲高齡掛帥，滅高句麗，破吐谷渾，所以這兩位名將不得了。

經濟方面：輕徭薄賦，勸課農桑，興修水利，戒奢從簡。

長孫皇后帶頭，衣不錦繡，裙不曳地。穿衣服不穿繡花的，也不穿錦緞的，而且當時沒有棉，穿的是麻布。為了節省布料，裙子做得超短，不能拖地。皇后這個樣，嬪妃能越得過皇后去嗎？一個比一個短吧！那文武百官能越過嬪妃去嗎？太省錢了。

文化方面：興科舉，以儒為師，大辦學校。

唐太宗在位時，政治清明、社會穩定、經濟發展、國力增強、百姓生活改善，史稱「貞觀之治」。

## 臣為君之鏡

唐太宗最大的優點是虛懷納諫。

唐太宗的諫臣是魏徵。魏徵本是太子李建成的舊臣，魏徵當時老跟太子說，要把秦王李世民幹掉，秦王有異志，早晚必圖之。你幹掉他，不然他會坐大，會發達。結果太子不聽，顧及手足之情，於是被弟弟秦王幹掉了。然後秦王就把魏徵抓來，你看都賴你吧，你小子挑撥離間，你想怎麼死，自己挑一樣死法吧！魏徵說，你要是用我的話，我能像忠於太子那樣忠於你。李世民覺得這個主意不錯，那你就給我提意見吧！

結果魏徵給皇上提意見到什麼程度？庭爭面折，當庭跟皇上爭，撅皇上面子，氣得皇上一抖袖子，不玩了，散朝。那會兒君臣坐而論道，皇上在台上坐著，大臣在底下坐著，坐得很不舒服，因為屁股壓在腳後跟上，實際上跟跪著差不多。皇上不爽了轉身就走，魏徵就一下子站起來衝到台階上，一把拽住皇上袖子，你別走，咱們還沒說完呢！皇上說，鄉巴佬，你等著，我宰了你，你信不信，我宰了你。

他是農民起義出身，所以皇上罵他鄉巴佬。你聽有些評書裡胡說八道，中國古代總推出午門斬首，午門是殺人的地方嗎？明朝在西四，清朝在菜市口，哪能動不動去午門斬首。除了明朝那些王八蛋皇帝，流氓建立的朝代，中國歷史上最黑暗、血腥、恐怖的王朝之外，別的朝代哪能隨便打罵大臣，皇帝是不能殺大臣也不能打大臣的，尤其有修養的皇帝。野皇上難說，開國老粗皇上趙匡胤經常打大臣，一般不能幹這事兒。所以唐太宗罵完鄉巴佬之後也只能回到宮裡去生氣。一邊生氣一邊說，這個鄉巴佬，非宰了他不可。

賢后長孫皇后問你跟誰生這麼大氣？皇上說，魏徵，他揪著我袖子，我不宰了他行嗎？然後皇后讓皇上擱那生氣，讓女官侍候皇上。皇后回到後宮，帶著嬪妃就出來了，穿著上朝的大禮服。皇上特奇怪，怎麼了？今天祭祖啊？皇后說，我向陛下道賀。皇上說我有什麼可賀的？皇后說，主明臣直。魏徵這麼直，因為你是明君聖主。隋煬帝時誰敢這樣，別說抓袖子，抓鞋帶就早宰了，所以為陛下道賀。再說，兼聽則明，偏聽則暗，皇上本來就不容易聽進不同意見。大家都拍你馬屁，不敢說真話，只有魏徵這樣的人說真話，簡直是朝廷社稷之福啊！

唐太宗一看，還是我們家政委覺悟高，於是唐太宗就重用魏徵了，封到正二品御史中丞，專門負責監察，給皇上提意見，跟他結成兒女親家，公主嫁給他兒子，兒子最後也升到二品。後來是魏徵提意見就更來勁了，一生提了兩百多條意見。皇上玩兒鳥，沒見過外國進貢的麻雀，叫鷂鷹，正玩兒呢！魏徵來進宮奏事兒，皇上一看，他看見我玩鳥的話，肯定得說我玩物喪志，就塞懷裡了。結果魏徵看見皇上玩鳥，不能讓他玩物喪志啊，要對君主負責任，所以他就在這沒完沒了地說。皇上好不容易把他打發走，鳥也悶死了。

等魏徵病重了，皇上過府探望，拉著他的手依依不捨，你可不能死。但是天不假年，魏徵五十多歲就死了。唐太宗感慨說：「以銅為鏡，可以正衣冠；以史為鏡，可以知興替；以人為鏡，可以明得失。朕常保此三鏡，以防己過。今魏子殂逝，朕遂亡一鏡矣。」魏先生一死，少了一面好鏡子。

## 子為父之患

太宗皇帝在位二十多年後病死，他死之後是高宗李治繼位。這個高宗真的很高，血壓高，經常頭暈目眩，他的高血壓是讓他爸給嚇的，這個驚嚇的過程有具體的來龍去脈。

當時太宗的五兒子李佑，和太宗那個倒楣弟弟李元吉一樣被封齊王，所以也不知道是他找倒楣還是倒楣找到他，有一天（貞觀十七年）李佑就夥同一幫古惑仔造反了，反自己的爹。李世民那麼猛，哪能被自己的兒子反，立馬就鎮壓了。本來事兒過去了，但在審問叛逆的過程中，牽扯到了太子李承乾，順藤摸瓜之下發現太子也在謀反。

李承乾是長孫後所生的嫡長子，兩歲的時候就被立為太子，而太宗皇帝當時才二十多歲，春秋正盛。太子越長越大，心裡就著急，我都發育了，皇上還身體倍兒棒，我太子就是儲君，你老不死的話，我儲到什麼時候當皇上。自力更生吧，我幫你死！於是太子就在宮裡面找一幫巫師，先跟那兒集體扎針，然後密謀造反。

太宗皇帝派人調查屬實後，就把李承乾廢為庶人，幽禁起來。於是就剩下濮恭王李泰和晉王李治。

按照感情，太宗應該立李泰為太子，因為這小子特別聰明，才華橫溢，是塊當皇帝的好料，而李治是個溫吞鬼，什麼事都不出跳。可是恰恰因為這個原因，最後李治被立為太子。太宗是意思是，如果李泰當太子，這小子有乃父之風，跟老子太像了，估計一登基為了了卻後患，立馬會殺了李承乾和李治，這種殺兄害弟的買賣在建國之初可以幹幹，太平年代幹多了肯定不好。而李治即位後，雖沒有李泰能幹，卻絕不至於害死李承乾和李泰。為了社稷，太宗就把自己最喜歡的孩子李泰也幽禁了。

這樣一來的話，長孫后生的兒子就剩下晉王李治，長孫后三十八歲就病死了，當時李治才十八歲，嫡子就剩他一個，剩下都是庶出。所以皇上說該你當太子了，派人來傳旨，準備冊立他為東宮太子，免冠磕頭。李治一看，不幹不幹，誰愛幹誰幹，我不幹，嚇得哭昏過去了。

李治太怕他爸爸了，他爸爸多狠，殺哥哥宰弟弟，滿門抄斬，逼老退位，把倆兒子（不管喜歡的還是不喜歡的）都幽禁起來。然後現在輪到他了，他害怕，所以每次看到太宗就能嚇得說不出話來。太宗就更恨他，一個窩囊廢，半點不像我。

## 妻為夫之綱

李治最後就落下這麼一個病根，不能理政。不能理政就只好讓武則天掌權。武則天本是先帝的才人，十四歲入宮，這個丫頭特別倔，皇上不喜歡她，結果太宗晚年病重，武則天侍候的時候，正好李治前來問安。既然太子前來問安，武則天就打蛇隨棍上，傍上太子了。論輩分武則天是太子的媽，論歲數比太子小四歲，想來想去還是論年齡吧，論輩分不方便勾搭，論年齡就勾搭上了。太宗皇帝駕崩後，按照中國古代的禮法，明朝以前凡是先帝駕崩，不能生育的嬪妃一律殉葬，武則天也應該勒死殉葬的。

但是皇上不捨得，就給她弄到感業寺出家，暫時避避風頭，後來給接回來。當然後來是皇后給她接回來的，皇后要對付蕭淑妃，利用武則天來爭寵，只不過武則天一得寵，淑妃就完蛋了，皇后也完蛋了。武則天把自己親生的公主掐死，嫁禍於皇后，皇帝哪知道這女人能這麼「大義滅親」，當然上當，把皇后廢了，立她當了皇后。

武則天當上皇后，李治哪是她的對手，一下就掌權，然後就稱帝，改國號為周，滅了唐朝。就這樣，她成為我國歷史上唯一的女皇帝。

武則天一共生了四個兒子，給逼死了倆，後面那兩個，就是中宗李顯和睿宗李旦。過去史學家罵她牝雞司晨，母雞打鳴，就是說她女人稱帝是母雞學公雞叫，而且心狠手辣，掐死親生女兒，逼死兩個兒子。甚至，中宗李顯和睿宗李旦當了皇帝之後，也很快就被廢了，特別是中宗李顯，被廢為廬陵王，貶到江西。

李顯他們家房梁上永遠懸掛著一根繩，隨時準備上吊。只要長安一有宮使來傳旨，他第一個反應就是我媽讓我死，我上吊吧！幸虧他的王妃韋氏，說你先等會兒別著急。您先聽聽，萬一賞你麥當勞，你急著上吊不是虧了啊。

有人還說武則天穢亂宮廷，生活作風也不好，但是這些都是小節，關鍵是她心狠手辣，可是他有李世民狠嗎？她生活作風不好，皇上有生活作風好的嗎？武則天雖不是一夫一妻，但比洪秀全強多了。論帝王功過，關鍵還是看她在歷史上幹了哪些事兒。

女皇帝武則天的統治，是有利於社會的進步，國家的發展，她發展農業生產，破格用人，發展科舉制度，使社會經濟繼續發展，國力不斷上升，因此綜合看來她應該被肯定！有人說武則天的統治「政啟開元，治宏貞觀」，開元是唐玄宗的年號，那也就是說，他認為武則天在太宗、玄宗之間是一個承上啓下的人物，她的統治有貞觀遺風。武則天死了以後，並不是以帝禮下葬，而是以皇后禮，與唐高宗合葬於乾陵。而且她本來是皇帝，「越古金輪則天大聖皇帝」，則天是她的尊號，但她最後下葬還是以皇后禮下葬。她在位十五年後，讓自己的兒子繼位，李唐皇室又恢復了。

武則天死後給自己立了一個無字碑，她立無字碑的原因是知道自己是一個爭議性人物，所以千秋功罪，任人評說。我不評論我自己，我把自個兒吹得很好，後人把我碑給磨了，多沒勁。後

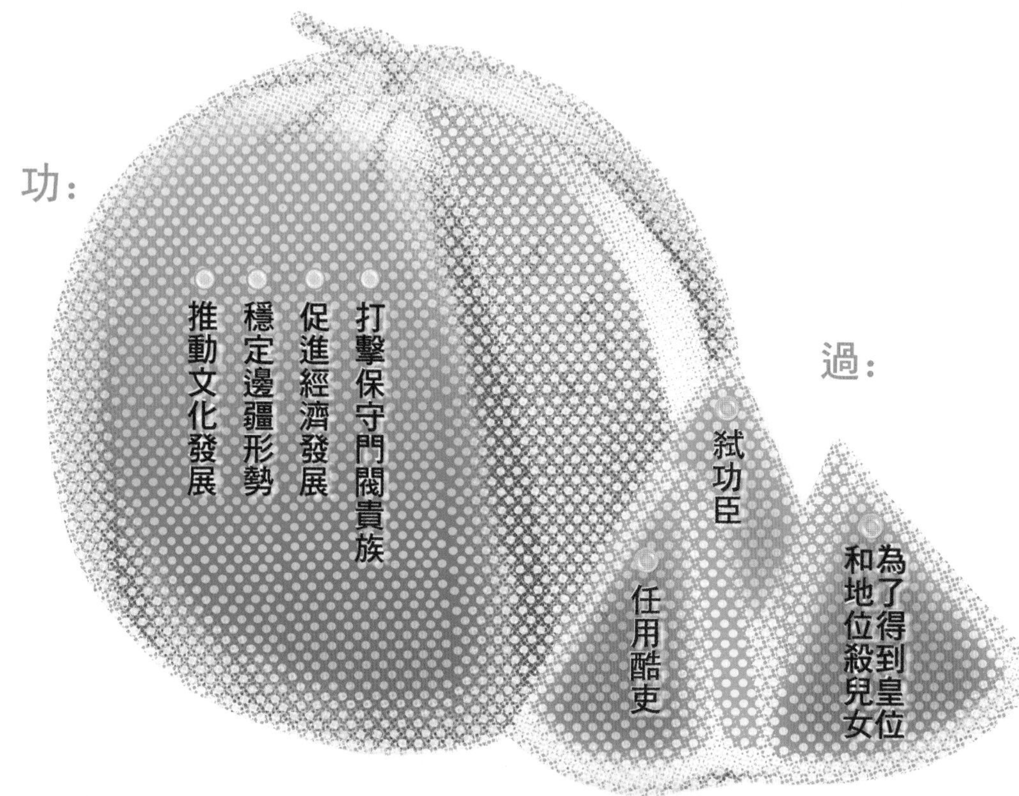


**武則天功過對比**

在古代，「唯女子與小人難養也」的人文環境下，女人很難參與社會政治生活。而武則天不得不說是個奇女子，她凌駕於所有男人之上，政啓開元，治宏貞觀，並對中國歷史的進程有重大影響，即便與有作為的男性君主相比也毫不遜色。

人去評說吧。事實證明她很明智，現在無字碑頭鐫字滿，上面已經刻滿了歷朝歷代的到此一遊，且以本朝最多。

## 明皇咬蟲皇

武則天去世後，他的兒子中宗李顯二次即位（曾被廢）。中宗李顯在位的時候，韋皇后和安樂公主專權亂政，臨淄王李隆基起兵誅滅韋氏一黨，然後讓自己的父親繼位，他的父親就是睿宗李旦，是武則天最小的兒子。睿宗在位之時武則天的女兒太平公主又作亂，想仿效她的母親稱女皇，李隆基起兵又把他的姑姑給幹掉了，充分體現了他的治國之才。

西元七一二年，李旦頒詔，讓位給皇太子李隆基，李隆基繼位就是唐玄宗，又稱唐明皇。

唐玄宗即位後需要治國之才，他就找來了姚崇做丞相。姚崇說別忙，我有十條建議，你要聽我的，我做；你不聽，我閃。玄宗說你且講來。

姚崇的十條很厲害，一是廢苛法，施仁政。對百姓要好。

二是十年之內不與邊境作戰。因為之前被吐蕃打得夠嗆。

三是宦官不得幹政。

四是皇室宗親不能任高官。這兩條都是針對之前宦官亂政，親戚內耗亂打架亂謀反的歷史教訓提出來的。

五是親近之臣犯法，要依法治罪。某個親信寵臣犯了罪，一樣要依法幹掉，不能因為他陪你打乒乓球打得好，就妄縱他。

六是除了租、庸、調等賦稅外，其他一切額外徵收都須取消。

七是禁止建造寺觀宮殿，那玩意兒太勞民傷財。這兩條也是為百姓計。

八是對臣下以禮相待。

九是允許群臣實話實說，哪怕是批評類諫言也要容忍。

十是嚴禁外戚幹政。

只要這十條您都能聽，我就當丞相，要不然拜拜。

唐玄宗說行啊，你這十條不都是丞相應該提的嗎？你這不是提前上位了嗎？來吧來吧我都答應，明天來上班。

在姚崇的幫助下，唐玄宗開始勵精圖治。他選賢任能，改革吏治，親自考核縣令。唐朝得有多少個縣，一天考一個縣令，都得一千多天，可見皇上進賢退不肖的決心。然後他發展生產、限制佛教、實行募兵制、大興文治。好皇帝該幹的他全都幹了。

有一年天下鬧蝗災，大臣跟皇上說，蒼天示警，皇上您得沐浴更衣，齋戒請罪。皇上說蝗蟲是我的味兒招來的嗎？跟我洗不洗澡有什麼關係？所以到地裡看看去，打蝗蟲去，到地裡一看沒法打。結果皇上拿起一隻蝗蟲，擱嘴裡給嚼了，活的，腿還動呢！說：「爾食朕百姓五穀，如食朕之肺腑。」你吃老百姓的莊稼，就跟吃我心肝肺似的，你吃我，我先吃你，啐，給嚼了。文武百官也好，黎民百姓也好，見到這一幕，感動得鼻涕都出來了。都來這個吧，高蛋白嘛！所以雖然鬧蝗災，但沒有人去反抗朝廷。

唐玄宗統治前期，政治清明，國家強盛，經濟空前繁榮。史稱「開元之治」或「開元盛世」。「開元之治」比起「貞觀之治」來，經濟上更繁榮。杜甫說：「憶昔開元全盛日，小邑猶藏萬家室。」隨便一個小城都有一萬多戶人。「公私倉廩俱豐實」，公家和私人的倉庫全豐實。看隋朝富吧！但是它是官府有錢，老百姓沒錢，藏富於國。開元之治則是藏富於民，對社會的發展來說，比藏富於國更有好處。再加上有一套完整的稅收制度，大家就齊快活了。

中國古代很少有哪一朝能做到這一點，它要麼就是藏富於國，像隋朝，很快就滅亡了；要麼就藏富於民，像北宋，但是缺乏合理稅收，下面人有錢收不上來，國家則積貧積弱。宋朝的GDP占當時世界百分之八十，可惜錢都在底下這些大官手裡，不在國家手裡，也完蛋。只有唐朝的時候，是公倉私廩俱豐實，老百姓也有錢，國家也有錢，國力空前強盛。

# 5 老板很靠譜，員工很得力

## 三省削相權

隋文帝在中央確立了三省六部制，即皇帝下設三省，中書省、尚書省和門下省。中書省負責起草政令，門下省負責審核政令，尚書省負責執行。負責起草政令的，負責執行政令的，負責審核的，這個叫做三省。在尚書省之下，設立了六部：吏、戶、禮、兵、刑、工。

六部職能各不相同，吏部負責官吏的考核任免，相當於我們今天的人事部、組織部。戶部負責戶口和財稅，相當於民政部跟財政部加上國家稅務總局，類似於這種機構。這六部裡邊最肥的就是戶部，和珅能那麼貪污，就是因為他做了二十多年的戶部尚書。

六部尚書理論上講是吏部尚書最大，因為它管官嘛！但是實際上在清朝的時候，按照六部尚書晉升的順序，最後做到戶部尚書才是最牛的，戶部要調任吏部，則有點兒降官的感覺。你由計生委調到發改委那不得了，你管計劃生育的，跟管國家經濟的那能一樣嗎？咱們國務院的機構改革，部委的排序絕對不是按照姓氏筆畫，而是按照重要程度排序的。第一個是外交部，第二個國防部，這麼排，幹麼不把我計劃生育委員會排第一，不可能！

禮部是管禮儀和教育，甚至還承擔一部分外交的職能。兵部是管軍政，包括武將的考核任免，軍政就是軍隊的招募這些東西。刑部是管刑法，司法刑獄。工部是管建設。這就是具體的三省六部制，由隋文帝開創，唐朝的時候完善。比如說，戶部原來叫民部，為了避李世民的諱改叫戶部。

三省的分工，使相權一分為三，削弱了相權，加强了皇權。世界史裡面有三權分立，人家那個三權分立分的是皇權，總統的權，最高統治者的權，咱們這個分權則是分相權，一者為了削弱獨裁，一者為了加强獨裁。因為相權對皇權的威脅太大了，比如秦漢時期的丞相，權力就非常大，有封駁諫爭之權，什麼叫封駁諫爭呢？皇帝的聖旨、草擬的政令，需要丞相的批准，如果丞相覺得不妥，那不批准，封起來，駁回去，把自己的意見寫在後面，照我這個改，這和報社編輯審稿似的，有權修改或槍斃稿子。然後皇帝跟丞相兩個人春遊，在外面碰上了，都要下車互相行禮，尤其是拜相的時候，宰相行禮，皇上還禮。宰相每次行完禮，皇上都要還禮。所以當時是君臣共治天下。

建立漢朝，誰的功勞最大？蕭何的功勞最大。劉邦是一個痞子，無賴出身，出道的時候什麼也不會。也不知道這幫人幹麼保著他，他自己說，我這個人什麼都不會，「連百萬之軍，戰必勝，攻必克，吾不如韓信；運籌帷幄之中，決勝千里之外，吾不如張良；安撫百姓，運送糧餉，吾不如蕭何」，但是這三人都聽我，所以我得天下。

但是，沒有蕭何，張良、韓信管什麼用？打仗就是打錢，蕭何安撫百姓，安撫後方，又給前線送糧食，把整個國家大局把握得井井有條，他的功勞是最大的。

所以蕭何拜相，皇帝賜他三項特權：「見君不趨，稱臣不名，劍履上殿。」

見君不趨：以前皇上擱那坐著呢，你進來你得跑，小跑過去才算對皇上顯示出敬重。但蕭何可以大搖大擺，爺來了。

稱臣不名：在中國古代，你叫人家的名，跟罵人一樣，只能叫他的字。你看咱們這些電視劇裡，叫譚嗣同，嗣同兄……嗣同兄非抽你不可。你這麼叫，你挖人祖墳不是？《走向共和》裡李鴻章那麼大歲數，見了梁啓超，也是卓如啊！而不是啓超啊。馬超給蜀國皇帝上書，孟德殺我全家百餘口，他殺了你一百多口，你還得叫他孟德，要不然證明你這個人沒文化。公瑾如何如何，孔明如何如何，你不能說諸葛亮怎麼著，周瑜怎麼著，那不行。名是自稱，別人不能叫，只有皇帝是可以叫你名的，並且參見皇帝也必須要自報其名的。而蕭何見駕皇帝可以不報，只要說臣見駕就完了，不用說臣蕭何見駕。這也是特權之一。

劍履上殿：你可以穿著鞋，帶著寶劍上殿。因為那會兒都坐地下，進門都應該脱鞋的。

以後宰相一牛，皇上都賜這三個特權，所以丞相的權力太大。

丞相的屬官叫十三曹，相當於國務院辦公廳。這十三曹是國家的正式機構，主官秩千石，是國家給發工資的，跟縣令是同級的。

皇帝的屬官是尚書台。尚書，顧名思義可能就是原來給皇上管文書檔案的，相當於皇上的秘書，尚書台主官秩六百石，比十三曹少四百。等於皇帝的屬官比宰相的屬官級別還低，不但低，還不是國家給發工資，是皇上自己掏腰包，你要不掏，你就甭雇他。

一個是國務院辦公廳，一個是總統私人助理，你這個身份跟人家沒法比。如此看來，還是表明相權之大。

所以皇上怎麼來削弱相權呢？我就有什麼事兒都跟這些尚書們商量，尚書台設立尚書，門下省設立侍中。這些人品級雖然低，但是整天跟皇上泡在一起，地位是非常重要的。發展到了東漢的時候，丞相基本上就成了一個虛銜兒了，真正掌實權的人，必然要加這麼個銜兒——大將軍錄尚書事，大將軍掌握武將，錄尚書事管文官，基本上都這樣。

但是這個大將軍錄尚書事還是一個人。它雖然不叫丞相了，實力卻相當於一個丞相，對皇權還是構成了威脅。那個時候君臣共治天下，丞相跟皇帝，誰的權力更大，完全靠兩個人的個性，要是秦皇漢武時期，肯定是皇權大，你要趕上個皇上窩窩囊囊，又愛玩兒什麼的，又不理朝政，那就大權旁落。所以在隋朝以前，權臣篡位的事兒，史不絕書，多有記載。往往做了丞相就有機會篡位，曹操做了丞相吧，基本上等於篡位了，他兒子幫他完成了這個舉動。接著曹魏幾十年之後，被丞相司馬氏篡了。尤其在魏晉南北朝亂世的時候，你要是做了丞相還不篡位的話，老百姓都替你著急。

隋文帝楊堅也是做了丞相後，篡了北周的位，所以他一當皇帝，就怕這種事兒發生在子孫身上，為了大隋江山千秋萬代，怎麼辦呢？削弱相權。

名義上把相權削弱，說是一分為三，實際上不止。三省的正副長官都是丞相，都入政事堂。而只要可以入政事堂議事的官，實際上就相當於丞相。三省的正副長官大致是這些：中書、尚書兩省的長官叫令，副長官叫僕射。中書令、尚書令、中書左僕射、中書右僕射、尚書左僕射、尚書右僕射。然後門下省的長官叫侍中，副長官叫侍郎。六部的長官叫尚書，副長官也叫侍郎，分左右，兵部左侍郎，兵部右侍郎。所以這樣一來的話，三省的正副長官都是丞相，三三得九，一人之權瓜分為九。當然並不是每一個皇帝在位的時候，都有那麼全的官制，比如李世民做秦王的時候，就當過尚書令，所以等李世民繼位之後，唐代就不再設立尚書令了，因為當年太宗皇帝做過這個職務，你們誰再配做這個？就此取消。

## 宰相一籮筐

無論如何，宰相一般也得有六七個、七八個。到了唐朝中宗、武則天之後開始，皇帝設立了一個職務，叫同中書門下三品。這個職務是個臨時性的職務，不管你現在是幾品官，只要給你加上這個銜兒，你就相當於宰相。皇上若要提拔你，給你加這個銜，入政事堂議事，你就相當於宰相了。如此說來，宰相就由固定的變成了臨時的。它的好處是，正式任命的宰相如果要罷免，是有一套嚴格程式的，現在這個是臨時宰相，皇上能把這個臨時工說撤就撤。

比如說國家公務員晉升應該是逐級晉升。科長、副處長、正處長、副局長、正局長、副部長、正部長，應該這樣有序晉升。但是後來你別晉升了，我給你加一個銜兒就完了。假如你現在是處長，我給你加一個同中書門下三品，你就一下子相當於副總理了。優點就是哪天我看不上你，我把這個銜兒一摘，你就又回去接著當你的處長去，特方便吧。所以以後，既然設立了同中書門下三品，這三省的長官就變成了虛銜。甚至不設。

中書令該退休的時候，本來要選一個新的，現在就不選，就空著不設。即使設了，也都是給那種還有兩年就快死的老臣，讓他榮譽一下。一把年紀了也不入政事堂議事，也議不了事，連自己姓什麼都忘了，老到那個分兒上的，給你個中書令、太師中書令，位高權不重。真正掌權的，是同中書門下三品這幫臨時替換，來去全由皇帝秉斷的人。

中國古代的官員一二品穿紫袍。《紅樓夢》裡說：「昨嫌破襖寒，今嫌紫蟒長。」然後三四五品是紅袍，六七品官是藍袍，也就是青袍（江州司馬青衫濕），八九品的官就是綠袍了。所以中國有一個成語，形容一家全是當大官的就說他們家滿門朱紫，除了紅的就是紫的。現在所說的紅得發紫，意思也大致相同。

這樣的話，充當臨時丞相的如果是小官，是青衫的，給你加個同中書門下三品的銜，你只要換個顏色的官服穿就是了，只換件衣服，從青衫變成紫紅的就完了。等什麼時候皇上不待見你了，這個銜兒一扒，你還回去穿你處長的官服去，紅袍的還是紫袍的給脫下來，換青的上去。說了這麼多，就為了說明隋唐時期皇帝想出來的削弱相權的辦法，它不但將相權一分為三，更關鍵的是後來把丞相之職演變成了臨時工，成了皇上的雜工仔。中國古代就是從這個時候開始，宰相由一個變成一窩，由獨相發展到群相。

## 英雄盡白頭

孔子提倡素質教育，現在我們也提倡素質教育，中間這上千年的應試教育是怎麼來的，就是從隋唐開始。

當時隨著士族門閥的衰落和庶族地主的興起，魏晉以來注重門第的九品中正制無法繼續，再靠士族地主壟斷官職，這個已經是不行了。所以隋文帝開始想別的招兒，開科舉士。隋文帝廢九品中正，開始分科考試，隋煬帝始建進士科，科舉制形成，從隋煬帝開始，整整一千三百年，一直到西元一九〇五年，光緒三十一年才廢止科舉考試。科舉制雖然廢止，但這一千多年的卷子已經把中國知識份子考習慣了，所以現在的學生做卷子做得腦袋大是因為隋朝的時候被擺了一道。

雖然說紙上得來終覺淺，但當時這個制度還是十分客觀有效的。

唐朝貞觀時，以進士明經兩科為主。武則天創武舉和殿試，不光文的可以科舉了，武的也可以。另外還開創了殿試，就是皇上親自考你。明清兩朝，殿試都是在紫禁城的保和殿舉行，像康雍乾這三代聖主，基本上都是皇帝自己出題，自己監考。

開元年間則是高官主持考試。電視劇《宰相劉羅鍋》一演就老是和珅去主持考試，和珅相當於宰相。這樣一來，科舉制經過文帝、煬帝、太宗、武則天、玄宗幾代皇帝，逐漸就形成了，它的形成在中國歷史上是一件非常大的事兒。

科舉制形成的作用有這麼些個。第一，衝破世家大族壟斷仕途的局面，王、謝、袁、蕭，那幾大姓，以前這幫傢伙是壟斷仕途的。現在不行了，科舉抑制門閥，擴大了官吏的來源。實際上也起到了緩和階級矛盾的作用，因為庶族地主也能夠通過科舉做官了，不再嫉妒高門大閥裡那些個一生下來就能當官的窩囊廢，以後純靠本事吃飯。

第二，提高官員的文化素質。它把讀書、考試跟做官聯繫了起來，所以提高了官員的文化素質。原來那種目不識丁的人，再做官可能性就不存在了。當然唐朝實際上選拔官員還是以士族子弟為主，並不以科舉制為主，而且即使科舉制也有身份限制，農民就不行。到了宋朝才開始英雄不問出處，誰都可以參加，挖完煤去考一考，考上了照樣飛黃騰達。

另外，在唐朝科舉考試不是你想考，一考就能考上，它是非常難的。當時分進士，明經這兩科，明經科就是填空，子曰什麼時習之，你填一個「學而」就完了。但是明經好考，所以考上之後也做不了大官。

進士就特別不好考。詩詞曲賦，時務策，國家大政方針，該不該開奧運，你得寫一篇論文。唐朝人講話叫「五十少進士，三十老明經」，三十歲考中明經屬於老明經，因為那玩意兒簡單，五十歲考中了進士卻屬於年輕的進士，因為那個難。唐朝人平均壽命是二十九歲，要五十歲考中了進士，是什麼概念，得跟人拼壽命吧。等你把別人都拼死了，你活得最長，叨著人參做完卷子考上之後，回顧起來等於是一輩子都在考試。文人全都一輩子去考試了，還有工夫琢磨怎麼造反嗎。讀書人不琢磨造反，剩一幫被人賣了還幫你數錢的文盲，就更別反了！

所以唐太宗最愛幹的事兒就是巡查考場。那個考試不像現在高考似的，是年年都考，那時考進士是三年一考。唐太宗每次去看考場，一看大家興高采烈地來了，然後垂頭喪氣地回去；三年後又興高采烈來了，然後又垂頭喪氣地回去，三年後再來一次。眼瞅著這幫人黑頭發給考成了白頭發，唐太宗就身心十分愉悅地說：「天下英雄，入吾彀中矣！」你們都上當了，掉我的圈套裡了。然後唐朝人就寫詩「太宗皇帝真長策，賺得英雄盡白頭」，你讓他考試，讓他考不上，給他一個希望，他又考不上，這個哥們兒整天幹這個，把頭髮都幹白了。

畢竟像洪秀全這樣幹了一次沒幹上就造反的人特別少，因此有人說科舉考試的一個重要的作用就是牢籠志士。特別是到了後來，宋朝農民都可以參加考試的時候，階級矛盾就進一步緩和了。農民百姓想當官的話，不用去造反去搶了，只要六經勤向窗前讀，幹那個就完了。所以中國的古代傳統社會，為什麼頑固，為什麼那麼長時間不可動搖，就是因為統治階級的力量太強大了。

後來到十八世紀啓蒙運動的時候，中國的科舉制被介紹到了歐洲，形成了今天歐洲的近代文官制度。再後來又傳回到中國，叫國家公務員考試，實際上就是科舉制。比如我學歷史的，結果我們黨競選贏了，我就能夠擔任國防部長。一個學歷史的怎麼能擔任國防部長呢？你懂得業務嗎？我不需要懂業務，副部長懂就行，因為副部長是考上來的。考試考得最高就考到副部級，正部就是政治家了，副部往下是官僚，它是職業的。

政治家不專業，不專業沒關係，國防部長是拿大政策的，底下一幫考上來的專業參謀給拿大政策的提意見就行了。而且國防部長主要的任務是到國會要錢，要經費，不真指望著他去打仗去，所以誰都可以幹這個。日本的內閣更疊多快，首相一年完蛋，一完蛋部長就全換，這種大換血，國家怎麼沒事兒？因為副部一級穩定，換再多的不專業部長都沒有關係。所以近代文官都是由科舉制考上來的，這讓政局特別穩固。

# 6 小邑猶藏萬家室

## 管地不管人

一開始隋朝沿用了北魏的租調制，規定民年五十，免役收庸。以庸代役的制度開始部分推行，但是這個有年齡限制，五十歲才可以納絹代役，不到五十歲的話，該服徭役你還得去。

唐朝以輕徭薄賦的思想改革賦役制度，實行租庸調制。穀物叫租，絹和布叫調，服徭役的期限內如果想不去服役的，用納絹或布代役叫庸。唐朝的庸不再有五十歲的年齡限制，甭管多大的人，只要不想去服徭役，都可以納絹代役。本來，在農忙季節如果大規模徵發徭役，就沒有人種地，會誤了農時，現在不願意去的人可以納絹代役，留著勞動力去種地，多有好處。

租庸調有一個前提，我給你交租、交庸、交調，前提條件是你給我土地。你不給我地我拿什麼交租子，布帛是地裡種出來的，得種麻才能紡麻布，種桑樹才能有絹子。但是中國古代的土地是私有的，歸地主所有，那麼國家要給百姓分配土地，這個待分配的土地是從哪來的，顯然不能把地主的地給沒收了再去分。途徑只有兩個，一個是新開墾的，再一個就是大規模的戰亂之後，人口大量死亡所形成的無主荒地。不過，隨著國家承平日久，人口增加，無主的荒地幾乎沒有了，新開的地也夠嗆，能開的差不多都開完了，那要去哪裡拿土地分給百姓呢？

這時候政府有了新的應對措施，它規定，每個成年男子二十畝永業田，八十畝口分田。二十畝永業田可傳之子孫，八十畝口分田，死後得歸還給國家，然後國家好拿去再分配。拿口分田去再分配，想得是挺好的，問題是到了天寶年間，土地買賣和兼併之風盛行。

土地本是私有的，這些大地主大官僚們占有大量土地之後，還開始兼併農民的土地，沒等農民死，他這一百畝地就沒了，被兼併了。這一被兼併，國家就找不著口分田再往下分了，新出生的人就沒地了。沒地了，我的租庸調就交不了了，農民就只能逃亡，逃亡後，政府的租庸調就收不上來，國家就沒錢了。整個連鎖反應就是，政府直接分配的土地減少，均田制無法推行，租庸調製也無法維持，直接影響到了國家的財政收入。

為了解決財政困難，國家就得想招，不能再按照租庸調這種方法來收。西元七八〇年，唐玄宗的曾孫唐德宗接受楊炎的建議，實行兩稅法。每戶按資產交納戶稅，按田畝交納地稅，然後一年分夏秋兩次，兩稅指的就是戶稅跟地稅。另外，還有一個意思就是一年收兩回，夏天一回，秋天一回，一年分夏秋兩次徵稅。

兩稅法改變了自戰國以來，以人丁為主的徵稅標準。以資產為宗，不以丁身為本，表明封建政府對農民的人身控制有所放鬆。原來的租庸調製，它的收稅標準是以人丁計算，每個成年男子授田一百畝，每年為國家交（比如）一百五十斤糧食，兩丈四尺絹布。有你這個人，就有國家的一百五十斤糧和兩丈四尺絹布。意思就是，哪怕當年國家分給你的地已經被兼併了，地都沒了，但是只要你人在，照樣得交。那你唯一的選擇只能是逃亡。

那麼被兼併的地到哪裡去了？到我這了，因為我勤勞致富。我們家八個兒子，你們家就兩個丫頭，所以你們幹活幹不過我們家，最後我們家發了財了，把你家地兼併過來了。但我怎麼交稅？我還是按照我的人頭走，就算我現在有四千多畝地，我還是按照兩丈四尺絹布，一百五十斤糧這麼交，因為我就一個人，你也是一個人，我交的和你一樣。

所以那時候是按人丁為主，而現在則按照土地財產為主，你有地的你多交，你沒地的就少交，甚至不交。沒有土地的商人，交總資產的三十分之一。這樣一來就表明國家對農民的人身控制放鬆了，原來租庸調制允許人口流動，你這一百畝地在海淀，你人跑朝陽去，我跟誰要稅去，你的地在海淀，人必須在海淀，地在人在。現在無所謂了，你愛上哪上哪，因為誰占了這一百畝地，我就跟誰要稅，你可以隨便流動。如此一來，你在這沒有地，可以上有荒地的地方開發，在海淀的地被兼併了，你可以去昌平、平谷，這就減輕了農民的負擔，對生產發展是有利的，兩稅法實行的好處就在這裡。

而兩稅法一實行，國家不再管這個地在誰手裡了，你有地，你就多交，沒地你就少交，甚至不交，這就意味著土地兼併不受限制了，麻煩也開始出現。從唐朝以後，田制不立，兼併不受限制，願意兼併就兼併，農民沒有土地就只能去租種地主的土地，一租種地主土地，地主就把稅賦轉嫁到農民身上了。比如我是一個血汗工廠的廠主，是生產聖誕樹的，全世界的聖誕樹都是我們生產的，我廠裡的工人每個月的工資是七百塊，每天要勞動十一個小時，每個月可以歇三天，你看我夠仁慈的吧！然後國家提高了我的企業所得稅，那我怎麼辦呢，我只能讓你們每天工作十二個小時，一個月歇一天，工資六百塊，三個月不發。實際上就是，我為國家交所得稅，為希望工程捐款（我是一個多麼有愛心的企業家啊），都是你們出的這個錢。我該坐遊艇坐遊艇，該環遊世界就環遊世界。其他所有負擔都是你們給掏的錢，可想而知這樣一來，國家雖然減輕了農民負擔，地主卻又給農民加上去了，客觀上還是加重了農民負擔。

## 經濟大繁榮

隋唐時期，國家統一強盛，交通發達，陸上、海上絲綢之路暢通，前期的統治者輕徭薄賦，勸課農桑，讓國內各民族交往密切，政府對外開放。這些原因促使隋唐兩代成為中國古代經濟空前繁榮的時期。

農業的發展表現在：第一，江南地區的土地資源進一步開發。魏晉南北朝的時候，南方經濟跟北方的差距縮小，安史之亂以後，經濟重心開始南移。但是也有壞處，圍湖造田和向山要田，對自然生態平衡有所影響，所以中國的生態問題出現得很早。第二，農田灌溉和農具的改進。新的灌溉工具筒車，另外還有用於耕作的曲轅犁。第三是農產品的商品化程度提高。比如說茶葉，魏晉南北朝的時候貴族才飲茶，到唐朝，百姓也開始飲茶了。有的電視劇裡，漢朝就讓老百姓一進門給你捧出茶來，甚至春秋戰國就捧出茶來喝，很好玩，那會兒沒有的。那會兒應該一進門喝酒，不應該喝茶，唐朝才開始大規模飲茶。

手工業發達。

它發達的表現是，中國能造當時世界上最大的海船。當然有的書記載説通過波斯灣時必須換小船，那個有點扯。這船主要是在洪州造，洪州是江西南昌，不靠海，在江裡湖裡造出來後再拖海裡，這個船能有多大。我記得美國航空母艦都能進波斯灣，如果那時中國造的船進波斯灣就要卡住，那得多大，你以為波斯灣是北海公園哪。

唐三彩為後代的彩瓷開闢了道路。唐三彩其實是冥器，給死人陪葬的，大量燒製，不計其數，所以不值錢。我如果是唐朝貴族，我生前住的莊園，我騎的馬，我用的桌椅板凳，侍候我的丫頭，都給燒製成唐三彩，埋到墳裡去接著侍候我。所以這個玩意兒在唐朝大量使用，太多了。唐三彩不像青瓷中的秘色瓷，全國就那麼幾件，你得一件，子孫萬代吃不窮喝不窮。秘色瓷只有到了陝西扶風縣法門寺的博物館親眼看到，才能明白它有多美，當然現在早失傳了，做不出來。原來認為唐朝根本就沒有，後來從扶風縣法門寺地宮挖掘出來了，才看出來是有的。

唐三彩這種冥器，到了宋朝覺得它浪費，改紮紙人紙馬，民國的時候，農民要刨地刨出這個來，就摔了。歷史劇《孝莊皇后》裡多鐸戴著一個大耳環，一看就要吐。你見到過清朝王爺戴耳環的嗎，以為是歌星嗎？他還說我這一路到中原來，得了不少寶貝，拿出來一看全是唐三彩。開玩笑，誰把紙人紙馬擺家裡，應該給你爺爺燒的，你覺得特漂亮弄家擺著，你爸不抽死你。

咱們現在無神論了，無所謂，家裡才擺這個。反正我們家不擺，誰給我唐三彩我堅決不要，兵馬俑擺它幹麼？這就好比太后寢宮裡掛一幅柳永的《雨霖鈴》，妓院裡才掛柳永的詞呢！到故宮裡看一眼，慈寧宮裡應該掛列祖列宗的聖訓，弄一個《雨霖鈴》掛著，整天讓太后寒蟬淒切，太后還守得住嗎？

當然，唐三彩也有它的好處，因為它相當於唐朝的歷史照片。它都是真的，照著生前的樣做完了埋在裡面，挖出來一看就知道，原來唐朝的房子是這樣的，原來唐朝的人都長這樣，胖呼呼的。跟壁畫的作用一樣。

唐朝絲織品有波斯的風格，就是今天的伊朗。

中國現在特別常見的代表吉祥的動物有兩種，一種是大象，一種是獅子。衙門口立著的獅子，皇帝寶座兩邊標示太平有象的大象，這兩個動物全是波斯進口的。中國最古老的動物形象，是青龍白虎朱雀玄武，西方青龍，東方白虎，北方玄武，南方朱雀。青龍白虎大家都知道，朱雀就是三足烏鴉，玄武就是一條蛇纏在龜上，也叫龍龜。最早中國出現動物形象是這四種，沒有獅子和大象。後來有一段時間倒是有，但是在「文革」以前，之後知識青年上山下鄉插隊，把大象都插緬甸去了；原來中國境內也有東北虎，現在都跑俄羅斯去了。

## 銀行的雛形

隋的錢幣，仍然鑄的是五銖錢。秦朝的錢叫半兩，漢朝叫五銖，一直沿用到隋。學歷史有一個特別重要的途徑是以詩證史，因為古詩裡面有大量的詠史詩。劉禹錫的《蜀先主廟》中說：「天地英雄氣，千秋尚凜然。勢成三足鼎，業復五銖錢。得相能開國，生兒不象賢。淒涼蜀故伎，來舞魏宮前。」光復漢室天下（當然是偏安一隅），歸功於諸葛亮，劉禪是一個笨蛋，所以造成蜀國的滅亡。其中他說的那個業復五銖錢，就是漢朝的錢。

唐高祖時流通的開元通寶錢到現在幾毛錢就能買一個，以後歷代的貨幣，都以它為範式。開元通寶的「開元」意思可能是國家剛剛建立，開闢新紀元，它不是年號，否則的話開元通寶就成了唐玄宗的錢了。以年號鑄錢是北宋開始的，北宋以前的有唐一代，就是說整個唐朝，它的錢都叫開元通寶。

唐朝城市裡有固定的交易場所叫市。市中有邸店和櫃坊，設官員管理。邸店，兼營旅店貨棧、交易場所。電視劇《大馬幫》裡，他們到哪都能住的就是邸店。這個地方還可以存他帶來的貨，煙葉子，在現場進行交易。

櫃坊，是我國最早的銀行雛形，比歐洲早幾百年。銀行的出現證明了商品經濟發達，貨幣需求量大。金屬貨幣過於沈重，攜帶不便，才有了銀行。

電視劇《碧血劍》裡面，一個小姑娘背著兩千兩黃金，從岸上颼一下就跳到河裡的一個小船上，那是不合理的。第一，背得動嗎？古時是十六兩一斤（所以有半斤八兩之說），那麼兩千兩就是一百多斤，一百多斤背著還跳那麼遠，開玩笑，奧運會要是在那時候辦，就沒有懸念了。她武功高强我不懷疑，即使她背得動，但她背了一百多斤的錢從岸上颼一下跳到河裡的船上，那種跳法跟大口徑榴彈炮命中了一樣，那船還不沈，有鬼啊！明顯違反物理定律。

另外電視劇裡還有很多從袖子裡摸出一錠銀子的人，說這是五十兩銀子。第一給五十兩的大元寶只可能是官府的官銀，百姓一般不帶這樣給的，他沒有渠道弄到。再者五十兩銀子是三斤多，你擱什麼袖子裡，走路不打晃都會抽到自己的大腿，沒走幾步就把袖子扯壞了，除非袖子是防彈背心材料做的。當時真正掏得出來的銀子全應該是碎銀子，十兩以上就要給銀票了，哪見過給那麼大真銀子的。到清朝的時候，韋小寶動不動拿幾千兩銀票來送給敵人，用來解圍，要是他身上幾十萬兩銀票都換成銀子，他得身體倍兒棒。如果這五六千斤他能扛得動，天地會總舵主就改他當了。

所以那時候大筆頭買賣全是用銀票，銀票的意思就是我把錢存在一個地方，那地方給我開個證明，跟存款單似的，我拿這個證明到下一個地方把它取出來。所以發展到北宋，就出現了紙幣，我也甭去取它了，我直接給你紙幣就完了。人類接著發展，到現在連紙幣的需求量都不太大了，紙幣攜帶不便，動輒成千上萬，而且容易弄髒弄破，傳染細菌，於是開始刷卡。中國還沒有大量普及，有些小店買東西的時候先得問能不能刷卡，你要在美國的話，買東西之前得先問人家你收現金嗎？因為一般他們都用信用卡和旅行支票，很少有地方收現金的，所以歐元、美元，尤其日元，取出來都是嶄新的，這就證明它很少流通。中國的人民幣的紙幣太舊，就是流通量太大了，淨拿膠水黏的，膠帶黏著，缺一個角。

## 超市的前身

現在你做買賣，想幹到幾點就幹到幾點，二十四小時沒人管，那會兒不行，官府不允許，有限定，比如一些繁華的大城市裡有了夜市，農村有草市。

還有一個特點是胡商遍佈。那會兒中國是很開放的，沒人抵制這貨那貨，沒人抵制外商，外商來華的特別多，胡商就是外商，指的是少數民族，也有西域，還包括阿拉伯人，波斯人。

隋唐兩朝長安洛陽是全國最大的政治經濟文化中心，也是商業大都會。長安城內有坊有市，坊市分開，坊是住宅區，相當於我們的居民小區，有圍牆，有門。市是商業區，做買賣只能在市裡。

市有東市、西市，你只能在這兩個地方做買賣，這跟今天的情況一比，又證明了當時的商品經濟不夠發達。今天咱們北京就兩個地方能做買賣，一個西單、一個東單，你們家如果在懷柔，想吃餃子買壺醋，打車去西單吧！打車錢都夠你吃牛排了。

那麼古時候的人吃餃子不吃醋嗎？他也吃，自己釀的。那會兒什麼都可以自己做，比如像我小時候，家裡自己擀麵條，自己做包子，自己蒸饅頭，自己做花捲，這些玩意兒現在在超市都能買著。這就說明今天的商品經濟比我小時候發達，更別說比隋唐時候。那時候的市場是一擊鼓，大家就開始來做買賣，一打鑼，就得散。一般太陽一下山就開始打鑼，然後就開始打淨街鼓，淨街鼓八百響，鼓聲一響，趕緊往家跑。鼓聲一停，你還在大街上，鞭子抽。冬天太陽走得早，四點多鍾就下山了，那四點多你就回家悶著去吧！古代都是這樣，一到晚上就淨街了，怕你聚衆謀反什麼的，不在家的，上街的人都得有腰牌，比如官員什麼的，才可以上街。尤其到了唐朝，晚上上街也沒事兒幹，因為所有商店都關門了。

長江流域的商業都市，以揚州、成都為兩個中心。揚一益二：揚州第一，益州第二，益州就是指成都。

在唐朝，揚州的地位就跟咱們今天的香港地位似的。所以你看唐朝人寫唐詩寫到揚州的地方太多了，比比皆是。李白的「故人西辭黃鶴樓，煙花三月下揚州」，另外比如「天下三分明月夜，二分無賴是揚州」、「人生只合揚州老」、「寧求死看揚州月，不願生歸駕九龍」。什麼都是揚州的最好，月亮也是揚州的圓。那個地方經濟之所以如此發達開放，是因為它不像在長安洛陽，有條條框框那麼多限制。

# 7 條條大路通大唐

## 收編東突厥

唐朝的疆域三面都靠著海，東到大海，西到鹹海，南到南海，東北到外興安嶺、庫頁島，極盛的時候是一千六百萬平方公里，可惜只維持了三年。鹹海雖叫海，實際上是一個湖，在今天的哈薩克斯坦境內；外興安嶺，今天叫斯坦諾夫山脈，在俄羅斯境內；庫頁島今天叫薩哈林島，也在俄羅斯境內。隋唐時期，中央王朝的統治者，尤其是唐朝前期的統治者，比如唐太宗，比較重視民族關係，實行了開明的民族政策，交通的發達也使得中原邊疆往來密切。北方有突厥和回紇、靺鞨；西南有吐蕃、南詔先後建立政權，他們開發了祖國的邊疆。

突厥興起於阿爾泰山，它可能是匈奴的後裔或者別種。阿爾泰山是今天蒙古國跟我國新疆交界的地方，它又叫金山，產黃金，所以蒙古人一誇你，就說你純潔得跟阿爾泰山的金子似的。現在估計也沒了，都是沙土了。六世紀中期的時候，阿爾泰山的人建立了突厥汗國。到隋朝初年，分為東突厥、西突厥，其中東突厥特別強大。

貞觀初期，唐太宗大敗東突厥。這是前面講過的，唐朝名將李靖以三千鐵騎，大破突厥於陰山。頡利可汗正喝酒呢，李靖神兵天將，俘虜頡利可汗，東突厥滅亡。

東突厥降衆有好幾十萬人，這要怎麼處理。魏徵上奏皇帝，突厥狼種，這幫人是狼的後代，因為他們的國旗就是一個大狼頭，不可以仁義教，不可以刑法威。這幫人軟硬不吃，所以建議殺盡其酋首，分散其子民於大江南北。另一個大臣給唐太宗建議，把他們移到內地來，好監視他們，弄到山東。就像唐朝滅了高句麗，滅了百濟，都把人遷到中原內地來了。

但是要把它移到內地來，就出現了一個問題，它的故地怎麼辦？把突厥人從陰山那個地方移過來，陰山那個地方怎麼辦？那地方派漢族人去駐守，誰都不願意。如果放棄那個地方不要，被別的遊牧民族占領的話，如何保證占領該地的遊牧民族一定跟唐朝是友好的。所以又有大臣給他出主意，「全其部落，順其土俗，以實空虛之地，使為中國捍蔽」，這叫興滅繼絕。眼看這個國家已經快滅，要絕種了，你興滅繼絕是最了不起的，在中國古代的是最高尚的事兒。唐太宗採納了他的建議，突厥的可汗貴族還都是在長安居住，但讓當地人任都督，管轄當地自己的部落。等於我打敗了你，我還讓你當官，我還讓你管轄，就跟諸葛亮七擒孟獲一樣，以夷制夷。

唐太宗不改變原有部落組織風俗，設都督府管轄，所以這些人對朝廷感恩戴德，尊唐太宗為天可汗。可汗是北方各族對君長的尊稱。唐太宗自己講：「自古皆貴中華，賤夷狄，朕獨愛之如一，故其種落皆依朕如父母。」。我對他們一視同仁，他們才把我當做了父母。

因為李唐王朝也是大有胡人氣，皇帝都有鮮卑語的名字，本就是鮮卑人和漢人的混種。而且唐太宗說過這麼一段話：「漢武窮兵三十餘年，疲弊中國，所獲無幾，豈如今日綏之以德，使窮髮之地，盡為編戶乎。」漢武窮兵三十餘年，長城萬里盡烽煙，結果也沒拿到什麼好處，還不如像我一樣，以德服人，把落後的少數民族地區收編，全都作為國家的編戶，入了版圖，我比漢武帝還厲害吧！是那麼一個感覺。

其實唐太宗這話有點大了，你不是先把他打敗了才收編的嗎？如果不把他打敗了，不先以武服人，後面哪能那麼容易以德服人。沒有武力光有德，誰理你呢，那幫人都是缺德人，不打服了不行。先以力，後以德，才能將他們徹底征服。

東突厥處羅部的可汗阿史那杜爾，為叔父所迫，率部投奔唐太宗，尚以南陽公主，授大將軍，歷侍太宗、高宗兩朝，一生戰功卓著，堪與李靖等名將比肩。他橫掃西域，殺得那些突厥同族哭天喊地的；滅大小國二十四個，為唐朝安西、北庭兩大都護府的創立者。太宗每天晚上讓阿史那杜爾佩刀執槊站在寢宮門口，給自己站崗，他不在那站崗，唐太宗睡不著。阿史那杜爾拿著長矛，挎著刀戈站著，如果他心中想起國仇家恨，進去一下子，唐太宗就完了。皇上躺在那兒，一會兒一聽，呼嚕聲響起來了，不是考驗你呢！真睡著了。對他這麼信任，阿史那杜爾對皇上能不感恩戴德嗎？所以阿史那杜爾為唐朝出生入死，死後陪葬昭陵，也是跟皇上埋在一塊了。這就是突厥貴族。

唐王朝，開闊、宏博、多彩，各個民族，各個國家的人，都有在唐朝當官的。突厥人、契丹人、回紇人、朝鮮人、日本人、伊朗人、阿拉伯人，都能在唐朝當官。所以唐太宗一去世，北方各族君長，如喪父母。戳瞎自個兒眼的，拿刀割自個兒臉的，腦袋上點香的，自殺殉葬的什麼樣的都有，無法形容自己心中有多悲痛。由此可見，唐太宗時期的民族關係非常開明。

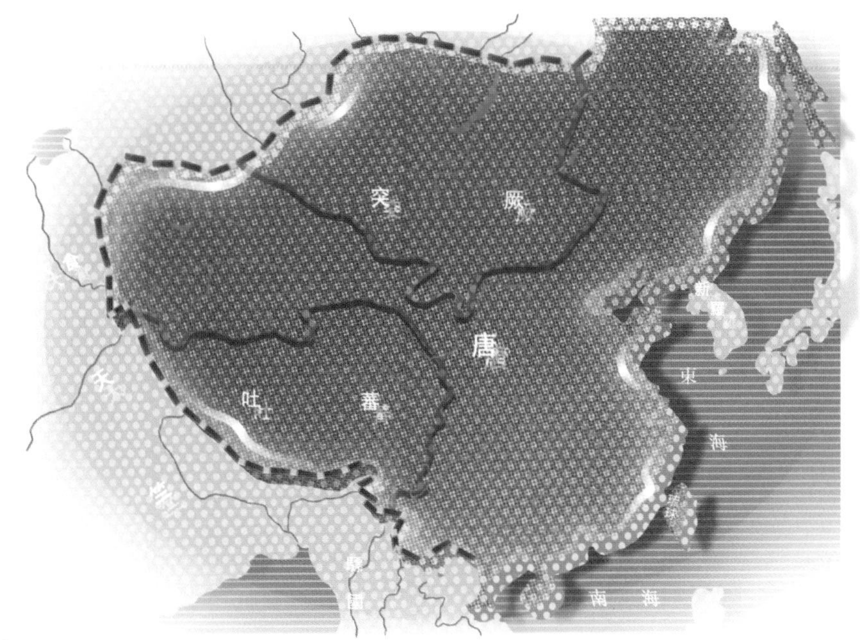


**唐朝地圖**
唐朝的疆域，東到大海，西到鹹海，南到南海，三面靠著海。西到鹹海，鹹海叫海，實際上一個湖，在今天的哈薩克斯坦境內。東北到外興安嶺，今天俄羅斯境內的斯坦諾夫山脈和庫頁島。庫頁島今天叫薩哈林島，也在俄羅斯境內，極盛的時候是一千六百萬平方公里。

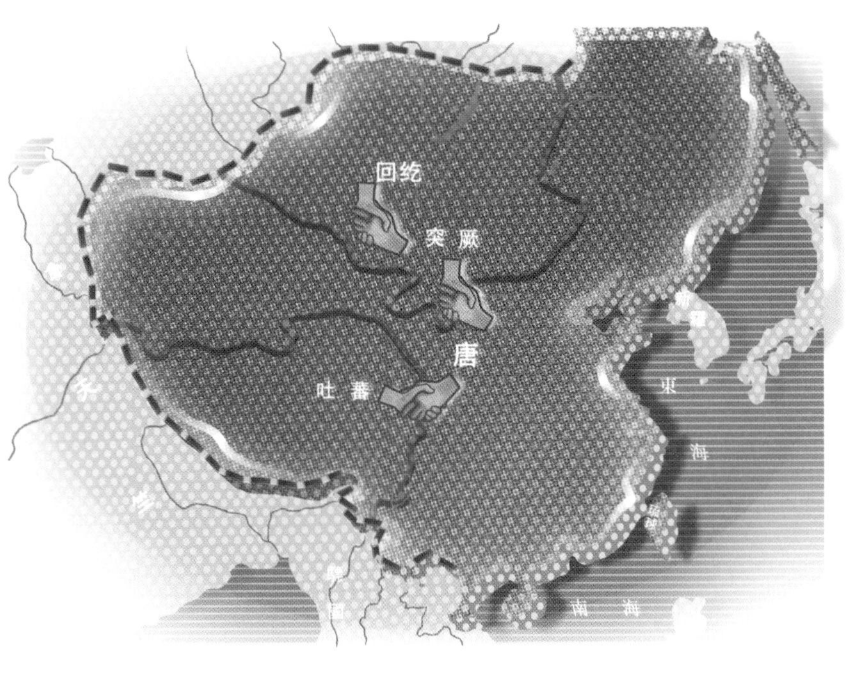


**唐朝和少數民族關係**
唐朝開啓了祖國的邊疆，使得中原和邊疆往來密切，尤其是唐朝前期的統治者，重視民族關係，施行開明的民族政策。

## 打跑西突厥

東突厥滅了以後還有西突厥，西突厥當時在新疆地區，控制了天山以南各國，影響了絲路的暢通。唐太宗先征服高昌，置安西都護府，到西元六五七年，唐高宗派蘇定方等征討西域。蘇定方是個猛人，之前曾經和李靖一起滅了東突厥，現在又俘獲賀魯，滅了西突厥。

那個時候朝廷對西域特別重視，因為絲綢之路是中國對外交往的唯一通道。東南都是海，北邊是蒙古大沙漠，大戈壁，你翻過去幹麼去？西南青藏高原你翻得過去嗎？陸上只能從西域那一塊走。

朝廷在西邊設立的管轄機構一般叫都護府，這個就是維護絲綢之路的，用漢族擔任都護。然後東邊兒的一般設立的叫都督府，是任用這個當地民族，用本地人擔任都督，實際上等於是一種懷柔羈縻之策。所以武則天置北庭都護府與安西都護府，分治天山南北。

都護府是有品級的，正式朝廷命官。「胡天八月即飛雪……將軍角弓不得控，都護鐵衣冷難著」，「大漠孤煙直，長河落日圓。蕭關逢候騎，都護在燕然」，它都寫這個，表示那個地方受都護府們管轄。班超就是西域都護。

北庭都護府，顧名思義，肯定是管北邊了。安西都護府就管南邊，主要管轄今天新疆地區，下轄四鎮，疏勒、龜茲、于闐、碎葉。李白就出生在安西都護府管轄的碎葉鎮，今吉爾吉斯斯坦托克馬克。所以要按出生地定國籍，李白是吉爾吉斯斯坦公民，三歲才回到中原內地。但是吉爾吉斯斯坦好像沒人知道李白，也不以這個為驕傲，不然可以申請一下，說李白是他們國家傑出的公民。

突厥人被打敗了之後，就往西遷了，其中的一支遷到了今天的安納托利亞高原，也是在這個時候，他們皈依了伊斯蘭教，其中的一支在首領的奧斯曼率領下建立了國家，就是奧斯曼突厥帝國，又叫奧斯曼土耳其帝國。土耳其和突厥發音很相似，其實是一回事，「土耳其」是英語發音，「突厥」是突厥語發音，就跟「China」和「中國」是一個國家似的。

土耳其建國，地跨歐亞非，縱橫三大州，盛極一時，然後從十七、十八世紀開始走下坡路。他跟中國一樣，比中國衰落得還早，苟延殘喘了那麼多年，屬於西亞病夫。

到了二十世紀初，青年土耳其黨進行改革的時候，為了重振土耳其的國威，一部分人就提出來，歷史上突厥民族曾經統治過從日本海到黑海的龐大領土，使整個日本海到黑海都是亞洲北部民族的語言，都屬於突厥語系。所以它就認為，凡是講突厥語的地方，全都應該統一建立成一個國家，等於整個亞洲北邊都應該歸他們管，這種思想被稱為泛突厥主義，屬於極端民族主義。後來跟泛伊斯蘭主義，極端宗教勢力相結合，形成了今天的東突問題。為什麼現在這幫民族分裂分子，建立什麼東土耳其斯坦，這個東土耳其斯坦哪來的？就是極端民族主義跟極端宗教主義相結合的產物。

實際上我們知道，維吾爾人是回鶻人後代，他並不是突厥人的後代。回鶻語雖然屬於突厥語系，但屬於突厥語系的語言多了。咱們漢語還屬於漢藏語系，但是漢語跟藏語有相同的地方嗎？

## 維吾爾女婿

唐朝時期，北方的民族就是回紇，後來音譯為回鶻。回紇原居色楞格河一帶，色楞格河就是在今天的蒙古國境內了。唐太宗的時候，設立翰海都督府，冊封這個回紇的首領為翰海都督府的都督。翰海一般指沙漠，「瀚海闌幹百丈冰」。

八世紀中期，骨力裴羅統一回紇各部，唐玄宗冊封他為懷仁可汗，懷仁這個詞明顯是漢語，表示回紇可汗是受唐朝的冊命。安史之亂時，回紇還助唐平叛過。當然回紇助唐平叛是有條件的，不是白幫你，破賊之日，土地城郭歸大唐，金帛子女歸回紇。就是說收回來的這些地歸你，裡面的人和東西我全拿走。連人口都拿走的話，等於收回來都是一座一座的空城，那有什麼用，這就是安史之亂導致唐朝由盛轉衰的原因。

唐肅宗時期，開始同回紇的可汗和親。肅宗是玄宗的兒子，玄宗安史之亂奔蜀地的時候，肅宗於靈武登基，然後遙尊玄宗為太上皇。所以唐玄宗的晚年也是很淒涼的，因為肅宗怕他復辟，一直看著他。

回紇比較聰明，總結了從匈奴到突厥滅亡的教訓，他得出一個結論，就是不能與中原王朝為敵，因為中原王朝國力强盛。就是說，除非少數民族武力强大到一戰就能把中原王朝給滅掉，如果滅不了，只要中原王朝緩過勁來，他就可以弄你，因為他經濟强大。打仗就是打的經濟，北方遊牧民族是畜牧經濟。大雪災一來，你的草全被蓋住了，牲畜沒得吃，全凍死了。人住的帳篷是靠畜皮搭的，衣服是獸皮做的，喝的奶也好，吃的肉也好，都是靠畜牧，如此說來，一場雪災或者一陣龍捲風，就能要一個政權的命，就能造成政權滅亡。

所以他們雖然武裝力量強大，但是他經濟基礎太薄弱，離不開中原王朝的支援。回紇就聰明在，它絕不與中原王朝為敵，所以唐朝和回紇的關係，大概是歷朝歷代中原王朝跟北方民族關係最好的了，雙方在邊境都不設防，不以對方為假想敵。回紇一百多年，一共傳了十二位可汗，這十二位可汗裡面，有十位是娶的唐朝公主。等於回紇的可汗都有唐朝的血統，有漢族的血統。

「是時可汗上書恭甚」，回紇可汗給唐朝皇帝上書，非常的恭敬。合骨咄祿可汗說「昔為兄弟，今婿，半子也」，原來咱倆是哥們兒，現在我成你女婿了，所以我是半個兒子，對你很恭敬吧？「陛下若患西戎，子請以兵除之」，你要是覺得吐蕃討厭，兒子替你打去！

西元八世紀的時候，回紇改為回鶻。

九世紀，汗國瓦解。回鶻遭到了外族的進攻，又遇到了嚴重的天災，所以回鶻汗國瓦解，部分西遷新疆的回鶻人就是維吾爾族祖先；西遷甘肅的就是裕固族祖先。所以今天維吾爾族就是當年回鶻人的後代，裕固族也是。

## 冊封南北詔

七世紀中期，黑水、粟末兩部強大，黑水在北，粟末在南。

粟末靺鞨族在松花江、黑龍江流域，以漁牧為生。其實粟末靺鞨就是今天滿族的祖先。

粟末政權始建於西元六九八年，由大祚榮建立。玄宗封大祚榮為渤海郡王，忽汗州都督。這樣一來，粟末靺鞨就變成了渤海政權，渤海國又叫北詔國，與南詔國相呼應。今天韓國跟咱們爭這個，說渤海是他的政權，我們就說是我們東北少數民族建立的，其實應該是兩個民族共有的歷史。因為當時跨地而居，到底屬於哪兒沒法評說。渤海國一直存在了將近三百年，到西元九二五年，被遼所滅。但是渤海人一直還在，到金之後還有渤海人，皇族姓大。當年岳飛抗金，金朝有一員名將叫大托卜嘉，他就是渤海人。

南詔國。南詔的崛起是在七世紀前期，它後來發展成了兩個現代民族，彝族和白族。南詔的詔是當地語，王的意思。當時一共是六詔，其中蒙舍詔比較強大，首領皮邏閣在唐玄宗的支援下，統一了六詔，建立了南詔政權。玄宗封皮邏閣為雲南王。當時皮邏閣請封，唐明皇玄宗念其地悠遠，屬彩雲之南，所以封他為雲南王，雲南這個省的得名，就是因為這次的冊封。南詔政權極盛的時候，領土不僅包括今天的雲南、貴州，可能還包括今天的老撾*、柬埔寨、泰國一部分，今天的泰國王室也是南詔的後裔，是南詔政權後來到那邊去建立的。

## 唐蕃的和親

吐蕃，也就是今天的西藏。

中國雖有五十六個民族，但無可否認他們的發展程度是不一樣的，有些少數民族的發展程度比較落後。像一九四九年的時候，有的還處在原始氏族制。五十六個民族裡面文明程度最高的當然是漢族，剩下和漢族文明有一拼的，其實就應該是藏族。漢文的書籍有多少，數不清吧！跟天上星星一樣多，浩如煙海。藏文書也差不多，當然這是說古籍，藏文古籍非常古老，一直傳到今天。藏族的神話傳說當中，人是神猴和羅剎女結合生下來的，這個傳說是最符合達爾文的進化論了。

而這個文明程度僅次於漢族的藏族，祖先就是吐蕃。吐蕃的王叫贊普，松贊干布就是吐蕃贊普。他統一青藏高原，定都邏些，就是拉薩，拉薩作為西藏的政治中心，到現在都沒變過。他仿造唐朝官制，創製吐蕃文字。吐蕃文字是在梵文字母的基礎上創製出來的。唐太宗把文成公主嫁給松贊干布，文成公主入吐蕃，代表了唐蕃和親。金城公主也嫁給了吐蕃贊普，但跟文成公主不是一塊過去的，金城是唐中宗的時候過去的，嫁的是吐蕃的尺帶珠丹贊普。

九世紀初，唐穆宗的時候，吐蕃與唐會盟，史稱長慶會盟。「患難相恤，暴掠不作」，暴掠不作，證明這事兒以前沒少做。唐蕃打了那麼多年的仗，吐蕃四次攻入長安，安西四鎮全部淪陷，都被吐蕃給占了。吐蕃帝國極盛的時候，疆域非常遼闊。當時的大食帝國，也就是阿拉伯帝國，在向東擴張的時候遭到了制止，正是由於吐蕃帝國的存在。驍勇善戰的吐蕃人擋住了阿拉伯人，避免了中國被伊斯蘭化。

## 洋人當大官

隋唐時期，對外交通發達。

陸路從長安出發，可達朝鮮。當然陸路要是往東也只能到朝鮮，再往東就掉海裡了。向西經絲綢之路，可達印度、伊朗、阿拉伯，以及歐洲、非洲等許多國家。海路，從登州、揚州出發，

---

* 老撾，台稱「寮國」。

可達韓國、日本。登州就是山東蓬萊，韓國人跟咱們套磁*的時候，就說中韓兩國隔著淺淺的一道海，天氣晴朗的時候，我們能夠聽到山東半島的雞叫聲，也不知道什麼雞，叫那麼大聲。然後從廣州出發，經海上絲綢之路，可達波斯灣。海上絲綢之路在漢朝的時候只能到印度最南端，到唐朝就可以抵達波斯灣了。

唐政府鼓勵外商來中國貿易，允許他們在中國居住、任官、通婚。唐朝前期強大的時候，平均每個皇帝在位時做官的外國人多達三千，波斯人官拜宰相，伊朗人官拜宰相；高麗人官拜大將軍，當然高麗人我們認為是自己的民族，不過韓國人認為高麗人是韓國人，那就算韓國人吧！高麗人高仙芝是安西節度使，相當於蘭州軍區司令那樣高的職務。

最有名的有一個日本人，阿倍仲麻呂，他十九歲來華，唐玄宗非常喜歡他，給他起漢名叫晁衡，在中國任官，官居秘書監監正。用我們今天的話講就是國家圖書館和國家檔案館館長，從三品，這個位置太重要了，你想國家檔案館館長，國家檔案歸他管，這都是絕密資訊和國家機密。晁衡在中國三十多年，娶妻生子，他兒子可能二三十歲時才知道父親是日本人。原來我爹是日本人，日本在哪兒？你給我講講日本吧！晁衡覺得自己年事已高，就向唐玄宗辭行，想回日本，唐玄宗不放，晁卿歸國真不捨得，不讓他走。結果那年中秋節，興慶宮大宴文武，群臣賦詩，輪到晁衡的時候，作詩云：「翹首望長天，神馳奈良邊。三笠山頂上，想又皎月圓。」我人在長安，

* 套磁，中國留學申請者的術語，意指留學申請者與欲申請學校之教授的彼此聯繫，並透過與校方以及師生的聯絡與諮詢，定位自己未來的求學方向。

**唐朝對外主要線路**

唐朝政府鼓勵外商來中國貿易，允許他們長期在中國居住、任官、和中國人通婚。長安、洛陽聚集了各國的使節、商人，成為當時的國際大都會。唐朝對外經濟文化交流，遠遠超過以往各代。

心在奈良，我家鄉的那個山，頂上的月亮也升起來了，月亮圓的時候人也團圓。所以玄宗見他既然這麼想家，那就回去吧。他這才跟著遣唐使的船回國。

晁衡跟李白、王維都是哥們兒，他走的時候李白、王維都給送別，依依不捨。王維賦詩《送秘書晁監還日本國》，並序：「積水不可極，安知滄海東。九州何處遠，萬里若乘空。向國唯看日，歸帆但信風。鼇身映天黑，魚眼射波紅。鄉樹扶桑外，主人孤島中。別離方異域，音信若為通。」晁衡一出海就遇到風暴，傳回消息說晁大人遇難，李白都快哭死過去了，作詩云：「日本晁卿辭帝都，征帆一片繞蓬壺。明月不歸沈碧海，白雲愁色滿蒼梧。」後來消息傳來沒死，給刮到越南去了。那會兒那船是帆船，風一刮，又沒指南針，就只好跟著感覺走，登陸之後一看是越南。晁衡說明身份，安南都護一看，原來您是秘書監晁大人，趕緊給送到長安去了，結果繞一圈又回去了。晁衡後來終老長安，客死在中國，終身沒能回到日本國。因為你再出海，刮到印尼去就完了，好歹越南當時是中國領土，屬於安南都護所管，你要是刮印尼去，當時那邊不是中國地兒，麻煩了，再讓土人吃了你。

晁衡是中日交流的典範，日本有很多這樣到中國來做了官的留學生。

## 韓國進化史

唐朝與新羅的友好往來有十分重要的意義。

新羅就是今天的朝鮮，隋朝時朝鮮半島上還是三個國家，高麗、新羅和百濟。其中高麗是最大的，在今天中國的東北都有它的領土，而新羅和百濟就是在今天的韓國地區，半島的南部。這三國鼎立。

隋朝的時候，隋煬帝三徵高麗無功而返。唐太宗徵高麗也是無功而返，他赫赫武功，徵高麗的下場和隋煬帝相同。可能主要原因就是那個地方太冷，交通不便。唐高宗時，一開始打高麗也多次失敗，曾派唐朝的名將蘇定方帶領猛將契苾何力多次征討，以蘇定方之能耐，雖然把高麗軍打敗了無數次，但最終都因為天寒路遠，功虧一簣。於是唐高宗改變了外交策略，遠交近攻，聯絡新羅去攻高麗和百濟。

唐高宗娘兼老婆的武則天掌權時，派薛仁貴和李勣最後一次往伐，當時李勣已經七十三歲了，高齡掛帥出征，終於把高麗給滅了。滅掉高麗之後，高麗的王族勳臣這幫人就遷入中原，擱在山東，最終融入漢民族。後來朝鮮歷史上又出現一個高麗王朝，那個高麗王朝是當地朝鮮人建立的王朝，跟這個高麗完全不是一回事，只不過打著高麗的旗號而已。

唐朝還跟新羅聯手去滅百濟，唐羅聯軍一共是十九萬，其中唐軍十五萬，新羅軍四萬，所以主要是唐軍滅的百濟。今天韓國人供奉的民族英雄，一個是李舜臣，那是抗日的，確實值得供奉，還有一個叫階伯將軍，韓國有很多他的畫像、銅像，相當於韓國的文天祥，他就是百濟的大將。當唐羅聯軍十九萬進攻百濟的時候，百濟王都投降了，就階伯率五千勇士抵抗，最後全軍覆沒，戰死沙場。

新羅是在唐王朝的幫助下，完成的統一，所以新羅跟唐朝的關係就非常的友好。新羅王朝的領土，不是今天全部的朝鮮半島，當時唐朝和新羅的邊界並不在鴨綠江，而是應該在大同江。今天的平壤以北，在當時還是中國的土地。中國皇上一過生日，新羅的女王都給皇上繡衣服，還得寫贊詩，很恭順。唐朝的留學生中以新羅的最多，最有名是漢學始祖崔致遠，好像在揚州那個地方當過地方官。關於留學生問題，好像今天也差不多，你看哪個學校一說招外國留學生，基本都是新羅的。在韓國高考壓力比咱們中國更重，所以那幫人哪兒也考不上，只好跑中國混，混好了混一個北大。其實他們的水平，別說北大了，北小也考不上。咱們中國的教育體制也不值錢，像哈佛、牛津、康橋、麻省理工，這樣的學校會因為你是外國人，你有錢就能給你上嗎？北大無所謂，北大、清華等於就是賤賣了，韓國人給錢就來吧！於是出現咱現在的狀況，新羅的留學生最多，哪兒都有，到處聽到「前軲轆不轉後軲轆轉思密達*」。

新羅立國，參用了唐朝制度，設立國學，教授儒學。要是在古代朝鮮，一九一〇年被日本帝國主義吞併以前，如果不認識漢字，想做官是沒戲的，扒拉土坷垃去吧！直到朝鮮王朝第四代世宗大王的時候，頒佈訓民正音，才有了朝鮮文字，所以韓國人特別崇拜這個世宗大王。但是他頒佈訓民正音的時候，當時很多大臣就反對，說夷狄才創文字，吐蕃才創文字，我們各級的制度都是跟中國一樣，我們是中國人，中國人不應該另外自創一套文字。

新羅還從唐朝引入茶種，印刷術，製瓷，製銅工藝。今天到韓國某地旅遊，它的什麼特產，就是銅筷子、銅器、青瓷。高麗青瓷非常有名，實際上中國的瓷器最早就是青瓷、白瓷，後來才出現了彩瓷、粉彩，韓國可能一直還停留在青瓷這個水平，現在看起來顯得很古拙，很古舊，實際上是因為後面的製作技法沒學過。另外，讀唐詩、寫唐詩也是他們的一大習慣。朝鮮人寫唐詩的水平確實相當高，日本人也能寫，但日本人寫的沒有韓國人純正，再往下的話越南人也能寫，那基本上就是打油詩了。一九一〇年，朝鮮被日本帝國主義吞併，很多志士流亡中國，其中有一位在江蘇南通居住的時候，留下一首非常有名的詩篇。這哥們兒在晚上睡覺時看到天上飛過大雁，一琢磨就寫下這首詩：「一聲南雁攪愁眠，獨上高樓月滿天。十二何時非故國，三千餘里又今年。」一年十二個月，一天十二個時辰，我都在思念著故國。朝鮮號稱三千里江山，又過了一年，還沒能光復。「弟兄白髮依依裡，父祖青山歷歷邊。待到槿花花發日，鴨江春水理歸船。」槿花就是木槿花，韓國的國花，等木槿花開放的時候，從鴨綠江回國，就是說我的國家雖亡，但是光復祖國的志向不息。人家也是抒發出一種抱負，但是他不是喊，不是橫掃一切反動派，所以韓國人的漢詩寫得很不錯。

另外，在姓氏、服裝、節令、風俗等方面，新羅也有濃重的中華文化色彩。

## 日本獨立記

漢朝時日本就和中國有友好往來。

後來在日本的本州島西南部，興起了一個强大的政權，叫邪馬台國。這是咱們漢文書籍把它翻譯成邪馬台國，邪馬台實際上就是大和，因為大和日語是YAMATO，我們就把它音譯成了邪馬台。當時大和的統治者都是女王、半巫、半人、半神那種東西，終身不能結婚，等於靠神神鬼鬼來統治。邪馬台國的卑彌呼女王在魏明帝在位的時候，曾遣使到中國，魏明帝非常高興，冊封

---

* 軲轆，用金屬或木頭等材質製成的車輪骨架。「思密達」引用自中國電影《集結號》台詞，「前軲轆不轉後軲轆轉思密達」是中國用以諷刺韓國申請其他國家精神文化作爲其國家遺產的流行用語。

卑彌呼為親魏倭王，安東都督府都督。所以，以後甭管中原的政權怎麼更疊，日本都向中國稱臣，甚至中國魏晉時宋齊梁陳六代，六朝皇帝都冊封日本的統治者為倭王安東都督府都督、安東將軍、使持節，都督六國軍事，封他類似於這些名字的官銜。

到了七世紀初，就是隋朝的時候，日本的聖德太子進行改革。聖德太子這個人在日本的地位就相當於咱中國的周公，他仿造中國的制度進行改革，國名由YAMATO改成了「nibeng」（日語音），寫成漢字就是日本，並把統治者由大王改成天皇，然後把前面幾代的鬼神王都追封為天皇，實際上那會兒都是倭王。聖德太子辦的這件事兒要報告給中國，於是遣隋使過來，那個使臣叫小野妹子，但是這是個男的。這個小野妹子哥們兒來華之後，給隋煬帝遞上了國書，隋煬帝打開國書一看，寫的是「日出處天子致書日沒處天子無恙」。一下子隋煬帝就火了，你原來是臣子，臣子你現在敢自稱天子，而且你日出處，我日落處，你不咒我嗎？所以隋煬帝非常不高興，但是面子上還過得去，後來就跟官員說，小邦無禮，以後別讓他來了，日本人我看著煩，就別來了。

又過了幾年，聖德太子再次遣使來華，這次來又給隋煬帝遞國書，隋煬帝打開國書一看火更大了，因為這個國書上寫的是「東天皇敬白西皇帝」，中國皇帝稱天子，你稱天皇，你不成我爹了嗎？所以隋煬帝就派一個姓裴的侍郎，到日本去罵他們去。姓裴的一看波濤洶湧嚇得沒敢去，於是就繞道朝鮮，把詔書遞給朝鮮人，你替我罵他就完了，回去復命去了。那時候不像今天，說中日兩國一衣帶水，就隔著那麼淺淺的一個海，當年那淺淺的海是難以逾越的天塹，你想那個小破帆船，一百多噸，可能幾十噸，去橫渡那大海簡直是長征。所以他必須有島嶼的，讓小船可以一站一站地停，船漏了好補，人也好休息。要是沒有這個，風對著帆一頓猛吹，一停發現到了西伯利亞，也可能是印度尼西亞。基於這個緣故，隋朝兩次遣使日本都無果而終。

從貞觀年間，日本派出遣唐使，一共是準備了十九次，成行的是十六次，有三次可能是沒湊夠錢。成行的十六次中，成功到達中國的是十三次，沒到達的那三次估計就是吹跑了，去了西伯利亞、印度尼西亞、赤道幾內亞，船散人餵魚，這都有可能。

日本的大化革新是由留學唐朝的人回國策劃的。西元六四六年，孝德天皇開始大化革新，日本就是從這一年開始有的年號，以前日本天皇沒有年號。大化革新到一八六八年明治天皇的明治維新，中間這一千兩百多年，在日本歷史上稱之為唐化時期。日本一直把中國叫做唐國、唐土，後來日本看不起中國的重要原因，就是他認為中國只有在唐朝的時候才可以稱中國，唐朝以後中國就不配稱中國了。他認為他才是中國，因為他繼承唐朝這套東西繼承得很好。尤其對於中國宋、明兩朝被少數民族滅掉，唐漢被蠻夷所制這兩段歷史，日本是非常看不起的，所以他才敢出兵打中國。既然蒙古人可以入主中原，女真人可以入主中原，我日本人也可以。比如，從甲午戰爭日本發表的文告來看，都是以中華正統自居，號召反清復明，包括孫中山他們在日本設立大本營，也是反清復明的感覺，表示日本是中華道統之所在。以至於後來入主中原好幾次沒成功，他就惱羞成怒，開始篡改教科書。

中國在唐朝之後跟日本官方的往來就斷絕了，一直到明朝永樂皇帝的時候，官方往來才恢復，私人往來比如商人，也開始恢復。當時日本有個足利幕府，就是一休裡面的將軍足利義滿，他派使臣到中國來。明朝皇帝問這個使臣，日本國什麼樣，然後這個使臣就寫了一首詩，回答明朝的皇帝，答大明皇帝問日本風俗：「國比中原國，人如上古人。衣冠唐制度，禮樂漢君臣。銀甕焙新酒，金刀膾錦鱗。年年三二月，桃李一般春。」衣冠唐制度，禮樂漢君臣，禮制風俗完全跟中國是一樣的，而且年年三二月，桃李一般春，開花的季節也跟中國一樣。所以有良心的日本人講，中國是日本兩千六百年文化的母親，且不說日本的文化有沒有兩千六百年，中國是母親，日本是兒子沒錯。

朝鮮人也是這麼認為的，當年我們抗美援朝，幫助朝鮮奪回江山的時候，朝鮮的宣祖大王激動得不得了：「中國父母也，我國與日本同是外國也，如子也。以言其父母之於子，則我國孝子也，日本賊子也。」他說我們和日本都是你們的兒子，但不一樣，我們國家是好孩子，日本是賊孩子。其實現在韓國更賊，狼子野心，他得虧是兩半，得虧現在還小。他要是强大起來更慘，極端民族狂熱，死要面子活受罪，為了贏什麼缺德事兒都幹得出來。

日本的大化革新是由唐朝人策劃的。新政中的制度，以唐制為藍本，唐朝設立三省六部，日本設立二官八省一台。直到今天，日本的部級單位仍然叫省，防衛省、財務省、文部省，都叫省。日本都城則完全仿造長安，日本的平安京就是袖珍的長安城。學校教授儒學，這都跟中國一樣。中國的銅錢在日本可以直接當錢花兒，日本戰國時代有一個名將，他的家徽（日本的每個武將都有一個家徽）就是六枚永樂通寶，見錢眼開這哥們兒。日本很少發行自己的錢，都是用中國的錢。

對中日交往作出突出貢獻的人物是日本的吉備真備和中國的高僧鑑真。吉備真備和日本留學生空海創立了日本文字，平假名和片假名。日本原來沒有文字，沒有文字怎麼辦？用漢字表音，但是用漢字表音的話，寫出來的書雖然每個字都認得，連一塊兒你卻不知道什麼意思了。漢字是單音節，我，一個字一個音，日語是（wa ta xi），寫出來是瓦塔西。整句話，我是個日本人，你寫出來就是一大串瓦塔西叉叉叉。單純漢字表音行不通的話，那怎麼辦？他的辦法是用漢字的偏旁部首，創立了平假名和片假名。日本人很有自知之明，他的字叫假名，而漢字叫真名，一個小學畢業的日本人，也能夠掌握一千多個漢字，而且人家還是主要的正體字，不像咱們這種簡化字。要到了日本大街上的話，基本上你不會有文字障礙。找路什麼的時候，路標上幾乎都是有繁體字的，感覺就像在香港，到東京什麼感覺，在香港就什麼感覺，因為香港和東京都只有語言障礙（這兩個地方說的話你全都不懂），但是絕對沒有文字障礙。

## 大和尚東渡

中國高僧鑑真，這個人太了不起了！

我那年去揚州比賽，當地的教育部門請我們在飯店吃飯，一進去一個橫幅，把我樂壞了！「紀念鑑真大師東渡日本及豆腐傳入日本一二五〇周年」，要不說學歷史有用，你學數理化，學那麼多東西，跟人聊天用不上。吃飯的時候不會聊人的咬合力和鱷魚的咬合力有什麼區別，為什麼鱷魚生吞河馬，人卻吃豆腐，談那個沒勁。應該談歷史，豆腐是誰傳入日本的？鑑真大師。有學問！

鑑真大師是大菩薩轉世，與佛有緣，三歲出家，屬於律宗的高僧。中國佛教分為十宗，律宗是持戒律最嚴的一派，比如律宗高僧都是過午不食，一天兩頓飯，近代著名的高僧弘一大師也是律宗。

鑑真大師五十五歲那年，兩個日本高僧，普照和榮睿，來到中國求法。日本佛教戒律不完備，僧人不能按照律儀受戒。普照和榮睿來到中國就請鑑真大師東渡扶桑，傳播佛法，鑑真大師毅然答應。當時他已經五十五歲高齡了，今天五五歲不算什麼，四十歲到七十歲算中年，七十歲以上算老年，當時是人活七十古來稀，五十五歲就不得了了。所以弟子們都勸鑑真大師不要冒這個險，鑑真大師為了弘揚佛法，毅然六次東渡。唐朝的法律是不允許國民出國的，出國都是偷渡，所以鑑真大師六次都算偷渡，頭四次都沒能成行，不是被弟子告密就是船漏了回來。第五次一出海刮大風，風一停，海南島。

榮睿去世之後，鑑真大師在雙目失明的情況下第六次東渡扶桑，成功！在日本的博多灣登陸，日本天皇動用了好幾十萬人來迎接鑑真大師，鑑真大師一路就是踩著鮮花進入日本，一直到的日本國都，他的腳都沒有沾到泥土。鑑真大師到了那邊之後，日本天皇封他為大僧都。天皇親自登壇受戒，皇后也登壇受戒，一起做了鑑真的弟子。日本天皇還親自給他撰寫碑文，這個碑文一直保存到今天，叫《唐大和尚東征傳》，和尚是尊稱，大和尚更是尊稱。並非是個出家人就叫和尚，就跟大學裡是個老師就叫教授一樣，不對，和尚、喇嘛都是尊稱，高僧才能叫和尚，一般人剛進去叫沙彌，還不能算和尚。鑑真是大和尚，天皇寫大和尚「戒行高潔，白頭不改，遠涉蒼波，歸我盛朝」，出生入死來到日本國，難能可貴。

鑑真到日本不光是傳播佛法，還把中國的先進文化傳播到了日本（包括豆腐怎麼做），這些都對日本的貢獻相當大。日本人說原來的日本文化就是一鍋豆漿，中國文化就像滷水，點進去之後才能變成豆腐。日本文化基本上可以看做是中華文化的一個分支。

## 九分唐三藏

以佛教為紐帶，中國和天竺（印度）的交往增強。貞觀時，天竺遣使來朝，中國的十進位記數法傳到了天竺。

高僧玄奘和義淨作用非常大。

玄奘就是唐僧，孫悟空的老師。玄奘大師也是兩歲出家，精通佛法，在誦經的過程當中，他覺得佛經有些地方不對，翻譯得不準確，所以他就想去西天取經，學習真正的佛經。為了傳播正版，於是他二十多歲的時候偷渡出國，十九年遊歷印度，在印度的那爛陀寺跟一百〇六歲的高僧戒賢法師學習。戒賢法師本來要圓寂了，阿彌陀佛給他托夢，說從中土大唐要來一個高僧，跟你學法，你得等他來了把這個法教給他，你再圓寂。所以他就等等等，等了三年終於把唐三藏給盼來了。

三藏指的是什麼？就是把這個佛經分成三部分：經、律、論。

「經」就是釋迦牟尼生前講的，佛經浩如煙海，基督教就一部《聖經》，伊斯蘭就一部《古蘭經》。但是佛經，跟不同的人講不同的法，跟天人怎麼講，跟凡人怎麼講，跟阿修羅怎麼講，各有說法。

「律」是他制定的戒律，給僧團指定的戒律，其中最高級的是受菩薩戒。和尚是三百多條戒律，尼姑更多。

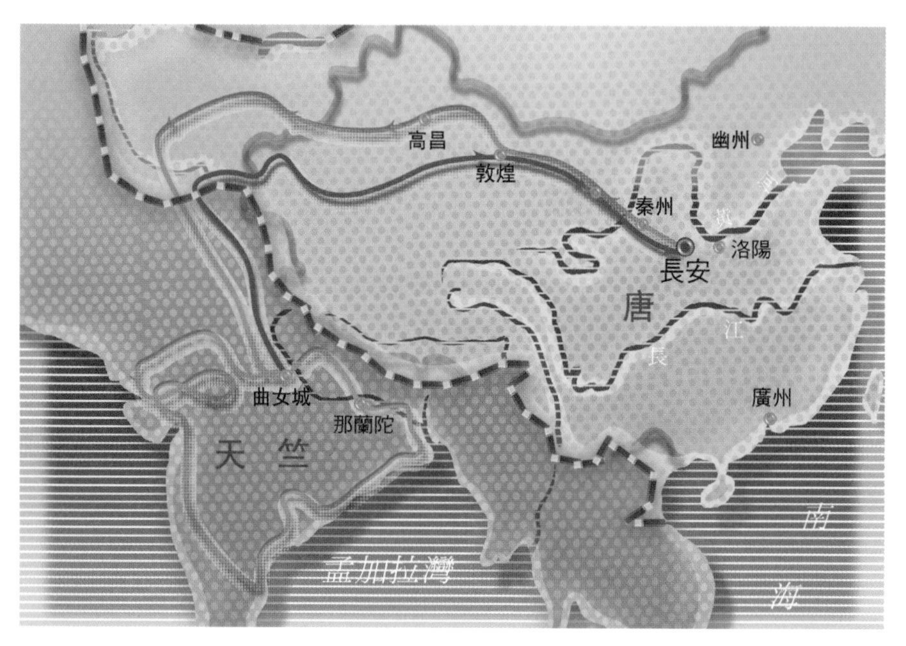


**玄奘路線**

唐代高僧玄奘歷時十九年，到印度取得真經，並窮其一生譯經一千三百三十五卷。他的足跡遍佈印度，影響遠至日本、韓國以至全世界。

「論」是後來高僧大德對它的闡釋，唐三藏主要就是學的《瑜伽師地論》，是彌勒菩薩在兜率天宮講的法，精通五十部，所以才被稱為三藏。佛經窮盡一生都很難讀懂一部，懂五十部的人，太了不起了！

印度各國的國王看唐三藏這麼神，就勸他別回去了，你的學問太大了，就留在這兒吧！他說我必須弘揚正版的佛法，所以要回到東土大唐。於是他滿載了六百多部佛經回到中國，這時候皇上也不追究他偷渡了，專門給他蓋了大慈恩寺，蓋了大雁塔，讓他譯經。佛經其實是一種文化的傳承，咱們今天的漢語，兩次大規模引進外來語，其中一次就是佛經。比如說心心相印，大千世界，一剎那，一彈指，醍醐灌頂，天花亂墜，這全是佛經裡的。

順便說一下另一次語言引進就是二十世紀初的日語。那時候我們也大規模地把日語引進漢語中，我們今天說的話，比如軍事、經濟、文化、政治，這些詞基本上全是日語，什麼積極、消極、幹部這些詞還是日語，現在說的物理、化學、生物這些詞也全是日語。它和佛經的引進屬於兩次大規模的語言引進，所以憤青應該不說這種詞，憤青抵制日貨不夠，應該抵制日語，他應該說古漢語才對。憤青要創一個詞代替物理和化學的詞，編一個。

唐三藏來翻譯這些佛經，窮一人之力是翻譯不完的，所以他得收徒弟。他收徒弟不是孫悟空、豬八戒什麼的，他們只會打架。很多僧人想拜三藏大師，但是佛家最講緣分，一看咱倆沒緣，我就不收你。皇帝都有點著急了，意思就是你再不收徒弟，回頭你歪過去，這事兒怎麼算？但也不能催他，您看您收誰合適？三藏大師就去找徒弟，他時常漫步長安街頭，慧眼炯炯。一天，他在鬧市之間看見一位魁梧少年，眉清目秀，安詳而行，驀然間若覺似曾相見，前緣有識。

又回想起在印度計劃回程時曾占得一卦，說他東歸必得哲嗣，便連忙打聽這少年家世。打聽出來，原來是當朝開國公尉遲宗的公子。玄奘感歎道：「如此靈慧的孩子生在將門，不可思議！也是有緣，我的衣缽可以傳下去了！」即刻前往國公府拜訪。

尉遲宗得知法師來意，雖然不忍骨肉分離，但想到一代高僧如此器重，也頗為得意。那時代，佛教不僅是清廟淨僧的空寂之事，還是一種普遍的信仰，鮮活的事業。所以雖貴為國公，一見大法師器重兒子，自然大為高興，便答應了玄奘的要求。只不過三藏法師看上的那哥們兒死活不肯出家，都氣暈了，你說我堂堂將門之後能出家嗎？但是父命難違，這哥們兒最終還是出家了，出家的時候帶著一車酒、一車肉、一車美女進的大慈恩寺，人稱三車和尚。三車和尚後來成為一代高僧，就是三藏的弟子，窺基大師。

三藏大師圓寂之後，他的遺體火化，形成了舍利子。今天有人說這個舍利子是結石，扯！你燒一個！有結石的人多了，你燒完了有這個嗎？黑的是發舍利，白的是骨舍利，紅的是肉舍利，誰的肉燒完了能結石？玄奘圓寂於長安玉華宮，葬於白鹿原，後遷至樊川。墓地毀於黃巢起義，靈骨遷至終南山紫閣寺，西元九八八年被僧人可政帶回南京天禧寺供奉。

一九四二年，日本侵略軍在原大報恩寺三藏殿遺址處，挖掘出一個石函，石函上刻有文字，詳細記載了玄奘靈骨輾轉來寧遷葬的經過。由於玄奘靈骨的名聲顯赫，各地都想迎請供奉，致使玄奘靈骨一分再分。

一九四三年十二月二十八日，玄奘頂骨舍利在「分送典禮」後被分成三份，分別保藏於南京汪偽政府、北京和日本。

此後，汪偽政府把掌握的這部分又分別供奉在雞鳴山下的偽政府中央文物保管委員會和小九華山（今南京玄奘寺的所在地）。而文物保管委員會保管的這部分，在一九七三年後被迎至靈穀寺佛牙塔中供奉。

北京迎請的那部分被分為四份：一份供奉在天津大悲院，一九五七年被轉贈給印度總理尼赫魯，安放在印度那爛陀寺的玄奘紀念堂中；一份供奉在北海觀音殿，文化大革命時被毀；第三份則被供奉到成都文殊院；最後一份被供奉到廣州六榕寺，亦在「文革」中被毀。

被日本請回的那份，先是安奉在東京增芝上寺，後被移至慈恩寺。一九五五年，從這份舍利中分出一份，被迎請到台灣日月潭玄奘寺供奉。而後，日本的那份又被分出一份，迎請到日本奈良的三藏院供奉。第八份玄奘舍利供奉在台灣新竹玄奘大學，一九九八年迎請至南京靈穀寺。二〇〇三年，西安大慈恩寺又從南京靈穀寺迎請了一份玄奘大師靈骨舍利安奉在新建的玄奘三藏院大遍覺堂中。

目前，玄奘舍利在南京玄奘寺、南京靈穀寺等全世界九個地方被供奉。相對而言，南京九華山的那份舍利，自一九四三年封存後，就一直留在三藏塔下，沒有動過，最為完整。如今，南京在九華山原青園寺、法輪寺遺址，重建了玄奘寺，玄奘大師的靈骨舍利成為該寺鎮寺之寶。

## 四面套交情

隋朝和波斯互遣使節。

唐朝的時候，波斯被大食侵擾，他的王和王子來中國求援。大食就是阿拉伯，本來波斯請求中國出兵，幫著他打一打大食就完了。結果當時玄宗在位，唐玄宗覺得這個事兒沒法幹，所以就沒去，這樣一來波斯就被大食所滅。波斯要是不滅的話，其實是擋住阿拉伯人入侵的最佳屏障。

波斯人信奉拜火教，就是明教，所以金庸先生寫那個《倚天屠龍記》，關於明教那部分是虛構，因為明朝的時候波斯早就滅絕了，七世紀波斯就被阿拉伯給滅了，被他們伊斯蘭化之後哪兒還來的這種東西。後來波斯的國王貝魯斯和它的王子就留在長安定居，今天，他們的後代就在中國。

唐高宗時，大食開始與中國通使，也就是阿拉伯人與中國開始通使。

當時阿拉伯帝國在向東擴張，唐王朝為保衛自己的屬國不受這幫人的蹂躪，於是唐朝的軍隊就奮起反抗。當時兩國在怛羅斯開戰，這是中國古代史上很少有的對外戰爭。怛羅斯這個地方應該在今天的哈薩克斯坦，當時唐軍四萬，大食軍七萬，唐軍統帥就是安西節度使高仙芝，大食軍統帥叫優素福。唐軍裡面漢族士兵只有一萬多，剩下都是西域各附屬國軍隊，雖然大食七萬軍隊也有附屬國軍隊，但不幸的是，開戰時唐軍是迎風列陣，大食軍是背風列陣，所以一打起來的話，唐軍睜不開眼，迎面被風吹的。所以唐軍就不支，唐軍一不支，屬國軍隊就叛變了，跟著大食軍一塊兒打唐軍，所以高仙芝只率幾十名騎兵退守安西。他退守安西之後又招募一支軍隊，準備跟大食再戰，這個時候「安史之亂」爆發，朝廷調安西精兵去平叛，所以這個事兒就不了了之了。很多唐軍士兵在怛羅斯之戰中被俘，被俘的唐軍士兵裡面有很多工匠，中國的造紙術就在唐朝時傳入了大食。

另外，唐朝和拜占廷帝國（東羅馬）有使節往還。東羅馬的皇帝貴族都特別喜歡唐朝的絲綢，同時把一些醫術和雜技傳到了中國。

和非洲也有來往。不光史籍上有記載，更關鍵的是考古證據。唐墓裡的唐三彩，出土的小黑臉小卷毛，就是非洲人。唐朝的時候，很多富裕的家庭大量使用黑奴勞動，這個黑奴在當時被稱為昆侖奴，因為咱們中國人認為昆侖是最西面的，從那來的就該叫昆侖奴。所以唐朝傳奇小說裡，有很多描寫昆侖奴的。

# 8 先進文化的代表

## 書生不文弱

隋唐時期，中華文化輝煌燦爛，光照四鄰。原因首先在於國家統一強盛，經濟繁榮，其次是因為唐朝統治者開明相容的文化政策，再者國內各民族的交往也為中華文化增添了剛勁豪爽、熱烈活潑的多民族色彩。

李唐王朝大有胡人氣，所以李唐王朝的特點是中國歷史上開闊宏博多彩的王朝。當時的社會風氣是非常開放的，有的公主下嫁，然後生活了一段時間，回去跟他爸說，這個駙馬不好給我換一個，那就換一個。寡婦再嫁，女子離婚這些事兒很普遍，婦女裹小腳這種規矩從宋朝才開始。唐朝的時候女的出門都騎馬，當時最流行的體育活動是打馬球，女的也都能參加。那麼女的如果要打馬球，能裹小腳嗎？裹小腳連道都走不了。

唐朝的書生也不是文弱書生，書生文弱都是宋朝以後的事兒了。由邊塞詩人所說的「將軍角弓不得控，都護鐵衣冷難著」可見，他也是穿上了都護鐵衣，才能寫出這些句子，相當於隨軍記者。要是沒有兩下子，當不了邊塞詩人，那時候沒有汽車沒有防彈背心，一文弱書生到戰場上去，你不作嗎？所以這幫書生都是挺了不起的。

唐朝別的詩人，比如李白，詩仙、酒仙、劍仙。他十年學劍才得來劍仙之名，這傢伙一個人雲遊天下，不怕劫道的。你劫他一個試試？你看李白詩裡面有很多「願將腰下劍，直為斬樓蘭」之類的句子。而且那會兒唐朝人的風尚是「寧為百夫長，勝作一書生」，書生都特別想建功立業，所以像他這種文人的秉性脾氣，跟當時多民族的色彩和文化政策是有關的。

## 科技潛力股

那時候的科技，第一個要說的就是雕版印刷術和火藥。

我國是世界上最早發明印刷術和火藥的國家。隋朝時雕版印刷術的出現和中國古代的兩個傳統文化有關，一個是篆刻刻印，再一個就是拓片。

篆刻就是用篆書刻成的印章。最早的時候，中國人用刀在龜甲上刻字，後來發展到在竹子、銅片、玉石上面刻。

所謂拓片，就是先把文字刻在石頭上，做成石碑。然後在石碑上刷一層墨，拿紙往上一貼，揭下來之後就等於把碑文都複印了，這張紙就叫拓片。可說是最早的盜版活。就是這兩樣傳統文化造成了雕版印刷的出現。

當然，那個雕版印刷在我們今天看起來是很麻煩的，因為書有多少頁，就要製多少塊板，刻錯一個字就廢了。要是你覺得有新的構思了，要改稿子，就得重刻。即使是這樣，雕版印刷都比手抄要強多了，所以它是一項很了不起的發明。

和印刷一樣重要的是火藥的發明。

火藥一開始其實是煉丹家發明的，想成仙的道士們在那煉丹，結果這個爐子就炸了，所有的道士一下就成仙了。一次兩次，他們就總結經驗，怎麼老成仙呢，最終明白了，硫黃、硝石、木炭千萬別擱一塊兒煉，一塊兒煉就爆炸。這樣的話就發明了火藥，這個和X光射線和青黴素的發明道理是差不多的，意外。火藥發展到唐末的時候，開始用於軍事。

第二，天文曆法。唐朝的僧一行制定了《大衍曆》，僧一行是一個和尚，是密宗的高僧，也就是今天的西藏密宗。中國古代佛經被翻譯成漢語，主要靠四大譯經家，除了唐三藏之外，剩下仨全是外國人：金剛智、善無畏和鳩摩羅什。這個一行和尚就是金剛智的弟子，他制訂了《大衍曆》。他的另一個成就是世界上第一個用科學方法測量地球子午線長度的人。子午線，就是經線，他測量這個是為了編曆法，編曆法是為了指導農業生產。前面我說過，任何研究都要堅持做下去，大和尚如果堅持研究經緯線，說不定就能發現地球是圓的了，那麼哥白尼和麥哲倫就歇業了。中國古代很多科技就因為沒有深入研究，最後都為人作嫁衣，成為別人的研究經驗。

第三，醫學進步。孫思邈著的《千金方》，全稱叫《肘後備急千金方》，意思就是肘子後面備用的緊急千金藥方。古人什麼東西都往袖子裡裝，他們不怕袖子一抖把東西都抖出去嗎？其實他們後面繫著一個口袋，有東西都是裝在口袋裡的。所以肘後備急，就是把千金方裝在這個口袋裡，跟那個手機、錢包、IC卡、公交卡擱一塊兒。把千金方和那些重要東西擱一塊兒是為了救急。中暑了，趕緊翻，吃什麼，按著方子說的趕緊買去。別買錯了，中暑買黃連素那不管用。孫思邈活了一百零一歲，人稱神仙。他從北周一直活到武則天時代，所以魏徵寫南北朝和隋朝的歷史時，就把他叫去問，老孫，當時怎麼回事兒？老孫就說，猶如親睹，他都經歷過這事兒，可不猶如親睹。唐朝人平均壽命二十九歲，他一百零一歲，所以唐朝人都說他是神仙。這也證明了人家的招兒管用，你把《千金方》天天帶肘子後面，照他這個做，也能活到一百零一歲。

除此之外，吐蕃的元丹貢布著的《四部醫典》也有一定貢獻。這是藏醫，今天好多的藏藥都叫元丹貢布牌，元丹貢布就是著《四部醫典》的吐蕃醫學祖宗。然後，唐高宗時期朝廷二十多個人一起編的《唐本草》，是世界上最早的由國家頒行的藥典。

## 唐詩績優股

唐朝是古典詩歌的黃金時代。

文學上把唐詩分初、盛、中、晚四個時期。詩壇四大天王王勃、楊炯、盧照鄰、駱賓王，被譽為「初唐四傑」。山水田園詩人有孟浩然和王維，王維的名句「明月松間照，清泉石上流」開創了詩中有畫、畫中有詩的境界，「行到水窮處，坐看雲起時」特別有禪意。王維是佛教徒，字摩詰，他取的字出處是一個大菩薩：維摩詰菩薩。

邊塞詩人有高適、岑參、王昌齡，多有描寫邊疆戰場上幽怨蒼涼，將士勇武豪氣，以及戰爭給人帶來的苦難。那個文學成就很高，比現在部隊裡的軍歌歌詞寫得好太多了。

然後是「詩仙」李白、「詩聖」杜甫這兩個傳奇人物。俗話說韓柳文，遷光史，蘇辛詞，李杜詩就是中國文學的象徵。作為一個讀書人，如果要學習寫文章，就看韓愈和柳宗元，學完走遍天下都不怕了；如果學歷史，就學司馬遷的《史記》或司馬光的《資治通鑑》，學完你可以去當政客；如果學宋詞，就跟蘇東坡和辛棄疾學，學好了可以幹掉方文山和林夕；如果學寫古詩，一定是學李白和杜甫。

李白和杜甫的創作水平是不一樣的，李白是浪漫主義詩人，杜甫是現實主義詩人，因為他們所處的時代不一樣。李白的黃金創作期是國家最强盛的時候，到處鶯歌燕舞，他寫他看到的東西，大部分就是花、酒、劍、歌、月，灑脱無極限。杜甫最有名的那些詩，創作的時間就慘了，「安史之亂」八年，一年沒差全趕上了，所以就特別憂國憂民。他說「劍外忽傳收薊北，初聞涕淚滿衣裳」，收薊北關你屁事兒，他心繫國家，看這個仗終於打完了，高興到哭。李白一寫詩就特別浪漫，「飛流直下三千尺」，高興！杜甫一寫就「捲我屋上三重茅」，鬱悶！總的說來，李白的詩雖然也發過牢騷，但基本上都是寫自己高興的，這小子沒什麼發愁的事兒；而杜甫就是動不動傷感到掉眼淚，見到老同學了，也掉眼淚，見到花瓣落了，也哭。這就好像現在的人喝酒喝醉了，有文醉武醉，李白是一醉就樂，樂了就掀桌子；杜甫一醉就愁，愁了就哭。

但是，這兩個人厲害的地方並不是個人情緒，而是那種氣度。並不是任何掀桌子和掉眼淚的詩人都能寫出這些詩來的。李白「天子呼來不上船」的俊逸灑脱，杜甫「會當凌絕頂，一覽眾山小」那個胸懷抱負，一般人哪及得上！

中唐代表作是白居易的《諷喻詩》，白居易的詩要損人。可是你要損人的話，最起碼得讓他能聽得懂。你損了半天他都不懂，你有什麼勁兒？我剛在中學教書的時候，特別的搞笑，那幫孩子特討厭，我罵他們寡廉鮮恥，底下的孩子一個個睜著眼睛看我，什麼意思老師？我說臭不要臉，這下才明白了！老師不能罵髒字，好不容易找個文詞來表達心情吧！寡廉鮮恥還聽不懂，搞得我特鬱悶。所以白居易的詩都是勞動人民語言，但是語言雖俗，意境不俗。

白居易去給李白掃墓，六句詩：「采石江邊李白墳，繞田無限草連雲。」第一句能當導遊圖使，「可憐荒壟窮泉骨，曾有驚天動地文。但是詩人多薄命，就中淪落不過君。」就這六句，誰敢說我寫李白比白居易寫得好，你看著都是大白話，把要點都說出來了：別看這破地兒，破墳，埋這麼一個偉人。所以白居易的詩意境很高，在日本、韓國廣為流傳（因為太複雜他們學不會）。

晚唐杜牧、李商隱詠史詩。我個人認為，唐詩最高的藝術成就就是小李杜：杜牧和李商隱。他們把律詩發展到了極致，尤其是李商隱。「藍田日暖玉生煙」、「此情可待成追憶，只是當時已惘然」，這些句子的情感很細膩複雜，沒人能說清楚。別相信書上的注解，都是胡說八道的。他感歎自己一生的境遇，不是感歎找物件沒找著，小李子都是借事兒來說自己的事兒。

唐朝知識份子，感歎自己做不上官，寫了一首詩：「蓬門未識綺羅香，擬托良媒暗自傷。」就是說一個窮女孩嫁不出去，「誰愛風流高格調，共憐時世儉梳妝。敢將十指誇針巧，不把雙眉鬥畫長」，你把眉毛畫長了沒有用，沒有人娶你，你只能給人縫衣服，「苦恨年年壓金線，為他人作嫁衣裳」，每年辛辛苦苦做的漂亮衣服，都是給別的新娘子穿。表面上看起來是寫服裝行業的，其實就是寫他自己，因為他做不上官。古人寫詩沒有直說「我當不了官很痛苦」的，都是托物言志。比如說，那姑娘做衣服很痛苦，所以我很痛苦；那哥們兒電腦又藍屏了，所以我很痛苦，都是這樣表達象徵意義的。李商隱也是一樣。

李商隱的詠史詩寫得非常好，他寫楊貴妃跟唐明皇：「海外徒聞更九州，他生未卜此生休。

空聞虎旅傳宵柝，無復雞人報曉籌。此日六軍同駐馬，當時七夕笑牽牛。如何四紀為天子，不及盧家有莫愁。」你唐玄宗做了四十年皇帝，國破家亡連媳婦都保不住，你什麼玩意兒。「如何四紀為天子，不及盧家有莫愁」，他不是損這個皇帝，但是意境在這兒擺著，所以詩歌寫得好不好，就看意境。

第五章

# 你唱「霸」來我登場

## 五代、遼宋夏金元

西班牙那個什麼馬德裡皇家武器博物館在故宮有一個展覽，看完之後我真的覺得震驚，你看人家皇帝玩什麼玩意兒。盔、劍、盾牌，整天玩這個。你看咱們皇帝整天玩什麼，蟈蟈、蛐蛐，高雅一點的就是筆墨紙硯。一個民族尚武精神的集體缺失，就從宋朝開始了，原因就是宋朝怕被造反，把武將的地位壓得太低了。

# 1 不和諧的大合唱

## 大蔥同化法

開始講宋元了。

宋元時期是我國歷史上第三個民族融合的高峰期。

先秦是第一個民族融合的高峰，第二個是在魏晉南北朝，匈奴、鮮卑、羯、氐、羌，五胡亂華的時候，把五胡都給胡進來了。

第三個就是在宋元時代。中華民族五千年來一脈相承，其他國家很多古老民族都滅亡了，為什麼我們中國這些民族發展到今天能夠薪盡火傳、子孫不絕？一個重要的原因就是中華民族是不斷的融合的產物。

我們的民族比較龐雜，意味著相互學習的機會和各自文化交換的幾率比較高，這樣整個中華民族的人就都比較聰明，遺傳基因越來越優秀。你看印第安人他跟我們同屬於蒙古利亞人種，但為什麼哥倫布發現美洲的時候，他還處於史前文明時代？其中一個重要原因就是，他太封閉，沒有交流。他一千多個部落有兩千多種語言，張村說的李村不懂，李村說的王村不懂，不懂還不去統一語言，各自摸黑發展。缺乏交流的後果就是張村知道螃蟹可以吃，李村還把它當毒蟲；李村知道鱷魚不能惹，王村還老有人去餵鱷魚。如此一來，繁衍下去總是舅舅外甥女、表哥表妹、姑媽跟侄子這種系，那這民族不就完蛋了嘛。黑人也一樣，他的民族這麼落後，就因為他沒有國家概念，只有部落的概念。

中國最大的民族漢族，本身就是一個不斷經歷民族融合的產物，先吸取少數民族更合理的知識和優點，然後再用自己的文化把他們同化。就像南方人來我們小區住三個月，我學習你優秀的地方，學完了之後順便給你同化了，你以前吃的是米飯，我把你弄得和我一樣吃麵條烙餅，吃香菜大蔥和包子。中國經過前面兩次大規模的民族融合，現在迎來了第三次香菜大蔥同化法。

## 播亂五十秋

西元九〇七年，李唐王朝被他的藩鎮宣武節度使朱温所滅。朱温滅唐之後，建立了梁。十七年後，梁被後唐代替。後唐完了是後晉、後漢、後周。等於這黃河流域五十三年的時間換了五個朝代。梁、唐、晉、漢、周這五個朝代最長的是後梁，十七年，最短的是後漢，只有四年，四年還換兩個皇帝。

所以後人寫詩就說「朱李石劉郭，梁唐晉漢周，都來十四帝，播亂五十秋」，五十年十四個皇帝，那你想這些皇帝大多數都是怎麼死的？就是非正常死亡，被人做掉了那種。如果是盛世王朝，漢武帝在位就長達五十四年，比五個朝代加起來還多一年，康熙爺是六十一年，乾隆爺要算上太上皇是六十三年，遼朝還有好幾個皇帝在位四五十年的，西夏也有。一朝的一位太平天子就

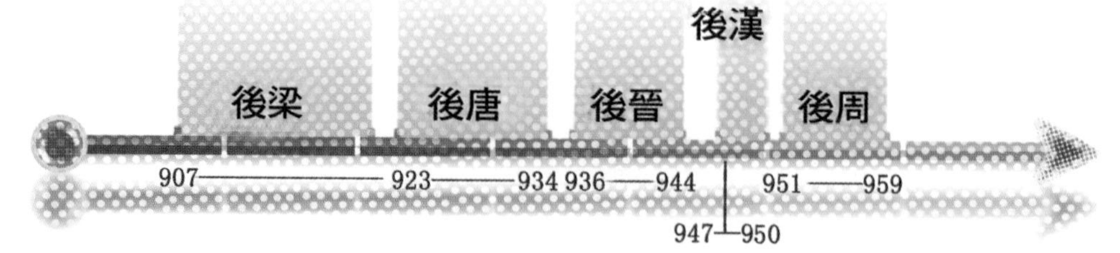


**五個朝代時間與變更順序**

黃河流域五十三年的時間換了五個朝代：梁、唐、晉、漢、周。

這五個朝代一共五十三年，最長的是後梁十七年，最短的是後漢只有四年，四年還換兩個皇帝。

**五代十國分裂局面**

五代十國是唐末藩鎮割據的繼續和發展。唐末的藩鎮割據是導致分裂的開始。第二個原因是黃巢起義。九〇七年，朱溫廢掉了唐朝最後一個皇帝——唐哀帝，建立了「梁」政權，始稱「後梁」。五代十國正式開始。

堪比五朝，可見這五朝有多亂。

為什麼他能那麼亂？就是因為他每一個皇帝都是前一朝的大將、藩鎮。他們手握重兵，打仗的貨全在手裡，幹麼不搶位子？比如那個成德軍節度使安重榮他就公開講：「天子寧有種邪？兵強馬壯者為之爾。」這不是說當皇帝的沒種，而是說，當皇帝的難道天生就是當皇帝的嗎？還不是誰胳膊粗、誰拳頭大誰就當老大唄。所以這樣一來，國家不像個國家，倒像個幫派，誰能打誰當頭兒，當然更替得很快了。

## 天上掉餡餅

西元九六〇年，後周禁軍大將趙匡胤在今天的河南陳橋兵變，建立宋朝。年號建隆，都東京。這個東京不在日本，而是指開封。宋朝有四個首都，西京洛陽，東京開封，南京應天（商丘），另一個是北京大名。趙匡胤就是宋太祖。趙匡胤建立宋朝的時候，中國還在五代十國這種分裂局面下，北宋建立之後，宋太祖削平了南方。宋太祖也是因為做了禁軍大將，手握重兵，才能削平南方，篡權換代。削平南方之後，西元九七九年，宋太宗消滅北漢，結束了五代十國。太祖皇帝駕崩之後，皇位採取兄終弟及，由他的弟弟趙匡義（後改為光義）即位。這個人即位之後就是宋太宗，所以北宋經歷了太祖太宗兩代皇帝才算把五代十國分裂的局面結束，但是並沒有完成中國的統一。宋朝跟漢唐這樣的王朝是沒法比的，因為他並沒有完成中國的統一。我們可以看到跟北宋並存的政權有北邊的遼、西邊的西夏、雲南的大理，另外還有回紇和吐蕃。

這些個政權裡邊，地盤最大的實際上是遼，遼就是契丹人建立的。今天俄語裡邊的中國兩個字，就是發契丹的音，念不好就聽成是你大爺。所以說北宋並沒有完成中國統一，他連中原王朝疆域的主體部分都沒有得到。

# 2 史上代價最大的一頓酒

## 天才看一半

宋太祖陳橋兵變之前是後周禁軍的最高統帥，他篡權的時候那叫一個水到渠成。當時正好後周世宗柴榮駕崩，柴榮英年早逝，兒子恭帝柴宗訓即位，年僅七歲。所以趙匡胤等於是欺負人家後周孤兒寡婦，這樣的話他篡取政權的時候幾乎兵不血刃，沒有遇到什麼障礙。當然，他篡權之後得保證自己的政權長久。自己是造反派，當然怕造反的人，所以他就問宰相趙普，之前的政權為什麼不能長久。

這個趙匡胤本人是高幹子弟出身，他爸爸和他爺爺都是軍區司令一級的幹部，然後他的曾祖也是知州、知縣，就是那種地委書記或者縣長之類的幹部，所以他屬於軍區大院長大的孩子。趙匡胤從小就整天不好好念書，打架，打到進公安局。公安局一看這是軍區趙司令的兒子，不敢管，給他放出來。他又是一個比較豪俠的人，精通武藝，今天咱們中華武術裡還有太祖長拳這種套路，還有六十四路盤龍棍，都是當年趙匡胤發明的，他是一個武將。

趙匡胤認定了一個謀臣叫趙普，這哥們兒天資聰穎，是一個典型的無師自通型知識份子。怎麼個無師自通法？就是趙普這哥們兒不看書，一共就看過半本《論語》，所以人們才常說半部

《論語》治天下嘛，物盡其用的話，天才看半本就夠了。趙匡胤跟趙普聊天，趙匡胤問趙普：「為何唐季以來，帝王凡易八姓？」為什麼自從唐朝末年以來，那帝王換了八個姓。「吾欲為國家建長久之策，卿謂計將安出」，你給我出個主意，咱們怎麼做能把國家政權維持得久一點。這個趙普一聽非常高興，馬上就跪下回答：「陛下之言及此，天地神人之福也。此非他故，藩鎮太重，君弱臣強而已。」老大，你說這話是天下所有人的福氣，前面的國家更替那麼快，其實沒別的原因，就是藩鎮權力太大的緣故。藩鎮就是那種手握重兵的大將，尤其武將，他們的權力太重，比皇帝的權力還重，故而助長政權更替。「今若治之，亦無他奇巧。惟削奪其權，收其精兵，制其錢谷。則天下自安矣」，你現在要想治他們，也沒別的，就奪他們權，收他們兵，控制他們的錢糧，天下就肯定沒事兒了。宋太祖聽到這兒非常高興：「卿勿復言，朕已喻矣。」你不用再說了，我聽明白了。所以他就開始這麼做，從三個方面入手治這幫人，權、兵、錢。一個藩鎮沒權，沒兵，沒錢，能幹個啥？誰還聽你的，這不就完了嘛，問題解決了。

## 我是被逼的

宋太祖決定改變唐以來藩鎮割據的局面。

唐前期實行府兵制，府兵制的意思就是，沒有職業軍人。唐朝以前中國的兵都哪來的，就是平時您種地，然後到打仗的時候您就上，不用為了打仗成天在那兒練兵。府兵制的基層組織軍府的名稱叫折衝府，一個折衝府是一千八百人，由折衝都尉一人管轄。如果有戰事爆發，朝廷臨時選將率領折衝府的部隊去打仗，打完仗之後兵散於府，將歸於朝。比如這次打突厥，皇帝調山東的折衝府，然後由左衛大將軍指揮。下次可能打回紇，還是左衛大將軍指揮，但可能調的是隴西的折衝府了。這樣的話，兵不識將，將不識兵，相互有了短暫感情也能轉瞬分開，就不會造成叛亂。

平時他的業餘的身份是軍人，他的主要身份是農民，職業農民業餘士兵，平時種地，打完就散，而且兵和將之間沒有長期的磨合，大將都不知道派給自己的軍隊有沒有戰鬥力，這樣的軍隊戰鬥力肯定不强。所以到唐朝的時候就開始搞募兵，你自己招募軍隊，招募職業軍人。職業軍人一存在，戰鬥力是上去了，問題就是誰招的兵他就聽命於誰，容易對中央構成威脅。

安史之亂其實就是這麼一碼事。安祿山身兼范陽、河東、平盧三鎮節度使，管轄咱今天的河北、山西、遼寧這三省，然後麾下精兵十五萬，中央軍才十二萬，典型的君弱臣强，所以他一下就能夠爆發長達八年的叛亂。後來唐朝滅亡，等於是亡在這個藩鎮的手裡。宋太祖一明白這個事兒，還能好嗎，馬上開始動手，從權、錢、兵這三個方面把叛亂的可能性降到了最低。

首先是要集中軍權，解除禁軍將領的兵權，這就是中國歷史上著名的「杯酒釋兵權」。跟太祖皇帝一塊打天下那幫人都是他哥們兒，什麼政治處主任的兒子，參謀長的兒子，後勤部長的兒子，全這麼一幫人，原來都是軍區大院長大的。太祖皇帝就召集他那幫哥們兒來喝酒，喝到高興了，宋太祖說，我天天睡覺就睡不踏實，我睡不著覺。然後這幫大將很奇怪：「陛下富有四海，何出此言？」太祖說：「因為當初你們貪圖富貴把這皇袍披我身上，讓我當皇帝。你們想做開國元勳，才把我逼到這份上。萬一有朝一日你的部下貪圖富貴，要逼著你當皇上，你怎麼辦？」你說這話多不講理，我當皇帝是被逼的……

當然，這幫大將一聽嚇壞了，跪地下就磕頭。那您說我們應該怎麼辦？

宋朝的皇帝宅心仁厚，貴族出身的皇帝對大臣一般不錯。流氓出身的皇帝全不行，像劉邦、朱元璋、李自成，洪秀全就更甭說了，這要擱明朝這些人就全被幹掉了，發動一場大革命就全幹掉了。

這個宋朝皇帝說乾脆這樣吧，咱們打仗的目的不就為了享受嘛，現在你們就回家待著得了。你們也別打仗了，都這麼大歲數了，回家待著去。你要房子我給你房子，你要地我給你地，你要錢我給你錢。你買幾個歌兒舞女，得盡天年。然後咱們君臣之間結成兒女親家，我的公主嫁給你兒子，你的閨女我兒子娶了，這樣一來的話，君臣無猜多好。

這幫大將第二天紛紛上表。我不能騎馬了，腳有問題，骨裂了，或者前列腺出毛病了，於是全都紛紛上表，不來了。不能騎馬了是吧，那你到外地做節度使去吧，但節度使的實權其實又是被剝奪了。岳飛後來就算身兼三鎮節度使，十二道金牌一調，還不乖乖地回來，回來就幹掉。所以那會兒的節度使只是一個虛銜，沒有任何實權了。

# 3 黨指揮槍，要文鬥不要武鬥

## 雇用的司機

宋太祖鞏固政權的第一步是把軍區大院一塊長大的哥們兒都辦了，第二步呢就是把禁軍統領權一分為三，對皇帝直接負責，然後又設立樞密院。

樞密院的設立是為了和禁軍統領互相牽制，調兵的不指揮軍隊，指揮軍隊的不調兵。禁軍是什麼？大家都認為這個禁軍就是禁衛軍，其實不是。北宋的禁軍就是正規軍，相當於中國人民解放軍。禁軍都在中央，地方上的兵被稱做廂軍，就相當於各地的武警部隊，再往下就是鄉兵，相當於民兵預備役。然後是藩兵，藩兵一般就是在邊境上招募的少數民族。

所以北宋軍隊由這麼四種構成：禁軍、廂軍、鄉兵、藩兵。正規軍的禁軍統帥叫殿前都點檢，相當於總司令。趙匡胤之所以能夠篡權，就是因為他之前做的是這個殿前都點檢，正規軍總司令造反，那不是易如反掌。而且那時候他妹夫高懷德是副點檢，他們倆就能夠輕易把這江山給篡了。

趙匡胤深知禁軍統領的厲害，所以他做了皇帝之後首先就把這個職務給廢了，變成了三衙：殿前司、侍衛親軍馬軍司、侍衛親軍步軍司。這就是把這禁軍統領權一分為三的過程，等於總司令由一個變成了仨。他們仨都對皇帝負責，但是你能統帥軍隊，調兵不歸你，歸樞密院。

樞密院有點像我們今天的總參謀部，調動軍隊都由他負責。意思就是，三八軍軍長雖說統率三八軍，但他能調動三八軍嗎？你說我調一個連幫我回家蓋房子去，那不可能，你調一個排都得中央軍委批准。你三八軍軍長能指揮三八軍但調動不了三八軍，中央軍委可以調動三十八軍但不直接指揮三八軍，所以統兵的不調兵，調兵的不統兵，這樣的話軍權才能夠分散，要不然的話就容易造反。這樣，禁軍統領就好像是雇用司機，派不派車不歸你管，車不是你的，但你能開。

而且，樞密院的長官一定是文官。北宋多半是文官治軍，這個有點跟今天的西方國家相像。今天西方國家的國防部長一律穿西裝，稱呼起來也是什麼什麼先生，不是什麼什麼將軍，而且西方審判戰犯的時候，戰犯一般也都是穿西裝，很少有穿軍裝的。用文官治軍，就是怕你武將來干預，武將干預政治是很容易的。所以北宋的時候就這麼做了，用樞密使調兵。

## 缺失的精神

第三步，實行更戍法。

更戍法就是禁軍定期更換駐地，但統軍的將領不隨軍調動，以防止武裝叛亂。這是什麼意思呢？比如現在三八軍駐保定，二七軍駐石家莊，五四軍駐濟南。然後現在，三個軍的軍部不動，五四軍調到保定去，二七軍去濟南，三八軍去石家莊，如此一來，你指揮的部隊跟你原來的部隊就不一樣了。他目的還是想達到兵不識將，將不識兵，這樣的動作幾年一換，避免軍將感情一好，勾結了造反。

第四步，地方精壯編入禁軍，强幹弱枝。

廂軍、鄉兵裡邊的精壯之士，都被選入禁軍。這樣做的結果就是說凡是這個地方身高體壯，武藝高强的都被編入禁軍了，那地方的部隊精英一被抽調，當地的實力就變得很弱，只能捕盜根本不能打仗，捕盜還經常被盜賊給累死，基本是一幫老弱病殘。

所以後來少數民族政權，金也好，遼也好，元也好，跟宋朝打仗只要一突破邊防馬上就能馬上打到京城。因為你中間這些州郡都沒用，中間州郡全是老弱病殘，賊都抓不到，不能抵禦遊牧民族的軍隊。

而且從北宋開始，中華民族綿延了幾千年的尚武精神就越來越蕭條。

中國的對外戰爭在近代以來屢戰屢敗，除了制度腐敗，裝備落後，最關鍵一個原因就是缺乏尚武精神。沒有尚武精神，好男不當兵，好鐵不打釘，你一心繫國家的秀才去背弓拉箭，那什麼玩意兒。為什麼日本幾十萬人能縱橫中國，人家那讀書人腰裡是插著兩把刀的，咱們讀書人是插著扇子。

西班牙那個什麼馬德里皇家武器博物館在故宮有一個展覽，看完之後我真的覺得震驚，你看人家皇帝玩什麼玩意兒。盔、劍、盾牌，整天玩這個。你看咱們皇帝整天玩什麼，蟈蟈、蛐蛐，高雅一點的就是筆墨紙硯。一個民族尚武精神的集體缺失，就從宋朝開始了，原因就是宋朝怕被造反，把武將的地位壓得太低了。

八十萬禁軍教頭豹子頭林沖，讓高俅給欺負成那樣。你說八十萬禁軍教頭不是很牛嘛，練槍的怎麼能被一練足球的欺負？不是的，八十萬禁軍教頭不是中國那解放軍武術總教練。在當時禁軍教頭有五七百多個，林沖只不過五千七百分之一。這教頭上面是都教頭、虞侯、都虞侯、指揮使、都指揮使，都指揮使是正五品，教頭從八品下。古代官品每品分正從兩級，四品以下的官，每級又分上下兩階，他是從八品下。縣令正七品上，這一比較，擱今天的話講是連排級幹部，他要真是中國人民解放軍武術總教練，他不至於上梁山嘛。

宋朝的士兵經常逃亡，防止士兵逃亡的辦法是在臉上刺字，但是臉上刺字是犯人，那就等於毀容嘛。在臉上刺上：第八營第一連第二排，跟刺肩章似的。宋朝只有北宋的狄青，南宋的岳飛是武將熬上樞密副使的，這個是挺不容易的。狄青當樞密副使的時候臉上還有字。皇上給他藥水要他洗下去，他說我留著，我留著要激勵將士，跟他們說我這樣臉上帶字的也能當上樞密副使。但是就你這一個，沒別人了，激勵不著將士。

就因為宋朝把武將地位壓到這麼低，所以他對外戰爭老打敗仗，沒人尚武，打仗都讓文官去。文官又不會打仗，皇上給你一個陣圖，照著打。你拿著陣圖到了前線，打開陣圖就傻了眼，按皇上的佈置根本沒法打，再請示皇上吧，沒等你請示到，敵軍到眼前了，下輩子再請示吧。

## 只要不造反

第五步，集中行政權。

參知政事做副相。宰相本來在隋唐的時候就由一個變成一窩了，獨相變群相嘛，到了宋朝又設參知政事，作為副相，宰相的數量就越來越多了。參知政事這個副相可以臨時設立，然後設樞密使管軍事。原來的丞相是上馬管軍，下馬管民。因為兵部是歸丞相管的，歸三省尚書省管的，現在他設立樞密使，你這三省尚書就管不著了。就這樣把宰相的軍權給奪出來了，所以樞密跟宰相就叫東西兩相。又設三司使管財政。原來的戶部是隸屬於尚書省的，現在又設了一個三司使管財政，這樣一來相權就更加的被削弱了。

然後在地方上，州的長官知州由中央派遣文官擔任。

原來的地方官雖然也要中央任命，但他是當地自己人，比如，四川省省長是四川人，安徽省是安徽人，是從本地人的縣長、市長晉升上來的。但是從宋朝開始變了，是朝廷委任京官出去當地方官。比如，我的本職是大理寺少卿，我應該是最高人民檢察院，最高人民法院副院長，結果大理寺少卿知端州事，高檢的檢察長到端州做知州去了，我還幹我這大理寺少卿嗎？不幹了。

所有的地方官都由中央派出來，那我知端州使的地方官就一定是端州人了。我撥來的官跟你這地方不是一處的，如此一來，地方上要想作亂就特別難。從宋朝開始一直到現在，基本上都這樣。實際上你看省一級幹部他都是中央往下派的。

中央派人去當地方官之後，還設了通判監督。通判監督知州，所以通判又叫監州。有人跟宋太祖說呀，你讓這個文官下去當地方官，你給他們這麼大的權力，他們會貪污的。你猜宋太祖說什麼？他說一百個文官貪污也不如一個武將造反對國家的危害大。所以您願意貪您就貪，只要您不造反。可見他自己造反得的江山，被自己給嚇壞了。

於是知識份子最幸福的時代就來臨了，只要不造反，幹麼都行。漢唐很可敬，但是一將功成萬骨枯，活在那樣的朝代很慘。明清就更崩潰了，尤其是明朝，生活在那種朝代真是生不如死，屬於中國古代史上最黑暗的二百多年。明清的可怕和可惡，反襯出了宋朝的可愛。

宋朝財政總收入很嚇人。北宋是明朝的十倍，南宋是明朝的六倍。直到《辛丑合約》那會兒，清朝財政收入才趕上南宋。你想兩宋那富裕到什麼程度，都是重商主義發展的，特有錢。如果宋朝不是被蒙古人給滅掉了，咱中國早就按部就班發展到近代社會了，可惜歷史是不能假設的。

## 愛幹麼幹麼

宋朝是很可愛的王朝。

太祖皇帝有遺訓，刻在碑上。這碑在宮中的一個秘殿裡面，每一個新登基的皇帝都要去看那碑。碑上刻了三條：

第一條，不得殺害柴氏子孫，咱江山是從柴家搶來的。這要擱別人，我從柴家搶了江山，我得把柴家連根刨。結果宋朝是不得傷害柴氏子孫，有罪不得加刑，何況他也不可能有罪。《水滸傳》有個逼上梁山的柴家後人，小霸王柴進，那個是虛構的，不能算。

第二條，不得殺害士大夫，上書言事者無罪。在宋朝你只要是讀書人你就沒有死罪。所以文官沒有被判死刑的。這一沒有死罪，你說貪污怎麼辦？殺還是不殺？祖宗家法是不許殺士大夫，那就流放吧，他又說士可殺而不可辱。流放就是一種侮辱，還不如殺了。皇上說那無罪釋放。皇上就說哪一件快意事兒我也做不得。宰相說這種快意事你不做也罷。

不能殺士大夫，士大夫給皇上寫信說事，無罪。你回頭給打成右派這不行。所以知識份子最幸福的朝代就是宋朝。那待遇真高，宰相的工資一年三百萬人民幣，差不多是兩萬四千畝土地的總收入，除此之外你還可以貪污呢，那三百萬是小頭，大頭在後邊呢。所以，宋朝就是再著名的官員他的生活都是特別豪奢的，包括我們知道什麼寇准、歐陽修，這幫人都特講排場，到了可勁造，花不完的地步，如果換了你也是一樣花不完。宋朝厚待士人，知識份子的生活很好很強大，所以才會有空去研究理學，去寫宋詞，這個宋詞和唐詩的風骨就完全不同了。

知識份子有錢，皇帝可夠慘。宋朝皇帝慘到都沒錢給自己修墳的份上。皇陵特別簡陋，在河南鞏縣，跟漢唐那種因山為靈，跨山連谷的皇陵沒法比，跟明清也沒法比。別的朝代都是皇上一登基就開始修墳，皇上不死這墳不能修完，不能說我完工了，您入住吧，那哪成。所以皇上活著的時候你不能停。而宋朝是皇上活著不能修墳，皇上死了之後七個月內必須完工，只要別豆腐渣，儘快幹完就是了，要不然皇上的屍體都爛了。所以那皇陵都很簡陋。

祖訓的第三條是不加田賦。當然這一點就沒做好，要是不加田賦皇上和文武百官吃啥？何況他們還得吃得好！

## 沒人會抵抗

鞏固政權的第六步，為集中財權和司法權，在各路設轉運使。

這等於是把這個地方的財政都轉運到中央來了。然後地方司法人員由中央派文官擔任，這就是提點刑獄司。

死刑要報請中央，一直到今天都是。比如，在安徽殺了人了，判死刑，須最高人民法院核准。當然一般不會被駁回，准能夠核准，但是提刑一定要把死刑報給中央，由皇帝親自批。

在清朝，就有懋勤殿勾到。皇帝在懋勤殿給這死刑犯打勾，用朱筆將死囚姓名勾去，表示核准，又稱「勾決」或「勾到」。勾決咨文下達便可執行死刑。勾一個人，大臣就要下跪三次給他求情，上天有好生之德，請皇上恩准。皇上說這傢伙太壞，勾了，但大臣還是每一個人要請求三回，別殺他，有好生之德。其實也就做個樣子。因為一般判死刑的都是大奸大惡之人，勾了就完了。

這麼六條下來，包括大院子的藩鎮在內，朝內朝外和地方上的權、兵、錢全都沒了，中央集權得到大大加强。

藩鎮割據的基本剷除維護了統一安定，有利於經濟的發展。强幹弱枝又把地方都給削弱了，所以除了清初特殊的三藩之亂，宋朝以後確實沒再發生過關於地方反叛中央的事兒，這個問題解決得很好。但是官員冗濫，財政開支龐大，又是伴隨而來的弊端。官員冗濫到什麼程度？前面說了，樞密使雖然管軍事，但是三省六部不能變成三省五部呀，兵部還是有的。三司使管財政，戶部也還是在的。如此一來兵部和樞密使，戶部和三司使的機構就重疊了嘛，重疊就會產生扯皮唄。這事是你幹還是我幹，所以這效率反而低下。而且由於北宋朝廷厚待士人，這幫大爺脾氣大，一般人都不好弄他們，慣得這個毛病，官員冗濫造成機構重疊了，還不好處理。

再有一個毛病，就是軍隊的戰鬥力下降了。當兵的臉上刺字，當官的昨天晚上才開始看《孫子兵法》，你想想天亮這仗怎麼打。

要說地方財政困難，積貧積弱。它並不是真的貧，真的弱。他有錢，他是中國歷史上最有錢的王朝，只不過這錢都花得不是地方。所以說北宋初年加强中央集權那些措施有利有弊，《朱子語類》中朱熹總結：「本朝鑑五代藩鎮之弊，遂盡奪藩鎮之權。兵也收了，財也收了，賞罰刑政一切收了，州郡遂日就困弱。靖康之役。虜騎所過，莫不潰散。」就說了，你什麼都收了，造成的結果就是地方的軍事力量薄弱，沒人有能力去抵抗，最後被外族一打就垮。

北宋的滅亡，就是因為上面那些看起來可以鞏固江山的政策。

## 進化科舉制

相對於唐朝，宋朝選拔官吏的方法有所變動，科舉制度得到了發展。

考試分作鄉試、省試、殿試三級。

省試就是後來的會試。有些外行的書寫成會考，高中畢業才會考呢。它說康有為在北京參加會考，康有為哪個中學的，康有為高二幾班的？後來，它又分為院試、鄉試、會試，會試就是省試和殿試。院試是最低的，中了的叫秀才，沒中就是童生，古代沒有畢業那一說。

小孩五六歲進學，進學之後你就可以考秀才去了。你要是七歲考上就是神童，不過您七十考上也可以，范進不是五十多歲才考上秀才嗎？老考老不上，老沒名分的，就是老童生。洪秀全為什麼造反，就是他考了一輩子秀才都沒考上。你想他那學問要能考上有天理嗎？他沒考上說明大清不腐敗，他就是考不上，擱哪個朝都考不上，從十八歲考到三十多都沒達到小學畢業水平。

院試考中了秀才的可以去參加鄉試。鄉試在省城舉行，中試的統稱為舉人。舉人的第一名叫解元，唐伯虎就是唐解元嘛。這邊你又考上了，你就可以去參加會試。三年一次由禮部主試，中試的都叫貢士。貢士的第一名叫會元，不是彙源果汁。你PK了三次都沒淘汰，中了貢士，於是你就可以去參加殿試。所有的貢士去參加殿試肯定都能中，只不過就是分成三等，第一等叫甲賜進士及第，一共三人，第一名叫狀元，然後榜眼、探花。第二等叫甲賜進士出身，上榜人數若干。第三等叫甲賜同進士出身，上榜人數也是若干，就這麼三等。

你要鄉試以上的三次考試全中，就叫連中三元。中國的一個成語叫連中三元，幹麼不連中二十六元或者七十元兩毛五分，它不是連續中獎可以兌換三元牛奶的意思，它三元的意思是解元、會元、狀元。科舉制一千三百多年，連中三元的只有明朝的商輅。只有哥們兒一人能連中三元，因為這太難了，哪那麼巧都是你呀。有的最後拿了狀元，但前面考的不一定是第一名，考場還有狀態問題和發揮問題嘛，所以連中三元這哥們兒很了不起。

殿試的錄取權由皇帝掌握，所以進士及第者叫做天子門生。

以前是高官主試，高官決定錄取，這幫新科進士一旦被錄取就對高官感恩戴德，容易跟高官結成朋黨。你們都是我錄取的，你們就是我的門生嘛，所以都得聽我的。現在不一樣，錄取權由皇上掌握，你跟皇上結黨去吧，不礙事。

明清兩朝殿試在保和殿，尤其清朝那些康熙爺什麼的，那真是親自出題，親自監考。那考試一考，早晨起來一直考到天黑，點著蠟接著考，皇上也跟那坐著監考。到後來有的皇上像咸豐，到考場轉悠一下，說聲「同志們辛苦了」就撤了，意思意思。

宋朝科舉實行糊名法，糊名就是我們現在的密封，你的姓名、年齡、籍貫、性別都擋上，嚴格保密。到了明清還得謄卷，考官看不到你的親筆卷子，他是由十個中書舍人給抄一遍，考官看到的筆蹟全都一樣，以免我的學生我認識他字蹟，就給個高分。當然那作弊的方法也多了去了。

在錄取名額上，宋朝比唐朝增加了。特別是宋太宗他在位二十年，錄取的進士超過唐朝三百年的。唐朝一次錄三四十個，三年一次，宋太宗是一次錄五六百個，年年考。三年一考很難，全國好幾千萬人，讀書的就算有幾十分之一的人也好幾百萬，三年一考錄取那麼幾百人，很難辦。結果宋太宗在位的時候老開恩科，今年我生了一個胖兒子，我高興，今年科舉開恩科。明年我又生一個，再開。後年娶一個小媳婦挺好，接著開，再後年我們家那樹上長靈芝了，他老有事兒。恩科一般都皇上整壽的時候，今年不應該科舉，但我整壽，就開一個恩科。一八九四年沒有科舉，但慈禧太后六十大壽，朝廷就開了恩科。這就為各階層讀書人進入仕途開闢了道路。

唐朝都是官宦人家的孩子能科舉，白丁子弟不行。到了宋朝農民都可以去參加科舉，商人子弟也可以參加。只有犯人的孩子和娼優的孩子不行。

過去小孩念私塾，老師教你念：「朝為田舍郎，暮登天子堂。將相本無種，男兒當自強。」、「天子重英豪，文章教爾曹。萬般皆下品，惟有讀書高。」說的是讀書就能科舉當官，讀書的品格是最高的，那你還能造反嗎？所以真宗皇帝御制《勸學篇》勸士子們「六經勤向窗前讀」，你幹麼要讀書呢？因為「書中自有黃金屋，書中自有顏如玉。書中自有千鍾粟，書中車馬多如簇」，你只要念書，什麼玩意兒都有：黃金屋、顏如玉、車馬簇、千鍾粟。

今天也一樣，也是「六經勤向窗前讀」，英語、數、理、化、生、史、地、政，正好六個。你連大學都沒上，你就看超市缺不缺扛貨的。大學沒畢業工作都找不著。你讀大學的，黃金屋、顏如玉、車馬簇、千鍾粟。不讀，鐵皮屋、柴禾妞、棒子麵、自行車。

宋朝的科舉制等於是擴大了政權基礎，這麼多個人都讓你給吸入到朝廷裡來。但是官本來就夠多了，你還把這麼多人都招來，招來你就得讓他做官。做官你就得給他錢，北宋的知識份子待遇那麼優厚，給錢還不能給少。所以造成一個結果，冗員，官吏多而雜，這幫人就更不地道了。

# 4 多餘的官兵，多餘的開銷

## 「餓」向膽邊生

到了北宋初年中期，發生了很嚴重的社會危機。

唐以後田制不立，沒人管了，百姓有多少地就給國家交多少稅，沒地的就甭交了。而到了宋，北宋太祖皇帝是高幹子弟出身，他當上的皇帝是因為趁著人家孤兒寡婦篡的權嘛，所以他不瞭解民間疾苦，他也沒見過農民起義的偉大力量，所以北宋還是不給老百姓分地。

特別是北宋皇帝有這樣的一個認識，宋太宗說：「富室連我阡陌，為國守財爾。」有錢的人越多越好，正因為有錢的人多了，國家可以徵稅呀。你說的那是美國，美國的個人所得稅百分之六十是年收入十萬美元以上的這些個大款們交的。中國的個人所得稅主要是工薪階層交的，你說讓那公司老總交個人所得稅，他交什麼呀？他把自己工資定到一千六百，不夠交稅標準。你那飛機頭等艙你月工資一千六百買得起嗎？他肯定花什麼錢都走公司賬，我月薪一千六百，不交個人所得稅。這在國外是非法的，比爾・蓋茨每月工資四百美元，你信嗎？

為富者不仁，所以中國不可能指著有錢人為國家出力，北宋也這樣。造成的第一個社會危機就是貧富分化越來越突出，差距越來越大。富人有彌望之田，窮人無立錐之地，到了這種地步國家還不管，你不管這個貧富矛盾，最後矛盾就指向了政府。

第二，百姓被地主剝削得饑腸轆轆，就得被逼造反。農民沒得吃那行嗎？他肯定反抗。

第三，冗官、冗兵、冗費，三冗。冗官就是養的這官太多沒用。冗兵，北宋養兵的目的是為防止內患，宋太祖認為「可以利百代者唯養兵也，方凶年饑歲，有叛民而無叛兵」，我養兵的目的就是讓你別叛亂，有叛民而無叛兵。結果每逢荒年政府都派人到災區去募饑民當兵。那你這個部隊等於根本就沒有戰鬥力，兵全是饑民構成的。過去有這麼一個口號叫「豎起招兵旗，自有吃糧人」，我一豎旗就有人來，吃糧。不是來保家衛國的，要吃不著糧，就嘩變了。

所以北宋的軍隊愛嘩變，你想他能吃得著糧嗎？長官怎麼著都得克扣軍餉吧。你看他長官坐著賓士六百，你自行車也沒有，長官一頓飯鮑參翅肚，你煎餅果子吃不起，於是這幫人就嘩變了。岳家軍為什麼後來打仗那麼棒？「凍死不拆屋，餓死不擄倞」，老百姓就支援人民子弟兵嘛。北宋別的軍隊老百姓不支援他，覺得他比金軍、遼軍還混蛋，就會搶老百姓。見著老百姓如狼似虎，見著敵人就耗子見貓那種感覺，禦敵無方，擾民有術，這部隊哪行。

冗費就好理解了，你百分之八十的錢花在養官，這就叫冗費。

# 5 王安石死磕

## 搜刮有錢人

於是，宋神宗任用王安石變法。北宋一共九個皇帝，太祖、太宗、真宗、仁宗、英宗、神宗、哲宗、徽宗、欽宗，神宗是第六代皇帝。

王安石變法有三方面。

第一，理財措施。理財措施核心是這麼一句話：「民不加賦而國用饒。」不增加老百姓的負擔，但是要增加國家的收入。不打老百姓主意，國家又要拿錢，這擺明了就是從有錢人身上下刀子。所以他這個改革既屬於調整階級關係，也屬於調整統治階級內部的關係。

首先是青苗法。每年青黃不接時，分兩次貸款給農民，收成後加息百分之二十還官，免受高利貸盤剝，增加政府收入。相對於現在來說，百分之二十利息太高了，現在都是千分之多少。你嫌高你可以不借，但是你要不跟政府借，只能向高利貸和地主借，那就是百分之二十的利息。所以這樣一來的話，「民不加賦而國用饒」這一句話就把官僚地主搞慘了，這些人想盤剝百姓沒法盤剝了。

其次是募役法，政府向應服役而不願意服役的人收取免役錢。雇人服役，不服役的官僚地主

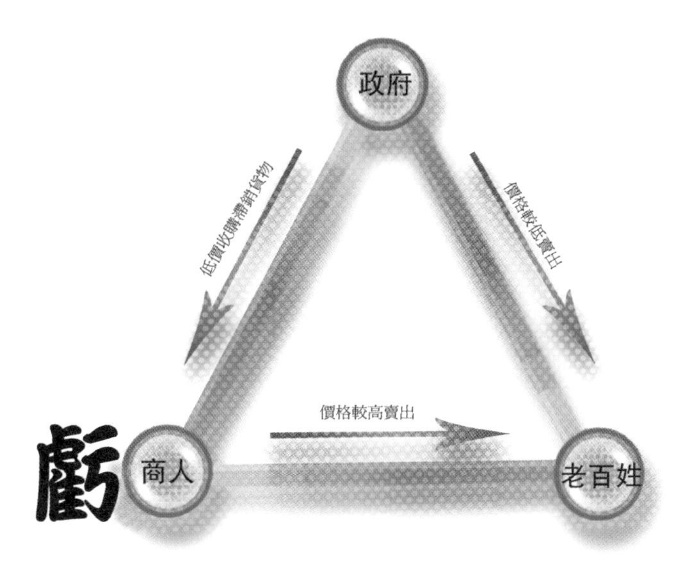


**北宋市易法圖解**

北宋市易法造成的結果就是政府得到的錢，老百姓物價能夠便宜點，然後商人吃虧了。所以理財措施都是體現著這個思想核心：「民不加賦而國用饒」。

也要出錢，減輕農民差役負擔，保證生產時間。這樣一來，原來可以不服役也不交錢的官僚地主，現在不服役就得交錢了。

再次，農田水利法，復次，方田均稅法。政府重新丈量土地，按每戶的多少肥瘠收稅，官僚地主不得例外。官僚地主的土地肯定又多又肥，農民的土地又少又瘠，那就肥的多收，瘠的少收。

最後，市易法，政府設置市易務，出錢收購滯銷貨物，市場短缺時再賣出。這就限制大商人控制市場，有個成語叫囤積居奇，本來是商人的斂財之道，現在等於是政府在幹這個事兒了。這有利於穩定物價和商品交流，又減輕了百姓的負擔，增加政府的收入。政府在夏季收購羽絨服二百塊錢一件，以免你積壓倉庫，所以商人都把羽絨服賣給政府了。到冬季政府以六百塊錢賣出，然後政府掙四百對吧。但如果商人賣，他可能賣八百，九百，一千。因此這樣造成的結果是政府得到了錢，老百姓物價也能夠便宜點，然後商人吃虧了，就這個意思。所以整體的理財措施都體現著這個思想核心「民不加賦而國用饒」。

## 短暫的變法

變法第二是，軍事措施。

首先，保甲法。政府把農村住戶組織起來，每十家（後改為五家）一保，五保為一大保，十大保為一都保。然後你們家有兩個男丁的，出一人為保丁。農閒時練兵，平時種田，戰時編入軍隊抵禦遼夏進攻，減少軍隊開支。這種兵實際上叫民兵，是保衛本鄉本土的，中國最適合這樣的軍隊。因為有人說中國人輕家國而重鄉土，勇於私鬥，怯於公戰。打架勇敢著呢，你看我媳婦一眼我跟你沒完。外敵入侵就膽小，異形打過來了，我躲著。中國人有強烈的鄉土觀念，一出國，你北京的，我也北京的，你上海的我也上海的，沒有說你中國我也中國的，組織的也是北京同鄉會，不是中國同鄉會，缺乏國家概念。所以這民兵非常適合，你保衛的是你媳婦，你家鄉。

將兵法。禁軍駐地固定，然後固定地將官加以訓練，充實邊防。

變法第三是教育措施。

改革科舉，廢明經，設明法。明經就是死記硬背的東西，沒用。整頓太學，使學校成為為變法造輿論，育人才的地方。所以王安石的作用是通過變法，一定程度地扭轉了社會危機。可惜最後還是失敗了，失敗的原因是用人不當，危害百姓。而更主要的原因是觸犯了大地主大官僚的利益。司馬光當政，就是小時候砸缸的那個，王安石的新法就被廢除了。

## 好心辦壞事

王安石變法為什麼用人不當？

王安石幹這事壓力很大呀。因為咱們中國一直是以儒家思想為主導思想，而儒家的政治主張是法先王。要尊重先朝和先王的規矩，你要改革，一般就被認為是離經叛道，大逆不道。所以王安石他就頂著雷，壓力很大。他明確地表示說我這個變法是本著這麼一個原則，溫家寶總理在一次記者招待會上引用過的這三句話：「天變不足畏，祖宗不足法，人言不足恤。」

「天變不足畏」，因為你王安石變法，你看地震了，七點九級，屬於天變。王安石說我不相信，我接著變，弄個八點三級我看看。

「祖宗不足法」，祖宗之法以守祖宗之地，今祖宗之地不守何談祖宗之法。

「人言不足恤」，大家都埋怨你，他們越埋怨證明我越正確，真理往往掌握在少數人手裡。所以這三條宗旨一來，往好聽裡說是大無畏，一往無前，往難聽裡說就這老哥太愣了。你誰都不怕，天、祖宗，就沒人能管得了你了，那往往他的事就容易走向極端。這時候就奠定了用人不當的基礎。

很多人並不見得贊成新法，但是因為王相公堅持要用新法，所以我就假裝支援。我求官，為了求官我假裝說我重視新法，因為那時候支援王安石的人太少，所以我一下子就當官了。當官之後我把這新法作為斂財的手段，明明那青苗法應該是百分之二十吧，我收百分之三十的利息。「提舉使以多散為功」，我多收，應該是老百姓需要借錢，我才借給他們，現在是我逼著你老百姓，你借也得借不借也得借。如果借了還不上，富戶為窮人作擔保。你們村有地主吧，有地主就給所有的農民作擔保，還不上我找你要。最後那村裡不但農民跑乾淨了，連地主都跑了。

孔聖人曾經曰：「君子喻於義，小人喻於利。」所以這個殺身成仁，捨生取義是君子，逐利的是小人。所謂士農工商，商人居四民之末的一個重要原因就是他逐利。《琵琶行》：「商人重利輕別離，前月浮梁買茶去。」人家不輕離別沒法養活你，白居易很瞧不起人家，商人重利輕離別，而你王安石整天琢磨的也是這個。民不加賦而國用饒，你整天逐利吧，你就是小人，小人怎麼能治國呢？

中國古代一個最突出的特點就是官不與民爭利。你當官了，不能做買賣跟老百姓爭利。其實今天很多國家都是這樣，我當了市長，我們家人要開公司，你能競爭過我嗎？你一點轍沒有。所以官不能幹這個，不能與民爭利。而王安石他幹的這些事就是與民爭利，民不加賦而國用饒。那麼那些地主難道不算民，他也算呀，你這就算與民爭利了。所以這些東西就成了保守派攻擊他的口實。後來很多保守派講王安石變法有種種弊端，那個並不是人家憑空編的，他確實存在這些問題。

王安石變法之後，朝中的大臣就分成了新黨和舊黨。新黨上來就打舊黨，舊黨上來就打新黨，黨同伐異，這樣的結果就使得北宋大臣之間的黨爭越來越激烈，也是後來造成他亡國的一個重要原因。

王安石變法在歷史上評價不高，但為什麼在教科書上給無限拔高，因為我們誤讀了列寧的選集。列寧說王安石是中國的改革家，列寧這麼說，其實是括弧裡邊的一個注解：「王安石是中國十一世紀的改革家。」偉大的無產階級革命導師其實沒有給王安石這麼高的評價，列寧是為了向俄國人介紹誰是王安石，說明王安石的身份，才說他是中國的一個改革家。

事實上王安石在很多地方都是被寫入奸臣傳的。歷史對他的評價不是很高，天下騷然，黨同伐異，黨爭視同水火。原來朝廷的矛盾沒這麼厲害，現在一下子各種矛盾都給王安石激發出來，所以他的變法最終還是失敗了。甚至有人說這北宋滅亡都是王安石惹的禍。

# 6 引狼入室，與狼共舞

## 草原上稱帝

北宋只是結束了五代十國的分裂局面，並沒有完成國家的統一。同北宋並立的少數民族政權，有契丹的遼、女真的金、黨項的西夏。

契丹在遼河，當時叫西拉木倫河上游，是遊牧漁獵的這麼一個民族。唐末的契丹勢力開始發展，漢族農民遷到長城以北，契丹人學會了種植、建城、農耕。

十世紀初，契丹首領耶律阿保機統一契丹各部，提倡農業接受漢族文化。耶律阿保機明顯是契丹話，他建國之後改名叫耶律億，名字也改成漢族的名字了。西元九一六年，耶律阿保機稱帝，建立了契丹國，定都上京，他就是遼太祖。少數民族的領袖都有各自的叫法，匈奴叫單于，突厥叫可汗，吐蕃叫贊普，他們只有入主中原之後才會建立帝號。像五胡十六國時期，五胡也是入主中原才建立帝號。而這個契丹人在草原上就建國稱帝，一切還都跟中原一樣。

遼有五個首都，整個遊牧民族和他的皇帝就在五個首都轉著住，上京是臨潢府今天內蒙古的巴林左旗。

契丹人創制了契丹文。它是在漢字的基礎上創立的，但比漢字複雜得多。契丹文現在已經變成一種死文字了，就是怎麼都不會有人讀。契丹文常用的是三千多個字，我們現在能夠認出來的是五百多，因為這個遼朝書禁甚嚴，他跟北宋的往來全是漢文，所以連北宋人都不認得契丹文。

漢字是單音節字，契丹語是多音節，所以他用漢字來記述是很不方便的。比如說天，咱們寫出來就是個天，念就念作天。契丹人要念成「騰格裡」（音），寫出來也非常的麻煩。一個字念仨音很彆扭，所以等遼一滅亡，這個契丹文也就隨著遼的滅亡退出了歷史舞台。電視劇《天龍八部》裡蕭峰他爹被人誤殺了，在那個牆壁上刻字。香港拍的劇，蕭峰他爹刻的是蒙古文，我很佩服導演，沒讓他刻英文。大陸拍的，刻的就是契丹文。

耶律德光時期契丹得到了幽雲十六州，改國號為遼。

耶律德光就是遼太宗，遼的第二代皇帝，德光這名字已經完全是漢字了。幽雲十六州的幽州就是咱們北京，今天的宣武、豐台兩區。遼不是五個首都嗎？遼的南京叫析津府，就是北京；遼的西京是雲州，就是山西大同；東京是遼陽；中京大定，就是內蒙寧城，出寧城老窖那地方。它五個首都，倆在幽雲十六州，這是後晉皇帝石敬瑭割讓給遼的。他讓遼幫他滅後唐，他就把幽雲十六州割讓給遼，然後四十五歲的石敬瑭拜三十六歲的耶律德光為義父，就是中國歷史上有名的兒皇帝嘛。遼得到幽雲十六州後受益匪淺。

## 長城失天險

首先是長城以南農耕開始發達。

原來少數民族打不過中原王朝，一個重要原因就是他經濟不行。你遊牧經濟，那玩意兒沒

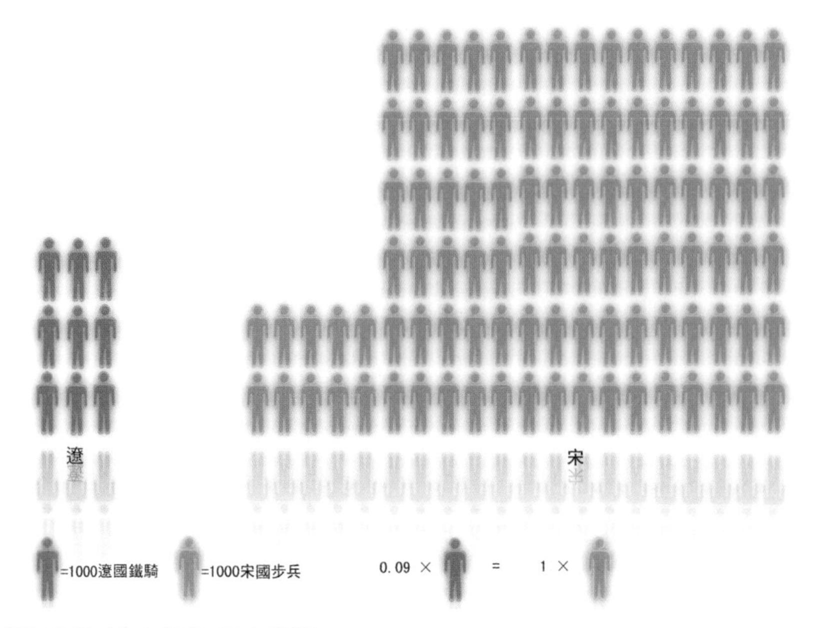


高粱河激戰（北宋和寮國首次激戰）

剛剛取得滅北漢的勝利，宋太宗便過低地估計了遼的力量，想一鼓作氣將燕雲地區收復，但倉促發動戰爭，準備不足，結果落得個慘敗的結局。這一戰，宋軍損失慘重，元氣大傷。

## 遼朝（契丹）帝系表

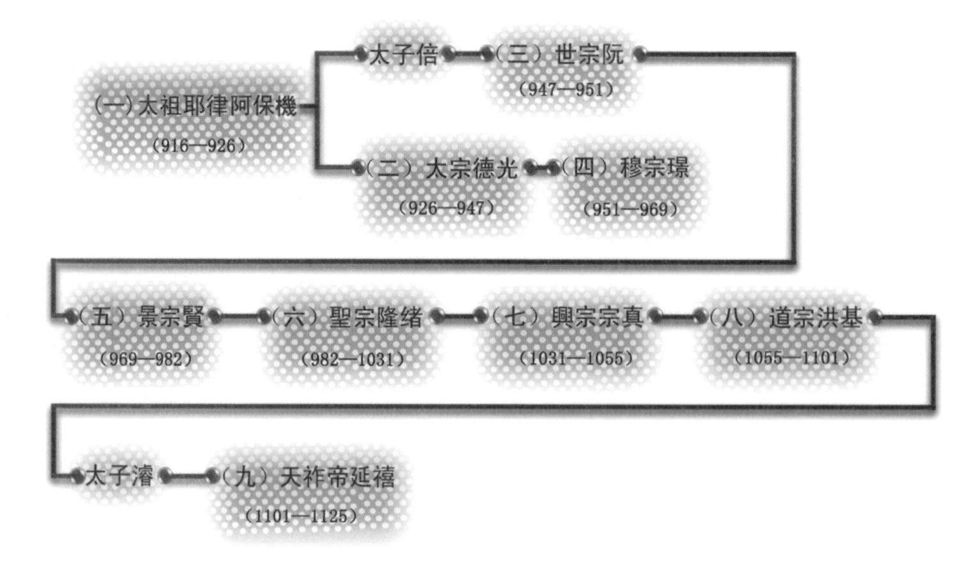

譜，一場大雪災就能造成你舉族滅亡。那現在，我遊牧民族也會種地了，而且我在長城以南。過去修長城就是為了擋住這些少數民族，現在這些少數民族都在長城以南，長城天險盡失。騎兵從北京出發，騎著馬往南跑全是平原，就中間黃河擋了一下，別的無險可擋。宋遼的邊境在雄州、霸州，就是北京往南三百里而已，這個優勢對遼有重要作用，卻要了中原王朝的命了。

這樣一來，遼就面臨著很多新情況和新問題。就是說我新擴充的這些地盤，我新增加的這些人口，怎麼進行管理。中原王朝的華夏民族有這麼一個認識——「胡虜無百年之運」。就是說咱們認為少數民族如果入主中原，他的統治不可能超過一百年。因為你一進入中原，你就勢必面臨著兩個選擇——漢化還是不漢化。漢化不漢化你都完蛋。

比如像匈奴、鮮卑、羯、氐、羌一入中原都漢化了。隋唐王朝都有這鮮卑的血統，鮮卑民族就沒有了。滿洲人實際上漢化了，還有幾個滿族人會說滿語，認得滿文的？要是不漢化你就會被打跑，那麼落後的經濟文化沒法統治這個人口眾多，經濟發達，文化發達的地方。統治不了，就只能被打跑。蒙古人不漢化，九十多年後回草原放羊去了。而無論漢化還是不漢化，過程都超不過一百年，無百年之運道理就在這。

但是，遼很好地解決了這個問題。你說「胡虜無百年之運」，遼一共兩百一十年，而且換了九個皇帝，每個皇帝在位的時間都很長。五代五十三年卻換了十四個皇帝，相比之下遼很生猛吧。

遼能這麼生猛，是因為一國兩制。他實行藩漢分治，設立南面官、北面官。南面官統治漢人和渤海人，北面官統治契丹人和其他少數民族。《天龍八部》裡蕭峰就是南院大王。

遼的上京臨潢府，它已經被金人給毀掉了。但是因為在蒙古草原上，遺址保存得非常好。在遺址裡明顯能看到上京是由兩部分組成的，南部叫漢城，北部叫宮城。南部漢城的街道、房屋，有坊有市跟隋唐長安非常相似，看遺址就能看得出來，北部就是契丹人住的地方，除了宮殿什麼都沒有，那證明契丹人住的還是帳篷。你不能讓漢族人住帳篷，契丹人又不習慣住房子，最後的協調結果是不協調，漢族人還住房子，契丹人進城還搭帳篷。以國制待契丹，以漢制待漢人，一城兩制。

## 被海扁兩次

契丹建立之後，跟北宋接壤上了，難免就會在兩者之間產生矛盾。

宋太宗統一了中原和南方後為了奪取幽雲十六州，向遼進攻。西元九七九年高梁河激戰，宋軍大敗。高梁河就是現在的北京紫竹院公園附近，十萬宋軍在這個地方同遼軍激戰。遼國名將南院大王耶律休哥率九千鐵騎把十萬宋軍打得全軍覆沒，太宗皇帝中兩箭，坐驢車逃回南方。馬可能都給打死了，才坐的驢車。太宗皇帝箭傷年年復發，最後就死於這個箭傷，其實他真正的死因可能是死於心病，高梁河一戰在他心裡埋下了永不磨滅的陰影，十萬宋軍被九千遼軍打得幾乎全軍覆沒，天天想著都來氣。

那時候宋剛滅了北漢，挾滅北漢之餘威來攻遼，慘成這樣。四年以後遼景宗耶律賢病逝，遼聖宗耶律隆緒即位，年僅十二歲，他的母親蕭綽就是蕭太后，開始執政。宋朝趁著人家主幼國疑，二十萬大軍兵分三路二次伐遼，東路軍是主力，由平定五代十國時候的大將曹彬親自指揮，田重進出中路，潘美、楊業出西路，楊業就是後來評書《楊家將》裡說的楊老令公。

東路軍一出遭到遼軍主力的痛擊，南國名將南院大王耶律斜軫的四萬鐵騎把十萬宋軍又打得全軍覆沒，曹彬帶了幾十人逃離戰場。中路軍田重進嚇得就沒敢出去，東路軍的主力都覆沒了，我去不是作死。所以田重進可能在邊境上掃蕩了一番，砍了契丹老百姓的腦袋，提著回去冒功，說我沒碰到契丹主力，只碰到小部隊了，所以殺了點，我回來了。殺良冒功。

西路軍這邊潘美、楊業他們出去之後，幽雲十六州占了山西四個州，應該說是大捷。但遼軍主力是騎兵，等東邊的戰場一平定就迅速回師西線，然後西路軍的補給跟不上，潘美只能後撤，楊業就打掩護。最後西路軍可能逃了一部分，楊家將全軍覆沒，楊業兵敗被俘，關在昊天塔，絕食殉國而死。

大宋在西元九七九年和西元九八六年的兩次北伐，幾乎都被人打得全軍覆沒。第二次要不是田重進撤得快也完了。所以這樣的結果，使得宋統治者確立了「守內虛外」的政策，把主要力量轉向對人民的防範和鎮壓。等於宋朝就不敢再跟遼國打仗了。但是你不打人家，人家可就要來打你了。

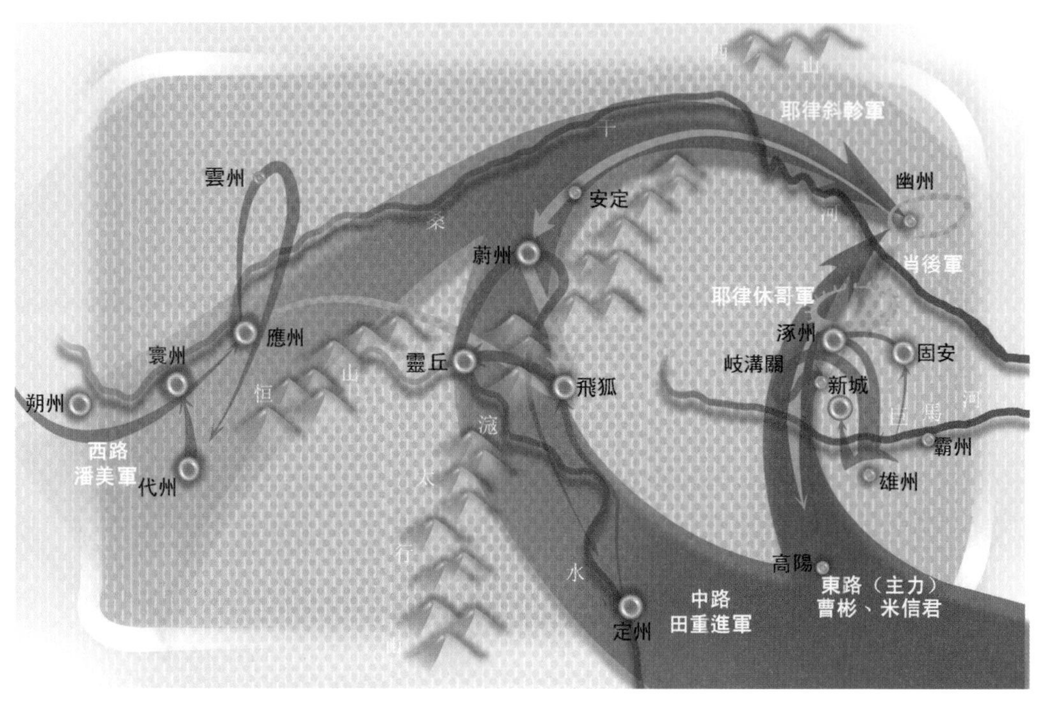


**西元九八三年，北宋和遼國二次激戰**

趁人之危，下場卻很慘。這樣的結果，使得宋統治者確立了「守內虛外」的政策，把主要力量轉向對人民的防範和鎮壓。宋朝不敢再跟遼國打戰了。

# 7 金錢外交，花錢買和平

## 寇老兒救國

西元一〇〇四年，遼軍南征。

迅速地打到了黃河岸邊的澶州，澶州離東京已經是近在咫尺了。因為宋朝中央集權強化，地方實力太弱，所以外族過來非常快，一下打到澶州，簡直跟吃桃子似的，一口就咬到了桃核。

宋真宗召集百官問怎麼辦，宰相王欽若是金陵人，主張遷都金陵。宰相陳堯叟是成都人，主張遷都成都。反正這兩個宰相都是一個主意，跑！陳堯叟說當年安史之亂明皇幸蜀，江山社稷得以保存嘛，所以咱們應該往那兒跑。王欽若說，不往那兒跑，咱們跑到南京。南京有長江天險，契丹人過不來。真宗就暈了，還有一個宰相是寇准，今天請病假，行，去問問他。他一琢磨這寇准是陝西人，八成主張我遷都長安吧。最後沒想到寇准一來慷慨激昂，敢言遷都者斬！都城乃天下之根本，根本動搖人心盡失。你皇上都跑了，你只招別人為你賣命，別人都是二百五嗎？再說咱們怎麼跑，能跑得過契丹人。你兩個腿，人家四個蹄。到這份上你必須抵抗，御駕親征。

宋真宗也就真的勉勉强强御駕親征，過黃河的時候怕死，他不願意過河，在這個轎子裡磨嘰。我什麼事還沒辦，我鑰匙落家了，MP4沒帶，我不能走。寇准特生氣，但也沒轍。太尉高俅拿著鞭子抽抬轎子那幫人，瞎了眼趕緊把皇上抬過去。他不敢罵皇上，他抽那個抬轎子的，就把皇上抬過去了。

皇上沒轍了，過去之後就到了澶州城。一到澶州城，皇上就躲在州衙裡不肯出來。然後寇准跟他說，您上城轉悠一圈，您讓老百姓看看，您來了。皇上說是，老百姓都看見了，遼國人也就看見了。弄個狙擊手給我一下子，我就玩兒完了。寇准說沒那事，趕緊把鋼盔、防彈背心給皇上準備好，金盔金甲，外罩錦袍。然後金甲武士裡三層外三層圍著你，保證沒問題。皇上穿得跟未來特警似的，勉強到城上轉了一圈，宋軍將士一看到金瓜、鉞斧、朝天凳、黃羅傘蓋，連呼萬歲，士氣大振。

守城的宋軍三十萬，圍城的遼軍九萬。這時四方勤王之師抵達，第二天開戰。遼軍統帥被宋軍用床子弩給射死了，床子弩就是底下是一張床，床上擱著一張弓，拿絞車絞開了並射五支箭，每支箭將近三米。那箭頭就是長矛，本來是射馬、射城垛子的，這次拿來射遼軍主帥蕭達賴，釘地下拔都拔不出來。等於一開戰遼國的主帥就戰死了，變成了大地標本。

主帥死了，遼國有所懼怕，提出求和。遼國跟這個北宋議和，只要北宋每年送給遼歲幣，然後遼撤兵。這個叫做「澶淵之盟」。

寇准就跟宋真宗說一鼓作氣收復幽雲，以慰太祖太宗在天之靈。真宗說你拉倒吧，這就把我嚇得夠嗆，遼只要不讓咱割地，給點錢沒關係我給得起。宋朝不是最有錢嘛，花錢買個天下太平。

於是宋真宗派了一個使臣叫曹利用，你去遼營談判，只要不割地，割地對不起祖宗，給錢我可以。一年答應給一百萬，歲幣嘛，一年給一回。曹利用就去了，出門的時候寇准告訴他，皇上讓你給一百萬，你要敢超過三十萬，回來我剁了你。所以曹利用到了遼營一番唇槍舌劍，答應了三十萬，每年十萬兩白銀，二十萬匹彩絹（就是帛）。

然後曹利用回營復命。皇上吃飯呢，不便接見，就派了個太監出來問，給了多少錢。這個曹利用一想這麼機密的事怎能跟太監說，就伸出三個手指頭，太監回去就說三百萬。皇上嚇得筷子都掉地上了，給這麼多錢，三百萬！轉念一想，嗨，三百萬買個天下太平沒關係，我認了。等一會兒把曹利用叫來一問是三十萬，把皇上高興的，授你五一勞動獎章。你太厲害了，三十萬天下太平了，從此之後就不打仗了。

給遼的壓歲錢一開始是三十萬，後來漲到了五十萬。

## 以文化擴張

澶淵之盟後，宋遼維持和平，邊境安定貿易興旺，使者往來。這個錢給的跟晚清對外賠款的概念是不一樣的，因為契丹族屬於中華民族。今天這個民族已經沒了，但根據基因鑑定，今天中國東北達斡爾族跟契丹人的基因是最接近的，有可能達斡爾人是契丹人的後代。末代皇后婉容就是達斡爾族。所以他是中國的民族，這個不能叫屈辱，什麼喪權辱國談不上。另外，每年給遼的歲幣相當於北宋兩個縣的財政收入，那北宋有多少個縣，得有一千幾百吧，你花兩個縣的財政收入買一個天下太平，挺值得。要是打起仗來，兵連禍結，烽火頻年，那可不是這兩個縣的錢能夠解決，搞定得了的。

所以我認為對遊牧民族採取的政策其實最合適的就是兩宋，兩宋立國三百多年。像漢唐那樣對付少數民族是不可取的，因為徹底消滅他根本就不可能。你消滅了他之後，他還有新的强大的遊牧民族興起，那打起仗來沒完。

他們來這，不就搶點東西嘛。你別搶，哥們兒給你。給你之後，我給你的錢是白給嗎？我往你那賣書、賣瓷器、賣茶葉，貿易一往來，很快把那錢就賺回來了，你還得倒貼呢。

歲幣三十萬的錢，我有辦法弄回來，你拿什麼給我呀。你不就給點牛馬、駱駝、毛皮嘛，那值個什麼錢，我這一個瓷瓶就應該換你幾匹馬。你不願意，不願意的話你家裡就擺馬吧，這瓷瓶我不給你。你說這玩意兒不平等，平等不平等我不管，這瓷瓶你做不出來，只能跟我買。所以很快這貿易往來，就把錢給賺回來了，而且雙方關係和好了，一百一十九年沒有戰爭。

宋遼澶淵之盟簽訂之後，邊境上「生育繁息，牛羊被野，戴白之人，不識干戈」，意思是頭髮都白了的老人，一輩子沒見過打仗的。這樣一來促進了民族的融合、友好。後來北宋聯合金滅遼時候，屬於北宋背盟，背信棄義。

遼的統治者自己說：「吾修文物，彬彬不異於中華。」這裡文物指的不是出土文物，而是典章制度。我的典章制度，跟中華是一樣的，你不能把我視做蠻夷，我也是中華。他要是認可了自己是中華，他待的這塊地就是中華的了，這塊地就並入我們中華版圖，成為中華大家庭了。所以中國領土的擴張，跟美國、俄羅斯是不一樣的。他們是靠軍事擴張，咱們是靠民族融合，文化的認同，用先進文化和先進生產方式向邊疆地區的擴張。

## 人多不怕打

西夏是羌族的一支黨項族建立的。黨項族原來在寧夏甘肅陝西西北遊牧。西元一〇三八年，黨項族首領元昊稱帝，都興慶，史稱西夏。

元昊建立的西夏其實叫大夏國，因為他在宋朝的西邊，所以這個大夏就被稱為西夏。興慶就是今天寧夏回族自治區的首府銀川。元昊並不是開國的皇帝，他的父親德明，爺爺繼遷的時候，夏朝的政權基本上就形成了。所以元昊死後廟號景宗，並不是太祖、太宗。他爸爸是太宗，爺爺是太祖，以前都是稱王，到他這才正式稱帝，然後往前追封。

西夏仿效唐宋建立政治制度，推行科舉制，創制西夏文字。西夏文字也是在漢字基礎上改造的，筆畫比漢字複雜得多。西夏文也是一種死文字了，無人能念。但是一九〇八年內蒙古額濟納旗的黑城遺址，俄國考古學家發現那裡邊都是西夏的文物，全給打包運走了，所以這個是敦煌第二，吾國文化之傷心史。今天中國的學者如果要研究西夏學，必須得去俄羅斯留學去。後來在考古時候發現了一本西夏人骨勒茂才編的西夏文跟漢字對照的字典《番漢合時掌中珠》，所以這西夏文現在是能夠看懂了，但是音還是不會讀，沒有人會說西夏語。

元昊稱帝，與宋交兵，雙方損失重，宋更重。

只不過宋不怕，我們有的是人。地域廣大，人口衆多。三川口之戰宋軍是十萬人，全軍覆沒，三統帥都被活捉了。好水川之戰宋軍也是十萬人，全軍覆沒，主帥任福戰死。

但是西夏損失也很大，西夏全國人口也就三百萬不到，不像宋朝好幾千萬可勁兒造，西夏死一萬人就不得了。所以元昊請和，雙方和議，夏對宋稱臣，宋好歹鬧了一個形象工程。因為夏雖然對宋稱臣，但是人家關起門來照樣，南面稱孤當皇上，他只不過就是給宋朝個面子，你厲害，你人多，群毆不是對手，我稱臣。

然後宋要反過來給夏歲幣，只不過宋給這個歲幣也是嘴上占了便宜，我每年賜給你，你是我的臣子，所以我每年給你二十五萬壓歲錢，玩去。於是每年白銀七萬兩，茶葉三萬斤，綢緞十五萬匹，每年都賜，誰讓你窮得不開眼。

# 8 是金子早晚要發光

## 伏虎完顏氏

宋跟遼澶淵之盟之後對峙一百多年，雙方勢力均衡，誰也吃不掉誰。一百多年以後在東北白山黑水之間崛起了一個强大的民族，就是女真族，建立了金國，把宋跟遼兩個政權全都給消滅了。

女真族由黑水靺鞨發展而來。唐朝曾經在黑水靺鞨的地盤上建立黑水都督府，粟末靺鞨建立了渤海國。西元九二五年，渤海國被遼太祖耶律阿保機所滅，渤海國的地盤就並入到了遼，黑水靺鞨地盤後來也歸遼統治，他們是在松花江黑龍江一帶居住。

女真分為很多部落，其中完顏部在十一世紀的中後期統一了女真各部，但是統一之後的女真族也是受遼的統治。當時女真人是非常强悍的一個民族，根據《大金國志》記載，說女真人：「俗勇悍，喜戰鬥，耐饑渴苦辛，騎馬上下崖壁如飛，濟江河不用舟楫，浮馬而渡。」他們喜歡打仗，耐饑渴辛苦，這些困苦別想難住他。騎馬上下崖壁如飛。不但人厲害，馬也厲害，會輕功。濟江河不用舟楫，過江都不用船，浮馬而渡，馬都能過去。這些人要參加奧運會得多厲害！

在遼統治女真的時候有一句話叫做「女真不滿萬，滿萬不可敵」，女真人，當然指成年男子，不

**女真人很勇悍，喜戰鬥**

女真人是非常強悍的一個民族，根據《大金國志》記載，說女真人俗勇悍，喜戰鬥，耐飢渴苦辛，騎馬上下崖壁如飛，濟江河不用舟楫，浮馬而渡。不但人厲害，馬也厲害。

能滿一萬，滿一萬就無敵於天下，可見他戰鬥力之強悍。所以這樣的民族是不可能永遠受別的民族的壓迫的。

為了反對民族壓迫，完顏阿骨打抗遼。完顏阿骨打的爺爺完顏烏古迺完成了部族統一，他爺爺傳給他父親，父親傳給哥哥，哥哥傳給他，到他的時候時機成熟，起兵抗遼。

## 天生打架王

完顏阿骨打抗遼在中國冷兵器戰爭史上，乃至世界冷兵器戰爭史上都是一個奇蹟。冷兵器時代打仗完全就是靠體力，完顏阿骨打抗遼的時候只有八百人，起兵對抗一個幅員萬里的帝國。遼帝國比北宋大多了，「東臨於海，西抵流沙，北逾臚朐河，南至白溝，幅員萬里」，東到大海，西抵金山，今天的阿爾泰山，北逾臚朐河，在今天的蒙古國，南抵白溝，那個地方是小商品集散地。幅員萬里的大帝國，人口怎麼著也得成百上千萬，結果八百名女真人起來造反。遼軍也沒拿它當回事，來了二千五百人鎮壓，三比一，結果被殺得剩下一兩個，跑回去報信去了。

女真人的部隊發展到了二千五百人，遼國來了二萬人，八比一，又給殺得只跑回去幾個的。他的部隊發展到三千七百人，遼國樞密使駙馬蕭十三率十萬大軍來鎮壓，當然這十萬可能是虛稱，怎麼也得五六七八萬吧，四十比一。兩軍一開戰，完顏阿骨打一箭把蕭十三射死了，遼軍統帥沒有了，隊伍就亂了，這時候他的部隊就發展到了一萬多人將近二萬。女真不滿萬，滿萬無敵於天下。

因此，阿骨打稱帝建金，都會寧，阿骨打就是金太祖，這時候他已經稱皇帝了，年號收國。

金史上有一段記載，為什麼以金為國號？「遼以賓鐵為號，取其堅也。賓鐵雖堅，終亦變壞，惟金不變不壞。」所以以大金名之。也有一種說法是完顏部出處是按出虎水，按出虎的漢文的意思是金，等於用族源的發源地做了一個國號。

完顏阿骨打推行猛安謀克制，兵農合一。這種制度非常像後來的女真人的八旗制度。女真人出則為兵，入則為民，既是老百姓又是當兵的，可以做到全民皆兵。

# 9 前怕狼，後怕虎

## 大遼滅國史

遼國在跟女真的戰爭中總是打敗仗。遼國的末代皇帝天祚帝耶律延禧，聽說女真建國之後非常生氣，所以親率七十萬大軍前來征討女真。當然這個七十萬也是虛的，估計二三十萬人應該有，女真是一二萬人。兩軍激戰於黃龍府，今天的吉林農安，天祚帝耶律延禧只率幾十名騎兵逃離戰場，基本上全軍覆沒。因為他這個部隊裡面，契丹人也不多，主要是渤海人、漢人。渤海人認為自己跟女真是同族，同出靺鞨，所以在戰場上不願意賣命，宋人更不願意為遼人打仗了，這樣一來就導致遼軍大敗。

遼一敗宋特別高興，你小子也有今天，你老欺負我，你老向我敲詐壓歲錢，歲幣這時候已經漲到五十萬了，你要那麼多歲幣，看現在你倒楣了吧！於是宋徽宗就派使者渡海，到金境內跟金國簽訂了海上之盟，說咱倆一塊聯手對付遼，滅了遼之後我收回幽雲十六州，每年該給遼的歲幣我給你。金聽了當然特別高興了，白得一筆錢。這幽雲十六州誰知道在哪兒？反正也不是我的地兒，你收回幽雲十六州就收回去唄，錢你給我，我還能得到中原大國相助，這事能辦。

金知道宋是大國，比遼還要强大，當然除了軍事力量其他確實比遼要强大。他可不知道宋朝腐敗虛弱到什麼程度，覺得挺好，同意了，雙方約好了去打遼。結果一打起來，北宋的表現應了老百姓的話「有多大臉現多大眼」。遼是五個首都，上京臨潢府就是內蒙古的巴林左旗，中京大定府就是內蒙古寧城，東京遼陽府，金軍負責占領這仨；西京大同府就是山西大同，南京析津府就是北京，正好在幽雲十六州裡面，所以你們宋朝是占這倆。說好了一塊出兵，結果宋朝出兵日期一拖再拖。他湊不齊人，剛把兵湊齊了，南方方臘造反了，軍隊得鎮壓方臘。所以金國就看，您怎麼老違約啊，你們說話算數嗎？金軍勢如破竹，把遼那三個首都給占了，實在按捺不住了人家把西京也給占了，打到燕山腳下，就等著看宋朝怎麼去打南京。

宋朝這次終於出兵了，十五萬大軍進攻遼的南京，指揮官是樞密使宦官童貫，一個宦官太監領兵。南京的遼軍是一萬多人，一看宋軍就火了，同仇敵愾，你都敢欺負我？我打不過關張，我還打不過劉備？於是遼軍發動突然襲擊，十五萬宋軍大敗三百里，也就是遼國不願意跟宋朝徹底撕破臉，所以追了一陣就不追了。

宋軍退回到境內，接著整軍，十五萬人又來了。遼國派使臣跟宋朝談，我你打得過嗎？宋說好像夠嗆。遼說我你都打不過，一個比我還強大的挨著你有好處嗎？現在來看應該是咱倆聯合對付他，你怎麼和他聯合對付我，這是不義的行為。他是我的臣子，他叛亂，叛亂的臣子能不鎮壓嗎？童貫說我們大宋皇上主意已經定下來了，你給我滾吧，我不聽你這一套。遼國使臣站在院裡哭：「遼宋兩國，和好百年。盟約誓書，字字俱在，爾能欺國，不能欺天。」回去之後一報告，七千遼軍趁夜劫營，十五萬宋軍又敗了三百里，神宗皇帝以來累朝儲積掃蕩無餘，王安石變法攢下那點錢這兩仗全打光了，刀槍甲杖堆積如山。而且他帶著很多金銀財寶去的，準備收復了幽雲

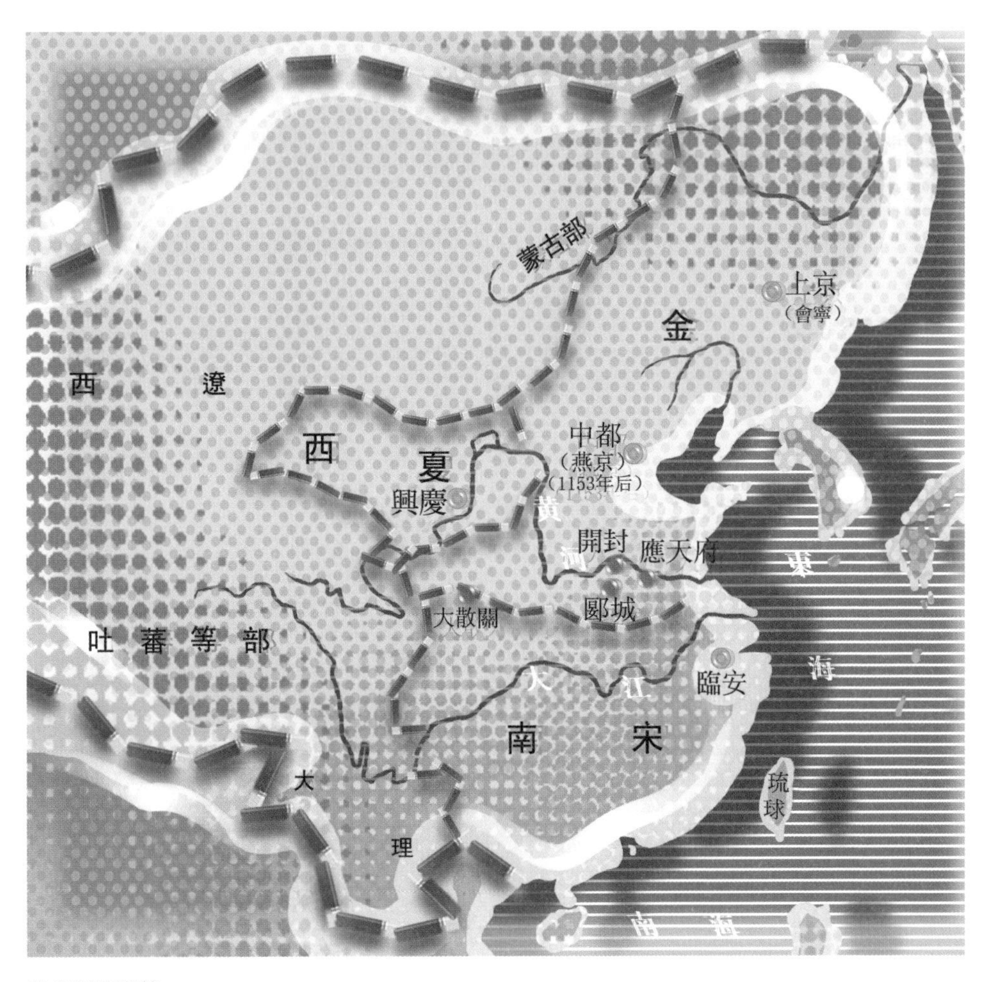


**宋金對峙形勢**

西元一一四一年，南宋和金訂立合約，規定東起淮水，西至大散關以北的土地歸金朝統治，南宋皇帝向金稱臣，每年向金繳納「歲幣」。

十六州之後賞人，結果金銀財寶都給繳獲了。

北宋一看這形勢，就跟金説，能麻煩您替我打一下嗎？我們皇帝有好生之德，我不願意殺傷人命，乾脆您幫我打一下吧。金國人早就看明白了，你除了會練嘴什麼都不行，你練嘴練得不怎麼樣，説話也沒溜兒。金軍馬上越過燕山進攻南京，遼軍一看金軍來攻，沒抵抗就開城投降了，宋朝打我我跟你玩命，第一次一萬破十五萬，第二次我七千破十五萬，等金國人一來，那是反著來的，他能一個滅我一百，別抵抗開城投降吧。

童貫見南京攻下了，就跟金國説能還給我嗎，麻煩您幫我打了你能還給我嗎？金國説拿一百萬贖城費。所以北宋又湊了一百萬贖城費交給金，這樣一來總算把燕京六州收回來了。北京周圍六個州回來就差不多了，西京那邊別想了，談都不和你談，我占了憑什麼給你？關鍵是這次戰爭當中，北宋把自己的虛弱表現得淋漓盡致。

金與北宋聯合夾擊遼，西元一一二五年遼亡，從九一六年太祖耶律阿保機建國，到一一二五年遼朝滅國，享國兩百一十年，傳了九代皇帝。

## 大金略地志

遼滅亡之後，下一步金國開始打宋了。

宋朝在和遼國的戰爭中，把自己的虛弱暴露得淋漓盡致，我就是無能。而且宋朝盡幹沒溜兒的事，雙方約好了，咱們滅了遼之後各守疆界，不許招降納叛。

幽雲十六州的居民主要是漢人，所以這些漢人不願意受金的統治。遼比金的文明程度高多了，好歹遼已經漢化了，金基本上是野蠻人，刻木結繩，所以漢人不願意受他統治，就都往宋朝跑。但這是不允許的，雙方約定誰也不許招降納叛。

宋朝是怎麼著呢？你來我就接受，等金國一要我就給你送回去，這樣的結果就是你的虛弱暴露得更明顯，而且幽雲十六州的漢人全失望了，本來以為我跑來祖國，祖國會保護我，結果金人一要就給送回去，要人給人，要腦袋給腦袋，心一死，幽雲十六州的漢人就徹底離開了宋。

之前北宋收復幽雲十六州的時候說的是「念舊民塗炭之苦，復中國往昔之疆」，結果中國往昔之疆也沒收復成，舊民的塗炭你也不管。這個時候金國大軍兵分兩路南下，一路出西京雲中，一路出燕京，摧枯拉朽，很快就打到了東京。當時宋朝的皇帝是中國歷史上著名的書法家、畫家、詞人、文物鑒賞家宋徽宗。這個人除了不適合當皇帝其他地方都非常完美，現在他的畫拿出來拍賣，一幅畫就六千多萬人民幣，還不知道是不是真的就值那麼多錢。他的藝術成就很了不起，當什麼都有前途，就是當不了皇上，所以金國人一打來，他第一個反應就是逃跑。

宋徽宗派了一個大臣，給事中李鄴到金營去看看虛實，結果李鄴回來之後說金國「人如虎，馬如龍，上山如猿、入水如獺，其勢如泰山，中國如危卵」，我們打不過人家，肯定完蛋了。宋徽宗一聽這太厲害了，傳位給他兒子宋欽宗。他兒子是罵著娘哭昏過去登基的，強行把黃袍披在身上。黃袍加身，你不登基就是不孝啊。宋徽宗說我到鎮江，白娘子許仙那地界，撞鐘祈福，國家長治久安。兒子說你扯吧，開封不能念經？你非跑那念經去。宋徽宗帶著人就跑了，宋欽宗也沒辦法，接過這爛攤子死守開封，在李綱的領導下打退了金兵的進攻。

金國人一看畢竟汴京城池高闊，百萬軍民不是那麼太好打。所以金國人放下話來，行了，我饒你一馬，但是我有條件，你要報銷我的軍費，我來了一次不能白來，你要給我五百萬兩黃金，五百萬兩白銀，一萬頭牛馬，然後割讓太原、河間、中山三鎮，以宰相親王為人質，我就撤軍。

哪去湊那麼多錢，宋朝馬上就開始動手四處搜刮這些錢，以宰相親王為人質給送去了。然後割讓三鎮也在緊鑼密鼓地操作當中，金軍就退了。金軍一退宋徽宗就回來了，你瞧我念經管用吧，靈驗了吧。結果沒想到，他剛一回來金國人再度南下，又來了，因為你錢沒交齊。可是五百萬兩金子你把宋朝砸了賣了也湊不了這麼多錢啊，三鎮他也沒割，因為三鎮居民誓死反對。所以金軍再度南下，又是兵分兩路進攻宋朝的都城，打到黃河邊上。

過黃河的金軍有幾萬人的樣子，守河的宋軍是十四萬，金國人把羊綁在柱子上面，讓羊腿敲戰鼓，敲了一夜戰鼓，做出一副渡河的架勢。第二天金國人一看十四萬宋軍跑得一個不剩，於是金國人就用小船運兵過河，小船特別小，一人一馬這麼小的船，從從容容十幾天就過了黃河。金國統帥得意洋洋：「南朝可謂無人矣，若使一兩千人守此，吾輩焉得如此從容。」有一兩千人守著放兩箭，我也不至於這麼容易，跟自駕遊一樣就過來，打進東京汴梁了。

# 10 大丈夫能屈不能伸

## 死亦為狗熊

東京汴梁百萬軍民，據説勤王之師不下二十萬，可圍城的金軍不到八萬人。八萬金軍裡面女真人就一兩萬，剩下的是漢人、渤海人和契丹人。八萬人城都圍不滿，圍滿了人不夠使，只能圍兩面，結果百萬軍民的東京汴梁城就淪陷了，徽欽二帝都做了俘虜。

西元一一二七年，金俘獲了宋徽宗、宋欽宗，北宋滅亡，史稱「靖康之變」。因為那一年是靖康二年，為什麼《神雕俠侶》、《射雕英雄傳》裡有郭靖、楊康，「靖康恥，猶未雪，臣子恨，何時滅」，指的就是這「靖康之變」。兩位皇帝三千多宗室加上大臣，都被俘虜，太祖開國以來一百多年的積攢，金銀財寶、圖書文物全都給掃蕩一空。大冬天，他們這些人乘坐八百六十多輛牛車北上。

金國對兩位皇帝百般侮辱，甚至金國士兵往皇帝身上撒尿，尿厚厚地結成一層冰了，皇上真有忍性。睡覺的時候，幾個人綁一塊，而且我的手綁你的腳，省得你逃跑，過山的時候就把皇帝橫著擔在馬上這麼給綁過去，父子倆忍到了上京會寧府，今天黑龍江的阿城。

忍到這個地方，金軍給倆皇帝掏了兩眼井，讓他們在井裡待著，坐井觀天，估計可能不是井是半地下室吧，在裡頭住著看窗戶。金國皇帝開宴會的時候，他的屋子裡不是冷嗎？鋪上一層燒著滾燙的沙子，讓那倆皇帝帶一個狗腦袋，拴一個狗尾巴光著腳在沙子上踩，一燙就來回跳，金國君臣哈哈大笑，南朝皇帝給咱們跳狗舞，多好玩。

就在這樣的環境下，宋徽宗又活了七年，四十七歲被捕，死的時候五十四歲。宋欽宗活了三十四年，熬了三十四年！

所以北朝人看不起宋朝。宋徽宗在那住著，金國皇帝有時候賞賜一條羊腿，羊皮襖什麼的，只要賞點什麼他馬上寫個詩表示感謝，天恩浩蕩啊，結果金國人特別絕，把他寫的詩編了一本書《宋徽宗感恩詩集》，專門在南宋的互市上賣，不是發是賣，結果賣了好幾十年。宋朝讀書人都讀過太上皇在北方的時候寫的這些賀詩。氣節之低，令人瞠目。

北宋九六〇年到一一二七年，歷經一百六十八年而亡，這個數還挺吉利。

## 宋金拉鋸戰

一一二七年，北宋康王趙構稱皇帝，都臨安，史稱南宋，趙構就是宋高宗。

趙構是因禍得福，他的母親是宋徽宗的嬪妃裡面出身最低的，宋徽宗有三十多個兒子他是排第九，他爸爸不喜歡他，他哥哥也不喜歡他，因此金國要人質的時候，先把他送去做人質了。結果金國人看到趙構氣宇軒昂，武藝高強，開幾石的硬弓，能當禁衛軍軍官，本事非凡。金國說我不要你，你太橫了不好管，容易越獄或者帶人造反，你回去，換一個稀泥軟蛋來。他們點名要宋徽宗最寵愛的第三子鄆王趙楷，這個人跟宋徽宗一樣，是一個繡花枕頭，金人就點名要換個小白臉，不要趙構。

結果趙構就被放回去了。金軍二次南下，趙構主動請纓去金營議和，走到半路，被人攔下，以天下兵馬大元帥的名義招兵買馬，起兵勤王，招來軍隊也不去勤王。等到東京一陷落，宋徽宗和他兒子全被俘，他是唯一僅存的皇子，於是大臣就勸他正大位，他才繼的皇帝位。

當時中原好多地方還是被雙方反復拉鋸，金國沒有信心也沒有能力占領中原。因為這個地方不會治，種地也不會，漢人說的話也聽不懂，書也看不懂。一開始想扶植傀儡，所以先扶植了張邦昌建立偽楚，後來又扶植劉豫建立偽齊，總之他不想直接統治這個地方。所以這個時候北方的義軍就起來抗擊，義軍就是軍民兵，他不是北宋的宋朝正規軍。

義軍裡面最著名的是八字軍，據說，結營聯寨一百多處，發展到七十多萬人。當然他畢竟是人民武裝，跟正規軍可能還有差距。八字軍的七十多萬人，每個人在臉上刺著八個字「赤心報國，誓殺金賊」。臉上刺字就是毀容了，不要臉了，而金國人最怕跟不要臉的打仗。這幫人太厲害了，臉都不要，只要殺金賊。

如果這個時候南宋官軍跟八字軍聯合起來，趁著金國站立未穩，光復故土也不是沒有可能的。但是高宗皇帝就一門心思逃跑，由應天奔揚州，揚州奔建康，建康奔杭州，杭州奔越州，越州出海，到海上漂著去了。金國大將完顏宗弼，就是金兀術，以四千輕騎，從長江邊一直追到海邊，因為金軍不習水性，所以只好望海興嘆。金軍一撤，他就從海上回來了。

## 隕落的神將

皇帝不思抵抗，但是當時的大將們還是很善戰的，最典型的就是岳飛。

岳飛的軍隊被稱為「岳家軍」，「岳家軍」最主要的戰役是郾城大捷，離開封已經很近了。當時的金軍統帥是評書裡老說的人，叫兀術，也叫金兀術或完顏兀術。完顏兀術是金國當時皇帝的叔叔，太祖第四子，封梁王都元帥，等於是金國軍隊的總司令。他率大軍南下，在郾城跟「岳家軍」主力遭遇。

宋軍跟金軍、遼軍打仗老失敗的重要原因是宋朝只有步兵，而遼、金都是騎兵。平原作戰騎兵打步兵就是玩玩兒，除非在山區。完顏兀術的部隊是三千鐵浮屠、一萬五千拐子馬，鐵浮屠就是鐵塔，救人一命勝造七級浮屠，浮屠就是塔。三千鐵浮屠就是重甲騎士，跟歐洲中世紀的騎士似的，人馬都披重甲，人就露著倆眼，馬就露著尾巴和四個蹄，為了衝擊起來的力量大，還把五匹馬拴在一起，衝鋒的時候一塊兒。馬上騎士手持長刀大斧狼牙棒，攻擊力是非常驚人的。

打仗時一般是三千鐵浮屠正面衝擊，一萬五千拐子馬左右兩翼包抄。拐子馬就是輕騎兵，人馬都不披甲，精於騎射。北方民族很少跟漢族的士兵打肉搏，他們不這麼打，主要靠弓箭狙射和馬的衝擊力自然把你幹掉。比如平端戰刀，馬往前一衝，那個速度十分快，快到揮刀都不用揮，只要拿穩了刀就好，一行腦袋相當於自己湊上來給你切的。

原來宋軍遇到這種對手無計可施，只能被人宰殺。後來岳飛一看，這好說，你不就是騎兵衝擊力嗎？我們挖壕溝，挖反坦克壕，一道一道壕挖起來，然後把金軍引誘到既定陣地，等金軍開始衝鋒，一衝發現這有溝，趕緊勒馬，一勒馬速度沒有了，壕溝裡藏的宋軍馬上用麻紮刀砍馬腿。由於五匹馬綁一塊兒衝的，所以只要砍掉一條馬腿，五匹馬全倒。鐵浮屠那一身盔甲好幾十斤，倒下就起不來。馬本身還有幾百斤呢，一倒能把人壓死。

所以如此一來，鐵浮屠、拐子馬幾乎是全軍覆沒，金軍無敵於天下的神話就被打破了。趁著這個形勢，宋軍繼續進攻，準備收復開封。當時中原父老給岳飛敬酒，岳飛說：「*直搗黃龍與諸君痛飲*。」不著急這酒留著喝，我去系統裡把他個CPU拆了再和你們慶祝。結果這個時候想得好，沒搗成，宋高宗命令岳飛班師，解除兵權後殺害。

宋高宗為什麼要把岳飛給殺掉呢？他那叫外患未滅先懼內憂，就是害怕抗金力量的壯大對他們的統治不利。岳飛那麼得民心，萬一打完金國回頭一回馬槍，把宋也給挑了，那不是養虎為患。這個事情看起來很荒誕很缺心眼，但一結合北宋初年的政策就很好理解了。北宋初年自太祖皇帝以來，一直對待武將是不信任，不給兵權的。在北宋皇帝眼中，每一個武將都是潛在的反賊，不能給他兵權。重文輕武，守內虛外，要保持這樣一種局勢。

結果現在岳飛的部隊居然被稱為「岳家軍」，你不是「趙家軍」，這個就太可怕了，兩家人能好嗎。而且岳飛的部隊「岳家軍」占了宋軍幾乎一半，宋軍當時四十萬，「岳家軍」就占了二十萬，要造反簡直不費吹灰之力。特別是高宗皇帝在南渡初期經歷過多次的武將造反兵變，比如酈瓊叛變，帶四萬多人投降偽齊，所以他對武將的不相信更是根深蒂固，由來已久。

岳飛這個人可能沒受過正規的教育，不太懂得跟君主打交道。有才能的人往往脾氣比較大，岳飛脾氣就比較大，有一次上朝，他跟皇上說，早立太子，東宮虛懸不好。皇上還不到三十歲呢，春秋正盛，著什麼急立太子？皇上非常不高興，說這種事不是你應該說的，你武將不該管這個，宰相都不管這事你管得著嗎，打你的仗去。岳飛一聽，你不聽我的，爺不玩了，退休不幹。皇上就派人請他，對不起我說錯了你回來吧，一次兩次老幹這個，皇上可不是生氣了嗎？

原來是國家如危卵的時候用用你，現在金軍被打得節節敗退了，金也知道宋朝的厲害了，而且關鍵是宋朝能打的武將也不止岳飛一個，韓世忠、吳玠、吳璘，這些人都特別能打。尤其吳氏兄弟鎮守陝西，金軍根本別想從那兒進四川，非常厲害。

這樣一來岳飛就被剝奪了軍權，被殺掉了。表面上是秦檜害的，實際上是宋朝皇帝的授意。因為如果真要讓岳飛把金給打敗了的話，徽宗雖然已死，欽宗還活著哪，岳飛直搗黃龍，那有可能被金人綁架的宋欽宗就送回來了，欽宗要是給送回來，高宗怎麼辦啊。後來宋金議和的時候，宋跟金說，你把我爹的遺體還給我，把我媽還給我，根本就沒提出他哥的事。

當時金國的看守都給宋欽宗從井裡撈出來了，給他蓋房，對不起啊，別跟我一般見識，等你回去做皇帝的時候，每年別忘了給我寄點壓歲錢，我對你還不錯，封他為天水郡公。宋欽宗心裡知道，肯定沒戲。果然宋朝的使臣一來，要我爹的棺材，要我媽，就不要我，所以當韋太后車駕南下起程的時候，宋欽宗過去抱著車軲轆就哭，你回去告訴九弟，他只要把我接回去，我願意出家做道士，我只要三間草屋，兩畝薄田，我絕不跟他爭皇位。結果一直到他死也沒回成，而且他也沒能歸葬南宋，後來金在北方給他安葬了。爸的屍體高宗還要，哥的屍體連要都不要，不提了。正是出於這個緣故，岳飛能成功北伐的可能性幾乎為零，你要打，你特別想打，但我決不讓你打，十二塊金牌召回風波亭幹掉。

## 面北而稱臣

然後宋金雙方就開始和議。

一一四一年，南宋與金和議，東起淮水、西至大散關以北的土地歸金統治。陸遊的《書憤》一詩：「早歲哪知世事艱，中原北望氣如山。樓船夜雪瓜州渡，鐵馬秋風大散關。」瓜州渡、大散關，為什麼是這兩個地方，因為該處已經是兩國的邊界了，正好是中國南北方的分界線，秦嶺淮河，所以這就是中國歷史上典型的第二次南北朝。

可笑的是黃河流域在金的統治下，而北宋的皇陵在河南鞏縣。七帝八陵都在河南鞏縣，以後南宋皇帝要想祭祖得申請簽證。我要去貴國看望我的祖宗，麻煩您給簽證。

另外南宋皇帝要向金稱臣。原來北宋跟遼交往的時候，國書這麼寫：「大宋皇帝致書大契丹皇帝闕下。」還不至於太窩囊。現在寫書，得說「臣宋如何如何」，南宋的皇帝得由金國的皇帝冊封，就跟朝鮮國王得是中國皇帝冊封的感覺一樣。宋使使金遞國書的時候都是跪著，金國皇帝坐著，而金使使宋，遞國書是站著，宋朝皇帝也得站著，上國來使當下國之主。

今天韓國說漢字是韓國人發明的，孫中山是韓國人，孔子是韓國人，歷史上中國是韓國領土。可是明朝的時候，咱們行人司的行人派出使朝鮮，正八品。行人司的郎中都懶得去！咱去一個八品官，見朝鮮國王的時候，朝鮮國王得給咱們作揖，作三次，大哥您來了。咱的行人還愛答不理，懶得理你。中國要去一個二品官，他們全國跟迎奧運會似的。

現在韓國總統就任的時候，咱們派外交部部長去，他還嫌中國派人的級別低。知足吧，外交部部長正一品，原來是八品去，夠瞧得起你了。本應該讓外交部去一個科員！宋朝的情況和朝鮮也差不多，人家金國隨便來一個使臣跟你皇帝平級，所以宋朝皇帝都不想接見金使，派宰相去接。金國也能理解，雙方也很有默契。每年宋朝要給金歲幣五十萬，後來一度降到四十萬，之後又漲到八十萬，最後幾乎到一百萬，銀絹各半。

當時宋高宗的年號叫紹興，所以叫「紹興和議」。紹興和議使南宋與金對峙的局面確定。雙方力量均衡，對峙了將近七八十年的樣子。這時候，金把都城遷到了燕京，改名中都，就是今天的北京。咱們如果生在楊家將和岳飛傳的時代，就不是宋朝人了，應該是遼國人和金國人，還是首都公民。遼金兩國漢化程度是相當高的，金朝到第五代皇帝金世宗的時候，基本上金國貴族都不會說女真語了，也不認識女真文，完全漢化了。後來清朝就吸取了教訓，乾隆爺一再下令興騎射、講滿語，可也沒撐多久。溥儀好像都不怎麼會說滿語，英語比滿語說得還好，因為沒有語言環境，跟誰說去？金遷都燕京的時候是金國第四代皇帝，中國歷史上有名的暴君，海陵王完顏亮。

完顏亮遷都用的招狠到什麼程度，金國的貴族不願意南遷，我就把你家祖墳刨了，然後把墳遷到南邊來。祖墳遷到中都，你跟不跟著來？所以太祖太宗的墳全給刨了，金朝皇帝的皇陵全弄在北京房山，到民國時候還有遺存。今天就沒了，地宮入口都找不著，其實找到也沒用，蒙古人太恨他們了，基本上都給盜了。

因此北京實際上有兩個王朝的皇陵，一個是金一個是明，金在房山，明在昌平。清皇陵不在北京，在河北。金的中都範圍主要是今天的宣武和豐台，在南三環，三環路上有很多地名都是從金中都延續下來的。比如麗澤橋，來自金中都的城門麗澤門；豐益橋來自於金中都的正門豐益門，豐益門往南五里有一個台祭天，相當於天壇，所以這個區叫豐台區。實際上金朝的統治中心完全轉移到了中原，基本上被同化成中原民族了。

宋金兩朝對峙了將近九十多年，誰也不能吃掉誰，直到北方蒙古高原興起了一個更強大的遊牧民族。

# 11 又一匹來自北方的狼

## 全人類公敵

十二世紀中後期，鐵木真統一了蒙古草原，這也是蒙古草原第一次得到統一。鐵木真在蒙古語裡是「金剛」的意思，很貼切。蒙古草原上有很多的部落，蒙古部只是其中之一。此外還有塔塔爾部、汪古部、篾兒乞部等，但是金剛把這些部落都滅掉了，所以草原上的民族統稱為蒙古族。

一二〇六年，鐵木真稱成吉思汗，蒙古汗國建立。成吉思汗的意思是擁有四海的汗。蒙古的對外戰爭，西到中亞俄羅斯，南到印度河，然後還打西夏和金。他們的西征一共進行了三次，是野蠻民族對人類文明的最大摧殘，當然客觀上也使東西方進行了物質文化的交流。

第一次是成吉思汗本人指揮二十萬大軍滅掉了中亞的回教大國花剌子模，大概在今天的那幾個斯坦的位置。蒙古軍攻城有個規矩，如果這個城沒有抵抗就投降的話，那麼破城後超過車輪高的男子一概殺死，婦女兒童工匠留做奴隸。如果這個城市敢抵抗，破城之後，雞犬不留，全城夷為平地，播種牧草。像玉龍傑赤、撒馬爾罕這些古城就是因為這樣而找不到了，因為他們抵抗了，都被後來播種的牧草所蓋。蒙古人在戰場上每殺死一千人就倒吊一具屍體用來計數，一場戰役下來，戰場上倒吊的屍體比比皆是，極其野蠻殘忍。

蒙古人的貨幣上印的是成吉思汗，但是今天蒙古跟我們不是一個國家，我們沒必要把它當作祖宗，更沒必要把他的所謂西征看做是中國人的驕傲。假如當初日本人征服了中國，我們還要歌頌日本？雖然中國也有蒙古族，但成吉思汗出生在外蒙古，埋葬在外蒙古，跟咱不是一回事。中國歷史上第一次亡國滅種，沒有什麼可值得紀念的，更不能把它當做驕傲。你被別人滅了，還說真好，屬於恬不知恥。成吉思汗第一次西征，主力一直打到印度河，今天的巴基斯坦，但那太熱了，所以成吉思汗班師回去了。

西征的另一支偏師由蒙古名將哲別和速不台指揮，打到了太和嶺，就是今天的烏拉爾山脈。後來成吉思汗在攻西夏時死掉，他死的時候，密不發喪，直到第二天西夏投降。如果西夏知道他死了就該抵抗了，西夏的皇族也因此全被殺乾淨。成吉思汗的遺體被運回到蒙古老家，叫起輦谷，這個地方在哪兒不知道，因為他們走了一條沒人知道的路，沿途見一人殺一人，不能讓你看到大汗出殯。到了那個地方埋葬之後，萬馬踏平，不起墳頭，播種牧草。儀式完成後殺一頭小駱駝，讓母駱駝眼睜睜看著，來年祭祀的時候，趕上這個母駱駝，母駱駝走到這個地方自然很痛苦，哀嚎不已，大家就知道這是成吉思汗的陵，於是就舉行祭祀。母駱駝一死，再沒人知道他埋在哪了，肯定是外蒙古，但找不著。今天內蒙古伊金霍洛旗的成陵是成吉思汗的衣冠塚，不是他的屍身所在地。

成吉思汗是金盔金甲金盤子金碗金筷子，靠著一棵大樹死的。所以蒙古人把那棵樹鋸下來，拋成兩半挖成槽擱裡面，三道金箍一圍就是他的棺材。蒙古人很環保，我來自草原，死了我要做養料，不能占用耕地，不修墳。每一個元朝皇帝都這麼安葬，所以元朝的皇陵在哪你根本就找不著。

成吉思汗死後，到了一二四〇年左右，蒙古人進行了第二次西征。

這次西征是由成吉思汗的幾個長孫領導的，就是術赤汗的兒子拔都，察合台汗的兒子哈剌旭烈，還有其他兩個長孫，所以這次西征叫長孫「西征」。這一打直到了多瑙河，占領了波蘭和匈牙利，兵鋒直指維也納。此時蒙古的第三代貴由汗病逝，蒙古人不像漢族有嫡長子繼承制，是誰拳頭粗誰老大，所以貴由汗一死這些蒙古貴族就回到草原上搶汗位去了。他們打到了多瑙河流域，心思不在一塊兒，就被歐洲的聯軍擊敗，避免了整個歐洲的滅亡。但這次蒙古人確實打了一半的歐洲，特別是俄羅斯，被蒙古統治了一百多年，俄羅斯人身體裡每個毛孔都融入了蒙古基因，所以歷史上俄羅斯是侵略成性的民族，由蒙古基因決定。

第三次西征由蒙古第四代大汗蒙哥汗的弟弟旭烈兀汗指揮，部隊打到了西奈半島，馬上就踏上炎熱的非洲土地了。一二五八年蒙古軍隊攻陷了巴格達，把當時赫赫有名的阿拉伯帝國滅掉。旭烈兀在阿拉伯帝國領土上建立了他的伊兒汗國。

旭烈兀本人是一個虔誠的基督徒，如果他的功業完成，弄不好伊斯蘭教就沒了。可他打到這個地方的時候，蒙哥汗在跟南宋作戰的過程中被南宋軍民擊斃，按照《神雕俠侶》裡面說是被楊過拿石頭丟死的。忽必烈和阿裡不哥搶汗位，旭烈兀就班師，結果蒙古兵在西奈半島被打敗，退兵原因和上次一樣。

三次西征不到一百萬蒙古人，卻統治了四千萬平方公里的陸地面積，占地球陸地表面面積的

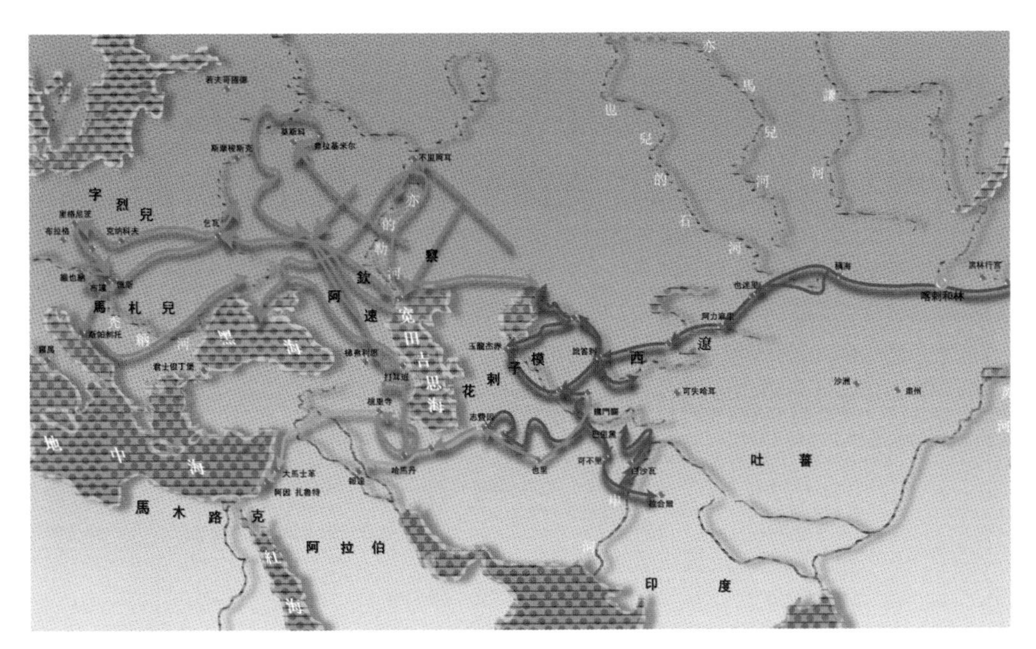


**蒙古西征**

三次西征，不到百萬的野蠻蒙古人，統治了四千萬平方公里的陸地面積，占地球陸地表面的三分之一，地球一共陸地表面積一點一億平方公里，當時幾乎有人居住的地方都被蒙古人占領了。

三分之一。地球陸地表面積一共一點一億平方公里，還得除去南極，就是說，當時幾乎有人居住的地方都被蒙古人給占領了。

## 國家終結者

當然，蒙古除了西征外，他的本部還在中國大力經營。

西元一二三四年蒙古滅金。蒙古建國後就不斷地跟金打仗，當年英武絶倫的完顏阿骨打子孫經過一百多年的漢化已經很衰落了，赫赫有名的馬上民族變得文弱不堪。一二一九年金中都被攻陷，成吉思汗一把大火把金中都燒為白地，所以之後忽必烈營建元大都的時候就得避開金中都了。現在西二環白紙坊橋就有金中都宮殿遺址，蓮花池是金中都的核心。

蒙古一打金，宋非常高興。宋跟金的仇可比北宋和遼的仇大多了，宋遼自澶淵之盟之後，一百一十九年沒打仗，而宋金老打仗，皇帝都死在金國，所以宋主動跟蒙古聯絡，我要跟你一塊兒滅金。金國這個時候應對之道比較失策，心說我在蒙古損失的我要在南宋那裡得回來，放著蒙古軍不抵抗不斷南下攻宋，這樣一來把宋朝的火越拱越高，導致宋軍跟蒙古軍聯合滅掉了金。

當然滅金的時候宋軍主要給人送糧，就幹點這個。攻金的最後一役在蔡州，金國的末代皇帝哀宗（諡法裡恭仁短折曰哀）完顏守緒上吊自殺。完顏守緒自殺前告訴太監，說我死之後你把我的遺體燒掉以免被敵人侮辱，然後才自縊殉國。太監趕緊放火，那會兒沒汽油，拿柴禾點，點完之後一看敵人馬上要打進來了，太監也想跑，周圍人也想跑，可能火沒燒透就跑了。等宋將打進來一看，屍身保存得基本完好，還冒煙呢。所以宋將特來勁，拉弓給死屍來了三箭，然後把金國大臣叫來百般侮辱，你看你小子也有今天。結果金國大臣回答：「自古無不滅之朝，然我國主之喪比汝之徽欽二帝如何？」你瞧我們皇上死得夠爺們兒吧，以身殉社稷，要不然就突圍了。國君死社稷這是最高境界，中國歷史上能夠做到這一點的皇帝好像還真不多，明思宗崇禎皇帝，夠爺們兒，李闖王破京城之後煤山自縊殉國。

金亡之後，蒙古人開始征服吐蕃。

吐蕃王朝滅亡之後分裂了幾百年，蒙古人一來，這些人一看蒙古人殺人不眨眼，投降吧，咱用佛法征服蒙古人。征服吐蕃後，蒙古人又征服了雲貴的大理國，等於這樣一來，蒙古對宋就形成了包圍之勢。

蒙古人率先把這些地方征服了，所以今天特別有意思的是，雲南、貴州、四川人的語言跟淮河以北的語言同屬於北方語族，北京話也屬於北方語族。漢語包括粵語、閩語、客語、吳語等一共七個語族。北方話實際上是滿語、蒙語跟北方方言的融合，蒙古人征服的地方說的就是北方話，所以北方話在正統漢人眼裡屬於胡音，而北方語族的聽南方話也聽不懂，不翻譯還當是日語，跟外語一點區別都沒有。

一九二八年國民政府定國語的時候，粵語僅一票之差敗給了北京話，要不然我們都得說粵語。現在西方國家拍的電視劇、電影，一演中國人，說的也多半是粵語，他就以為那個是中國的國語，不知道蒙古人已經用北方話占領了國語。

一二七一年忽必烈改國號為元，定都燕京，改為大都，統治中心向中原轉移。忽必烈就是元世祖，像元太祖、元太宗、元定宗、元憲宗那都是後來追謚的。實際上忽必烈正式定國的國名取自《易經》，大哉乾元，他各取一個字就是大元。以前王朝的名字都是部落名，夏部落、商部落、周部落，到後來所有王朝的國號都是開國之君的官名，秦王當然建立秦國，漢王劉邦建立漢朝，魏王曹操當然就建立魏。再然後隋國公、唐國公、宋州節度使建立的朝代分別是隋唐宋。到了元，前朝是放羊的，怎麼辦呢？《易經》裡面拿一個吧。以後大明、大清也和元差不多，明朝朱元璋從前是要飯的更別提了，清是前朝的酋長，所以基本上元明清三朝國號跟以前的取法不太一樣。

# 12 歲歲年年狼相似，年年歲歲人不同

## 文丞相殉國

元朝建立，開始作為一個中原王朝存在，他的下一步就是進攻南宋。

蒙古滅宋的戰爭斷斷續續進行了四十多年。因為蒙古人還進行西征，另外江南丘陵密布、河湖汊港，也不利於蒙古騎兵的行動，加上那個時候中國人的確有骨氣，南宋人民不屈不撓可歌可泣地奮起反抗蒙古人野蠻的燒殺精神，抗暴一直持續了四十多年。

兩宋的情況是北宋缺將南宋缺相，北宋沒有大將，南宋名將輩出，但是奸相一個接一個，一個賽一個奸，朝政糜爛不堪。當時的宋朝皇帝只有九歲，由他的祖母太皇太后謝氏執政，所以元軍南下，太皇太后謝氏和全太后，還有小皇帝宋恭帝三宮被俘北上投降。這個時候臨安城被圍，朝廷發出詔旨要求天下起兵勤王。但各地觀望，沒法勤王，因為宋朝祖制是地方不得招兵。只有當時做知府的大宋狀元文天祥，變賣家產，招募了一萬多名民兵勤王，可到了臨安，太后已經決定要投降了。

元朝要求以宰相奉降書傳國玉璽去元營投降。宰相都溜了，正好文天祥來，所以太后非常高興，你來了好，右丞相兼樞密使總攬大權，任務是遞降書和傳國玉璽。文天祥到了元營之後怒斥

元軍統帥伯顏背信棄義，說你別看現在狂，你把臨安給占了，我朝還有江南廣大地區，特別是嶺南、海南，夏天氣温三十二度你行嗎？渡海你行嗎？北人善騎馬，南人善使舟，上船吐死你。所以你好說好商量，我割地賠款可以，但是你要保全我宗廟社稷。伯顏一看這兄弟夠漢子，他手無縛雞之力的一介書生敢跟我來這個，行，你別回去了，就給扣下了，準備讓他到元朝去做宰相。

當時忽必烈在上都，今天內蒙古的正藍旗，所以三宮出降的時候就要押著這些人北上。行至鎮江，文天祥在友人的掩護下脫險跑了，轉戰江南。陸秀夫和張世傑擁戴了一個十一歲的小皇帝，顛簸死了，就又立了一個八歲的。等於宋朝末期有三個小皇帝，投降的那個九歲，立了一個十一歲的掛了，又立了一個八歲的。這個小王朝被趕到海上漂泊，稱為行朝，而文天祥在陸地上領導居民抵抗。

因為南方很難征服，忽必烈就命令元朝的漢人名將張弘範為蒙古漢軍都元帥，率大軍南下。張弘範跟張世傑是堂兄弟，但他是金國漢人，從來沒出使過南宋，於是各為其主，他在廣東擊敗了文天祥。文天祥兵敗後服毒自盡，可惜毒是假藥或者下雨受潮失效了，吃完沒死成，被元軍搶救了。元軍說這個人看好，皇上點名要他，就把他押上戰船去打張世傑的部隊。張弘範讓文天祥寫勸降信，你們肯定沒戲了，寫封勸降信吧，文天祥寫了著名的《過零丁洋》：「人生自古誰無死，留取丹心照汗青。」張弘範看勸降沒戲，就發動進攻，宋軍全軍覆沒，宰相陸秀夫背著八歲的小皇帝投海自盡。張世傑準備退往印尼、菲律賓，重整旗鼓反攻，不幸遇到颱風遇難。文天祥在元軍戰船上親眼目睹了祖國的滅亡，那種痛苦難以言表。張弘範得意揚揚在崖山那個地方立了一個碑：「鎮國大將軍張弘範滅宋於此」。後來明朝建立，把碑上的文字刮了，寫「宋丞相陸秀夫殉國於此」。

文天祥被押到了大都，在經過南京的時候，曾經有一首《金陵驛》：「草台離宮轉夕暉，孤雲漂泊復何依？山河風景原無異，城郭人民已半非。滿地蘆花和我老，舊時燕子伴誰飛？從今別卻江南路，化作啼鵑帶血歸。」到了大都，一開始是釣魚台國賓館住著。但文天祥出身富貴，狀元宰相錦衣玉食慣了，別來這一套，這我都吃過見過，堅決不降。不降怎麼辦？關土牢裡，臭蟲、蚊子、蒼蠅，冬天結冰、夏天長毛，就是在今天東城區的府學胡同關了三年。三年裡他寫下著名的長詩《正氣歌》：「天地有正氣，雜然賦流行……」用歷史上這些忠臣義士激勵自己堅決不降。

最後元朝聽說南宋移民要暴動，而且老打著文丞相的旗號暴動，因此忽必烈親自出馬，最後努了一把力，勸他投降。文天祥一身布衣就被帶到了宮殿上，見了忽必烈之後只作了個揖，沒有下跪，然後就背對著忽必烈坐在地上了。忽必烈很無奈，訕笑了一下，先生何求？但求速死！忽必烈一看他鐵石心腸勸不動，於是下令在柴市處死文天祥。

文天祥臨終之時問劊子手，哪裡是南方，劊子手指給他看，文天祥向南方拜了三拜，我事已了，你可以動手了。壯烈殉國。文天祥可以講是孟子講的貧賤不能移，富貴不能淫，威武不能屈的這種完美人格的典型，是中國人儒家思想最好的實踐者，這個人絕對應該是神。

## 元人不學好

一二七九年元朝完成了中國的統一。

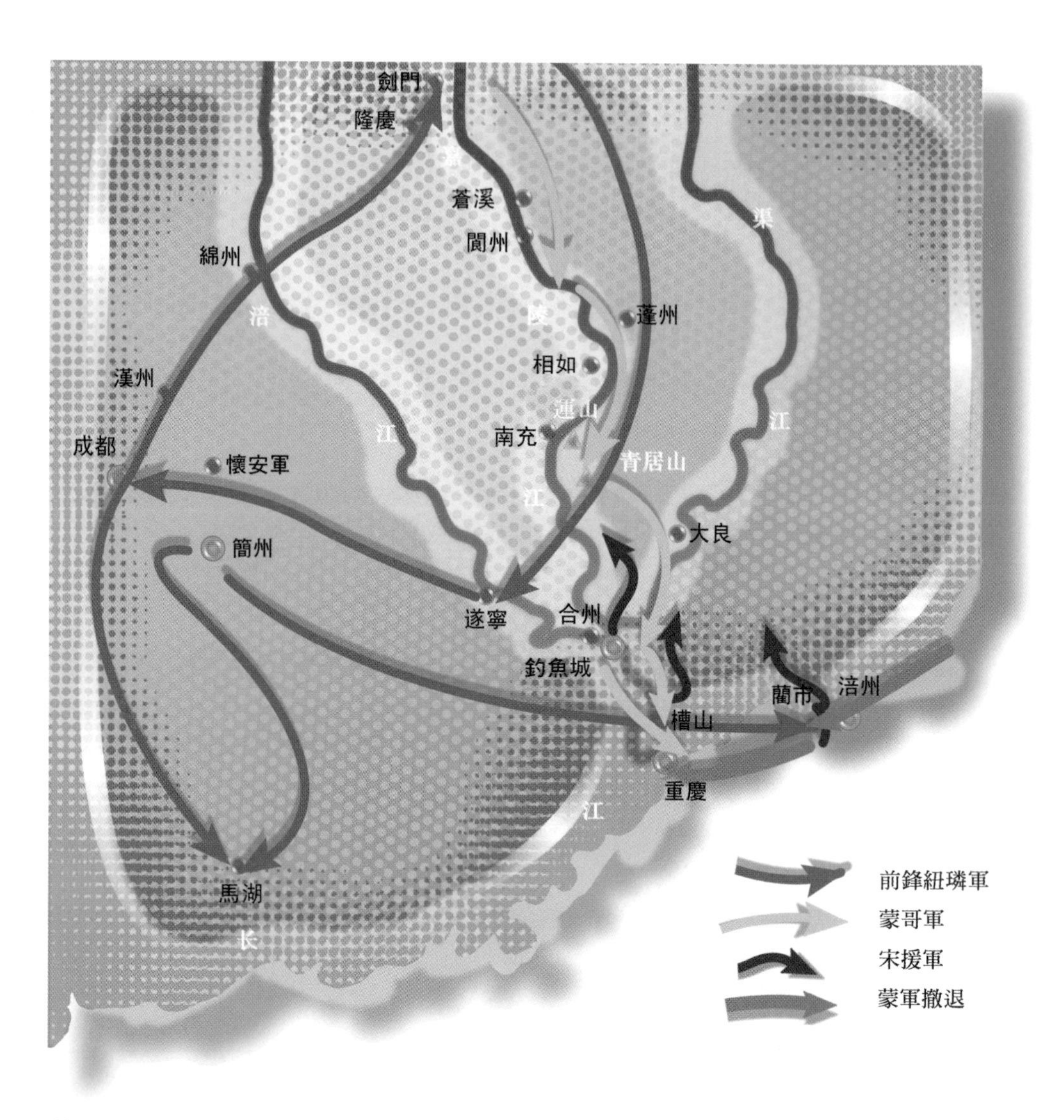


**蒙古滅宋示意圖**

忽必烈建立元朝，進攻南宋。西元一二七六年，攻破臨安，南宋滅亡。中央和地方官制進行了調整。

元朝統一時，今天的新疆、西藏、雲南東北、台灣、南海諸島都在元朝的統治範圍之內。史籍記載元朝的疆域：「東盡遼左，西極流沙。北逾陰山，南越海表。漢唐極盛之時不及也。」漢族文人可能地理知識也不特別健全。北逾陰山，陰山在內蒙古，內蒙古一過再往北就到北極圈了，元朝的領土上你能看到北極熊嗎？元帝國極盛的時候，大概有二千萬平方公里，相當於解體前二千二百四十平方公里萬的蘇聯。如果算上以俄羅斯為中心建立的金帳汗國，中亞新疆的察合台汗國和西亞的伊兒汗國，大概蒙古人占了四千萬平方公里。這三大汗國後來跟元帝國本土的聯繫就越來越少了，到第二代、第三代汗的時候就伊斯蘭化了，肯定是被當地民族給同化的。

元朝疆域的廣闊表現在漢人到邊疆，邊疆各族遷入中原。注意，這不是雙方交換場地。漢族人去邊疆估計是被強制拆遷或者流放的，邊疆各族遷進中原是因為中原好，我們打下天下就得坐天下。

元朝人分四等，蒙古人屬於第一等，二等人叫色目人。色目人的意思不是說眼珠跟咱們不是一個色，是「各色各目」，包括欽察、唐兀、阿速、圖八、康里、畏兀兒、回回、乃蠻、乞失迷兒共三十一種，可能也有同名重出或異譯並存之誤。後來規定，除漢、高麗、蠻子外，俱係色目人。馬可波羅為什麼做揚州的達魯花赤，外國人都能做揚州市委書記，因為他是色目人。漢人是第三等，就是原來的金統治區各族人。而原來的南宋統治區各族的人叫南人，南人就是第四等。

蒙古人與漢人爭，毆漢人，漢人勿還報，許訴於有司。蒙古人扎死漢人，只需杖刑五十七下，付給死者家屬燒埋銀子即可；漢人毆死蒙古人，則要處以死刑，並斷付正犯人家產，餘人並征燒埋銀。南人不許習武、不許打獵、不許結社，漢人、南人組成的軍隊不得在長江以北駐紮，兵器是木頭的，打仗的時候才給你發金屬兵器。為防止各族人民的反抗，元朝統治者大肆搜刮民間兵器。漢人、南人民戶所有的鐵尺、鐵骨朵、帶刀子的鐵柱杖，概皆沒收；民間各廟宇中供神用的鞭、簡、槍、刀、弓箭、鑼鼓、斧、鉞等物，也均在被禁用之列；就連農家生產上用的鐵禾叉也嚴以禁用。至元五年規定：私藏全副鎧甲者處死；不成副的鎧甲，私藏者杖五十七，私藏槍或刀弩者夠十件之數的處死，私藏弓箭十副者處死（每副弓一張，箭三十支）。至元二十二年（一二八五年）五月，將漢地及江南所拘弓箭兵器分為三等，下等的銷毀，中等的賜近居蒙古人，上等的貯於庫。

所以元朝是中國歷史上最黑暗的王朝。它如果像現在那些御用的歷史學家吹噓的那麼好，他能九十多年就滅亡嗎？清朝吸取了他的教訓，漢化程度就比他要高得多。忽必烈有點漢化，但也只是粗通漢語，忽必烈的兒子皇太子真金傾心漢化，但忽必烈老東西八十多歲該死了還不死。所以漢族的儒臣們就著急，這些人就想了一個臭招，給忽必烈上書，你該退休了，讓位給真金太子，真金太子身負人望。忽必烈寵信那些色目商人，這些人能斂財，而色目人又是漢族儒臣最看不起的，所以雙方爭得很激烈。忽必烈看到上書之後非常生氣，把真金叫來痛罵了一頓，真金就被嚇死了，他可能本來身體比較虛弱，皇上一罵就葛屁了。這樣一來忽必烈更恨這些漢族儒臣，離間我們父子，還把我兒子嚇死了。

真金的兒子鐵木耳做了皇太孫，就是後來的元成宗。皇太孫也很恨這些儒臣，想想要不是你們給我爺爺寫信讓我爺爺退休，我爹至於給嚇死嗎？所以他也抗拒漢化，自從蒙古入主中原之後，後面的蒙古皇帝基本上連漢字都不認識，不會說漢語，整個是外國人統治中原。蒙古派到各地去做鎮守的這些達魯花赤們也不會說漢語，不會寫漢字。

蒙古的史書上一舉例子就是波斯怎麼著，亞歷山大大帝怎麼著，因為他在征服中原之前，已經接觸了伊斯蘭教文明和基督教文明，所以就不會被儒家文明徹底征服。他不像遼金或者匈奴鮮卑，沒見過別的，一進入中原，文明程度比我們高多了，得，就你了，拜在你門下。蒙古人什麼都見過，什麼教都信，蒙古很多皇帝都是基督徒，覺得你中國也沒比人家强太多。

## 短期大一統

統一的多民族國家發展特點，除了漢蒙相互滲透之外，第二個是遼金時期黃河流域的契丹人和女真人與漢的融合，他們在元時被稱為漢人。但是留在老家的契丹人和女真人還是沒變，女真人後來發展成了滿族，契丹人可能發展成了達斡爾族。

第三個特點是，唐朝以來波斯人和阿拉伯人，大量遷入中國，在我國定居。南宋的最後一任提舉市舶司蒲壽庚，他就是阿拉伯人。在南宋做了三十多年的提舉市舶司，相當於南宋海關的關長。當時泉州是世界上最大的商業城市，他在那做市舶司三十多年，富可敵國。元軍南下時，南宋行朝招蒲壽庚起兵勤王，蒲壽庚帶著錢投降了元朝。他知道我在宋朝是外國人，在元朝我是色目人，接著做市舶司，那錢就多了。蒲氏家族後來定居中國，發了大財。他們和漢蒙維吾爾通婚雜居就開始形成回族。因為信仰伊斯蘭教，而伊斯蘭教在中國被稱為回教，所以信仰回教的民族就被稱為回族。

第四，西藏成為元朝的行政區。元朝在澎湖設立巡檢司管轄琉球（就是台灣），元朝管轄西藏的地方叫宣政院。所以西藏是在元朝正式成為中國的行政區的，在唐朝可不是。有的說唐蕃會盟，我們嫁過去一個公主他的就是我們的了，那你乾脆嫁日本去更好，每個國家嫁一個，統一世界。所以嫁人的辦法不算，西藏在元朝開始才正式成為中國的一個行政區。

這麼廣闊的領土怎麼進行管轄，就得看元朝的行省制度。

中央設中書省、樞密院、御史台三個機構。中書省為最高行政機關，相當於唐宋時候的尚書省。那時候本來是三省，中書、尚書、門下，蒙古人不會玩，變成中書省專權，一省獨擔。當然中書省和宰相也不是一個，中書右丞相，中書左丞相，平章政事、參知政事，左丞、右丞一大堆。樞密院是軍事機關，這個是宋朝就開始設立的。御史台是檢察機關，從秦朝起就有。另外設宣政院統領宗教事務和管轄西藏地區。大概就相當於今天的國務院宗教事務管理局兼西藏自治區黨委。除河北、山西、山東由中書省直接管理外，在地方施行行省制度，設置行中書省簡稱行省或省，由中央委派官員管理。

元朝後來被農民起義給推翻了。

蒙古皇帝挺逗的。元朝一共十二個皇帝，九十年，清朝是十二個皇帝，卻將近三百年。清入關之後二百七十年十個皇帝，蒙古是九十年十二個皇帝，還不算前面那幾個。這九十年中，第一個皇帝元世祖忽必烈三十年，最後一個皇帝順帝妥懽帖睦爾三十年，中間三十年十個皇帝，平均三年一屆，證明絕大多數都是非正常死亡。蒙古貴族內部傾軋得相當厲害，促使國家早亡。

中國歷史最黑暗的一頁就翻過去了，當然明朝比他也強不了太多。

# 13 漢化未升級版本的下場

## 為人做嫁衣

遼宋夏金元時期是古代文化高度繁榮的階段，理學產生，宋詞元曲繁榮，世俗文學出現，科學技術發達。

契丹、黨項、女真、蒙古的文化與漢文化融合後，有了新的特色。實際上除了蒙古人之外，前三個民族的文化跟中國幾乎一樣，宋朝人說：「自契丹取燕薊以北，拓跋自得靈夏以西，其間所生豪英，皆為其用。得中國土地，役中國人力，稱中國位號，仿中國官屬，任中國賢才，讀中國書刊，用中國車服，行中國法令。是二敵所為，皆與中國等。」就是說這些人和漢族沒區別。只有蒙古人九十年之後又回草原了，以前放羊出來的，還回去放羊，白在中原待了這麼多年，跟留學一樣。

首先看這個時期的科學技術。有三大發明：印刷術、指南針、火藥。十一世紀中期，北宋的畢昇發明了活字印刷術，然後傳到了朝鮮、日本和埃及，直至歐洲。按照韓國人說是他們發明的，這個觀點可以忽略。

指南針，宋代已經普遍使用。傳說是黃帝戰蚩尤的時候發明的，最起碼祖沖之就造過指南車，所以指南針應該發明得很早了。宋代的航海上普遍使用。指南針十三世紀傳到阿拉伯和歐洲，為歐洲航海家發現美洲和實現環球航行提供了重要條件。當年日本國遣唐的船沒譜，就是因為它沒指南針，找不著北，走丟到印度尼西亞或者西伯利亞去了。阿拉伯人來華要搭乘中國的船，回國也要搭乘中國船，因為中國的船有譜。如果中國最近三年沒有去他國家的船，他就在這住三年，十年沒有住十年。改朝換代了永遠不去了，在中國定居吧，總比死在海上强得多，所以指南針的貢獻是相當大的。

還有一個是火藥，唐末用於軍事。南宋發明的突火槍開創了人類作戰史的新階段，十三世紀傳入阿拉伯。這個突火槍的發明使作戰進入了冷兵器、火藥兵器並用的時代，到十七世紀徹底進入火藥兵器時代。蒙古大軍當中有會造槍的工匠，在和阿拉伯打仗時發明了管形武器，射擊武器。阿拉伯人學會了之後，在跟西班牙打仗的時候也使用了火槍。這是今天所有槍炮的直系祖先。

當西班牙守軍發現阿拉伯人操縱一種管子狀的東西時很驚訝，什麼玩意兒，後來把大主教請來了，他說我來破解，這是他的巫術，掛上聖母瑪利亞的畫像灑聖水。底下一開炮，城樓、主教、聖母瑪利亞都上天了。

歐洲人發現這個東西好使，開始玩，一玩就比咱們玩得好。魯迅先生在今天那些憤青的眼裡，應該是中國第一漢奸，魯迅罵中國人那叫一狠，你說罵的對不對，你敢說哪句不對？所以憤青是最禍國殃民的，他們的愛國比賣國賊還要可怕。魯迅先生講，洋人發明了火藥做大炮。中國人發明火藥驅鬼、做炮放煙花。鳥巢的煙花，世界最先進吧。美國國慶都得進口放咱的煙花，因為咱做這個最漂亮。中國人發明指南針幹麼？看風水，不吉利這不能蓋房，動土不宜，洋人則用它發現了航海新大陸。反過來，洋人拿鴉片治病，中國人拿它當飯吃。這一下祖宗給我們留下多少好的東西，你都學不會，盡走邪道，你說是祖宗無能還是子孫不孝？

三大發明，這顯然都是世界之最，所以奧運開幕式得展示中國古代的文明。此外，北宋沈括著的《夢溪筆談》，也是中國科學史上的里程碑。

元朝的郭守敬創製了簡儀和高表。郭守敬是著名的天文學家、數學家、水利專家，他做了都水監。今天北京的京密引水渠的原理就是當年郭守敬提出來的。今天在積水潭地鐵站一出來，有一片古建築，那就是惠公祠，紀念郭守敬的，因為那會兒積水潭，包括通惠河都是郭守敬開鑿的。元朝皇帝下聖旨准許官員七十致仕，當官的七十歲可以申請退休，括弧郭守敬除外。別人都可以七十退休，郭守敬不能，所以郭守敬一直幹到死在任上，在元朝歷時幾朝皇帝。他還創制了簡儀和高表，主持了全國範圍的天文測量。編訂《授時曆》。這就是曆法，比現行西曆早三百多年。我們今天的西曆是羅馬教皇格力高利在明朝的時候制定的，又叫格里高里，但中國的《授時曆》比它早三百年。郭守敬算出來一年是三六五點二四二五天，跟現在的實際運行時間差十三秒。今天拿電腦算，當年連算盤都沒有，可能是地下擺棍算的，厲害。

## 一朝填詞人

北宋司馬光編的《資治通鑑》是編年體通史，上起戰國下至五代。取材重在歷代政治興衰，使君主借鑑其中的經驗教訓，因此他一般寫的內容是政治、軍事，不寫經濟文化。

這個時期的文學最主要的成就是詞。漢賦、唐詩、宋詞、元曲、明清小說是各個時期文學的代表。南唐後主李煜是五代時的詞人。詞就是當時的流行歌曲，分豪放和婉約，以婉約派為主。從古到今流傳下來的詞裡面絕大多數屬於婉約派。因為流行歌曲不就是生命與愛情兩大永恆的主題，唱愛國的也有，《北京歡迎你》，但那不占主流。詞言情，詩言志。所以古人認為詞為豔科，尤其很多婉約詞，屬於反動黃色歌曲。李煜的詞很多是這樣的，他被宋軍包圍在南京，不戰不和不守，不死不降不走。被包圍的時候怎麼解脫啊，整天填詞。他的《破陣子》：「四十年來家國，三千里地山河。鳳閣龍樓連霄漢，玉樹瓊枝作煙蘿。幾曾識干戈。」我不會打仗你就欺負我吧。「一旦歸為臣虜，沈腰潘鬢消磨。最是倉皇辭廟日，教坊猶奏別離歌。垂淚對宮娥。」看他就那麼大點兒出息，垂淚對宮娥。祖宗江山毀在手裡，對得起列祖列宗，對得起黎民百姓嗎？當然他的詞比前期那些人的詞寫得強多了，以前都是男男女女的事，從他那開始意境始大。他雖然也是亡國喪家，又是婉約，但是很有豪放的意識在裡面，後來寫成「一江春水向東流」。

宋朝是詞這種文學形式最發達，最繁榮的時候。宋詞的繁榮，是由於經濟的發展，商業和城市的繁榮，市民隊伍的擴大。中國古代文學形式當中，詞應該是適應市民的發展，也就是說跟後世的明清小說一樣。詞是通俗歌曲，它勢必要適應市民的需要，市民整體就需要生命與愛情的永恆主題。當然人家這個通俗歌曲是通俗，今天的歌曲是俗，不通。

另一個原因是宋代的矛盾尖銳，宋詞正好用來表現愛國精神，所以詞在宋朝才能發展出豪放派。蘇軾就是豪放派的創始人，前面提過這個詩是言志的，詞是言情的，那麼蘇軾他就相當於拓寬了詞的路子，是以詩入詞。比如，大家非常熟悉的「明月幾時有，把酒問青天」，這意境和李白的兩句詩「青天有月來幾時，我欲停杯一問之」差不多。其實李後主的時候，詞的意境就大了，王國維先生在《人間詞話》裡面提到李後主的時候說，詞的意境乃大，由伶工之詞，變成文人士大夫之詞。到蘇軾就更了不起，跟他相對的是婉約派的主要代表柳永，《雨霖鈴》裡「寒蟬淒切」的那主兒。柳永本來已經考中了進士，宋仁宗一看他的名字，就問：「莫非填詞之柳三變乎？」回答說正是，就給他一筆勾銷了，名字邊批上四個字：「且去填詞。」你整天寫這玩意兒，淫詞豔曲的東西，讓你做官有失朝廷的體面。所以柳永他更加放浪形骸，奉旨填詞，貧病無醫，還是妓女湊錢埋葬了他。所以行業裡面供奉老師是供孔聖人，練武的供關雲長或者岳鵬舉，唱戲的供唐明皇，妓院裡供祖師爺柳永，行業神。

女詞人李清照應該屬於婉約派，成就很高。她正好經歷亡國喪家之痛，就是靖康之變，她多年收藏的古董全都毀了。辛棄疾是豪放派，所以豪放派又叫蘇辛派。辛棄疾當年是北方義軍，抗金義軍的領袖，帶著一萬多人投奔南宋，一曲《鷓鴣天》令人唏噓不已：「壯歲旌旗擁萬夫，錦襜突騎渡江初，燕兵夜娖銀胡鞘，漢箭朝飛金僕姑。追往事，歎今吾，春風不染白髭鬚。卻將萬字平戎策，換得東家種樹書。」他也是畢生壯志難酬，一心就是想著恢復中原，收復失地。結果這個南宋是奸相輩出的年代，其中奸相韓侂胄北伐，拉大旗扯虎皮，讓辛棄疾做參謀長，老頭兒特高興，夜裡喝高了，「醉裡挑燈看劍，夢回吹角連營」，我終於有報國的機會了，當參謀長。結果北伐失敗，韓侂胄腦袋都被送到金國，老頭兒可能鬱悶死了。豪放詞雖然數量不多，但是影響非常大，尤其是南宋這些愛國文人的詞。

最著名的還有一個叫陳亮的，陳亮跟陸遊、辛棄疾這些人齊名，他有一首叫《送章德茂大卿使虜》的詞。章德茂是一個人，每年宋朝要派使者去金朝賀，所以他寫了一個《送章德茂大卿使虜》，下闕特別有意境：「堯之都，舜之壤，禹之封。於中應有，一個半個恥臣戎。」被金占的中原地區，當年是堯舜禹的地方，這個裡邊應該有人恥於向胡人稱臣。「萬里膻腥如許，千古英靈安在。磅礡幾時通？」這個地方已經被胡人給占領了，所以膻腥如許。「胡運何須問，赫日自當中！」胡人的運氣，超不過一百年，太陽永遠是在天上！那種意境和精神非常奮發向上，不像李煜的「一江春水向東流」，很消極鬱悶。

陸遊以詩為主，詞也很出色。陸遊的詩，可能是詩人裡面傳下來最多的，大概是傳下來九千六百多首詩，一百多首詞。如果不算詩人，寫詩最多的應該是乾隆，四萬多首詩，但是他那個沒法看，以文為詩，白得要命。四萬多首，一天得寫幾首，一個人幹掉全唐詩。

但是真正的詩人作品最多的是陸遊。梁啓超先生曾經這樣評價陸遊：「詩界靡靡千年風，兵魂消盡國魂空。詩中什九從軍樂，亙古男兒一放翁。」就是說只有陸放翁的詩是寫得最棒的！因為陸遊也是文武雙全，活的時間挺長，八十多歲，一生壯志難酬。「遺民淚盡胡塵裡，南望王師又一年」，一年一年盼不來，所以他最後死的時候都是「王師北定中原日，家祭無忘告乃翁」，什麼時候驅除韃虜，上墳的時候記得告訴我一聲。當然他死後沒幾年金國就也滅亡了，但卻興起了更强大的少數民族政權，幸虧老頭兒活著時沒看見。

## 外國語罵街

接著另一個成就是話本。

話本實際上就是小說。比如說《三國演義》的故事，話本裡就有，聞劉玄德敗，大家就流淚，聽見曹操失敗，大家就拍桌子鼓掌。實際上一直到唐朝，都是以曹魏為正統。因為晉是繼承的曹魏，所以陳壽寫《三國志》，曹魏是正統，蜀漢和孫吳不是正統。到以後東晉南朝，宋齊梁陳，包括隋唐在內，都是繼承晉的意思，以曹魏為正統蜀漢為奸逆。只有到了宋朝，才把蜀漢當做正統。因為之前是強調誰占中原誰就是正統，現在宋朝喪失了中原，難道能說自己不正嗎？所以他就強調王道所在才是正統。長安洛陽不算正統，王道才是正統，現在我王道跑杭州來了，我依然是正統。那樣說來，雖然劉備跑成都去了，他是漢之王道，也是正統，地處蜀地，王乃漢王。

宋朝的這種思想觀念，使得《三國演義》這些本子的底稿在宋朝就形成了。你要是中午的時候打計程車，會發現十個司機可能有一半在聽評書，田連元、單田芳，他們普及歷史知識主要就靠評書。評書講的那個東西，距離歷史的真相其實很遠，但是大家愛聽，這種東西深入人心。我小時候聽，現在不聽了，一聽就笑，太搞笑了，劉秀怎麼殺功臣，那是劉邦，劉秀是不幹這事兒的。但是這個東西很故事化，市民就愛聽閒話，所以才深入人心。

元朝文學的最高成就是元曲。元雜劇和散曲，代表作是關漢卿的《竇娥冤》。元曲為什麼在元朝廣泛推廣，因為元朝是蒙古人建立的。這幫人快馬彎刀征服了中原，就不覺得文化有用，文化有用能被我們打成這樣嗎？所以整個元朝九十多年才開了十六次科舉，文化幾乎沒有出路了。文革時代，知識份子被稱為臭老九，這就是蒙古人定的。什麼叫臭老九？一官、二吏、三僧、四道、五醫、六工、七匠、八娼、九儒、十丐。讀書人比妓女低一等，比乞丐高一等而已，所以九儒，儒生就是臭老九。臭老九的時代，知識份子沒有科舉，就做不了官，他們想來想去，就把自己的滿腔憤懣，訴諸筆端。寫什麼東西最能引起共鳴，元曲。

就像電視劇劇本，你寫小說我不看，蒙古人不認字，你寫劇本，演出來大家都能看。《竇娥冤》：「你不分好歹何為地，你錯堪賢愚枉做天。」這罵誰？罵朝廷，蒙古人傻，也不懂漢語，聽不懂什麼意思，要是個漢化比較厲害的清朝，那完了。清朝皇帝漢化水平太高，一聽就明白。你罵蒙古沒關係，傻不拉嘰你罵吧！反正我聽不懂，我就知道羊腿好吃，這就挺好！於是上面傻統治，下面猛罵街，促成了元曲的成熟和流傳。

從前 15

# 歷史是個什麼玩意兒 I

## 袁騰飛說中國史——先秦至宋元


作　　者　袁騰飛
總 編 輯　初安民
責任編輯　江秉憲
美術編輯　陳文德 黃昶憲
校　　對　江秉憲

發 行 人　張書銘
出　　版　INK印刻文學生活雜誌出版有限公司
新北市中和區中正路800號13樓之3
電話：02-22281626
傳真：02-22281598
e-mail : ink.book@msa.hinet.net
網　　址　舒讀網http://www.sudu.cc

法律顧問　漢廷法律事務所
劉大正律師
總 經 銷　成陽出版股份有限公司
電話：03-2717085（代表號）
傳真：03-3556521
郵政劃撥　19000691 成陽出版股份有限公司
印　　刷　海王印刷事業股份有限公司

出版日期　2011年 2月　初版
ISBN　2011年 3月 15日　初版三刷
ISBN　978-986-6135-15-6（平裝）
978-986-6135-14-9（套書）

定價　平裝 320元
套書 820元




Published by INK Literary Monthly Publishing Co., Ltd.



Printed in Taiwan

國家圖書館出版品預行編目資料

歷史是個什麼玩意兒 I ：
袁騰飛說中國史一先秦至宋元 / 袁騰飛著.
- - 初版.- - 新北市中和區：INK印刻文學,
2011.02 面；　公分.--（從前；15）
978-986-6135-15-6（平裝）
978-986-6135-14-9（套書）
1.中國史
610　100000671